Schriften zum Familien- und Erbrecht

herausgegeben von
Prof. Dr. Elisabeth Koch
Prof. Dr. Saskia Lettmaier
Prof. Dr. Dr. h.c. Volker Lipp
Prof. Dr. Karlheinz Muscheler
Prof. Dr. Anne Sanders

Band 25

Jasmin Lassen

Die Nachlassverwaltung in der Erbengemeinschaft

Eine problemorientierte Untersuchung der Verwaltungsbefugnisse von Miterben

Nomos
Stämpfli Verlag
C.H.BECK

Onlineversion
Nomos eLibrary

Die Deutsche Nationalbibliothek verzeichnet diese Publikation in der Deutschen Nationalbibliografie; detaillierte bibliografische Daten sind im Internet über http://dnb.d-nb.de abrufbar.

Zugl.: Kiel, Univ., Diss., 2020

ISBN 978-3-8487-6677-2 (Print)
ISBN 978-3-7489-0789-3 (ePDF)

ISBN 978-3-7272-2078-4 (Stämpfli Verlag AG, Print)

1. Auflage 2020

Meinen Eltern

Vorwort

Die vorliegende Arbeit wurde im Wintersemester 2018/19 von der Rechtswissenschaftlichen Fakultät der Christian-Albrechts-Universität zu Kiel als Dissertation angenommen. Sie entstand während meiner dortigen Tätigkeit als Wissenschaftliche Mitarbeiterin am Lehrstuhl für Bürgerliches Recht, Deutsche und Europäische Rechtsgeschichte, Internationales Privatrecht und Rechtsvergleichung.

Bedanken möchte ich mich an erster Stelle bei meiner Doktormutter, Frau Prof. Dr. Saskia Lettmaier, B.A. (Oxford), LL.M., S.J.D. (Harvard) für die wertvolle und herzliche Unterstützung von der Themensuche bis hin zur endgültigen Fassung der Dissertation, dem abschließenden Rigorosum und schließlich der Veröffentlichung dieser Arbeit. Danken möchte ich ihr vor allem auch für die schöne Zeit als Mitarbeiterin an ihrem Lehrstuhl. Diesbezüglich möchte ich mich zudem bei Herrn Prof. Dr. Jan Lieder, LL.M. (Harvard) bedanken, an dessen Lehrstuhl ich als studentische Hilfskraft tätig sein durfte und der mich erst auf diesen Weg gebracht hat. Außerdem bedanke ich mich bei Herrn Prof. Dr. Rudolf Meyer-Pritzl für die zügige und aufmerksame Erstellung des Zweitgutachtens.

Für das sorgfältige Korrekturlesen möchte ich mich bei Timo Andrasch und meiner Schwester Sandra Lassen bedanken.

Der größte Dank gebührt schließlich meinen Eltern Andrea und Dirk Lassen, denen diese Arbeit gewidmet ist. Meine Eltern wie auch meine Schwester standen mir stets verständnis- und liebevoll zur Seite und haben mir mit ihrer bedingungslosen Unterstützung meinen bisherigen Lebensweg erst ermöglicht. Dafür bin ich Ihnen unendlich dankbar.

Kiel, im Februar 2020 *Jasmin Lassen*

Inhaltsverzeichnis

A. Einführung

Stirbt eine natürliche Person, tritt deren Erbe im Wege der Gesamtrechtsnachfolge an die Stelle des Erblassers, § 1922 I BGB. In lediglich einem von fünf Fällen handelt es sich jedoch um einen Alleinerben; vielmehr tritt in etwa 80 Prozent aller Erbfälle eine Erbengemeinschaft die Rechtsnachfolge an.[1]

Sämtliche Rechtspositionen, die dem Erblasser zustanden, stehen den Miterben ab dem Zeitpunkt des Erbfalls gemeinschaftlich zu; es entsteht ein gesamthänderisch gebundenes Sondervermögen.[2] Daraus ergeben sich naturgemäß tatsächliche und vor allem rechtliche Probleme, die sich bei dem Eintritt einer einzelnen Person nicht stellen. Denn in der Erbengemeinschaft treffen Erben mit möglicherweise verschiedensten Intentionen, mehr oder weniger enger emotionaler Verbundenheit zum Nachlass und unterschiedlicher finanzieller Lage und demnach auch unterschiedlichen Bedürfnissen aufeinander. Je mehr Beteiligte es gibt und umso umfangreicher der Nachlass ist, desto höher ist tendenziell auch das Konfliktpotenzial.[3]

Im Zusammenhang mit der immensen Bedeutung, die die Erbengemeinschaft in der Praxis hat, erklärt dies das Bedürfnis für eine eindeutige und umfassende gesetzliche Regelung von der Entstehung über die Verwaltung bis hin zur Auseinandersetzung. Ob der Gesetzgeber mit den Regelungen in §§ 2032 ff. BGB diesem Bedürfnis hinreichend nachgekommen ist, ist indes fraglich.

Insbesondere die Verwaltung des Nachlasses durch die Erbengemeinschaft birgt etliche Problematiken. Obgleich die Erbengemeinschaft grundsätzlich auf Auseinandersetzung gerichtet ist und in erster Linie der Befriedigung der Nachlassgläubiger und einer möglichst werthaltigen

---

1 *Greil-Lidl*, Verfügungsverwaltung, S. 6; *Meyer*, Die Bank 08/2011, 28 (30) – Postbank Erbschaftsstudie; vgl. auch *Lange*, Erbrecht, § 55 Rn. 1; *Ann*, FS Spiegelberger, S. 953.

2 *Brox/Walker*, Erbrecht, § 29 Rn. 2; *Michalski*, Erbrecht, Rn. 813; *Löhnig*, JA 2007, 262.

3 Vgl. auch Rißmann/*Kurze*, Die Erbengemeinschaft, § 2 Rn. 19; *Meyer*, Die Bank 08/2011, 28 (30).

Überführung des Nachlasses in das Privatvermögen der Erben dient,[4] kann sich in vielerlei Hinsicht Anlass zu Verwaltungsmaßnahmen ergeben.[5] So kann beispielsweise die Veräußerung einzelner Nachlassgegenstände oder die Vermietung eines zum Nachlass gehörenden Grundstücks geboten sein. Dieses Bedürfnis besteht umso mehr bei über Jahre hinweg ungeteilt fortbestehenden Erbengemeinschaften.[6]

Fraglich ist zunächst, wie die Entscheidungsfindung im Innenverhältnis abläuft und auf welche Weise die getroffene Entscheidung sodann verwirklicht werden kann, also das Handeln für die Erbengemeinschaft im Außenverhältnis.

Das Gesetz liefert mit § 2038 BGB eine Regelung zur Verwaltung des Nachlasses und mit § 2040 BGB eine Regelung zur Verfügung über Nachlassgegenstände. Eine Differenzierung zwischen Geschäftsführung im Innenverhältnis und Vertretung im Außenverhältnis erfolgt nicht. Ebenso wird auch die Zuordnung von Verpflichtungs- und Verfügungsgeschäften nicht ohne Weiteres deutlich.

Klärungsbedürftig ist bereits, was unter dem Begriff der Nachlassverwaltung zu verstehen ist. Erfasst dieser nur Maßnahmen im Innenverhältnis? Oder wird zugleich eine Regelung über die Vertretung der Erbengemeinschaft im Außenverhältnis getroffen? So gibt nach einer Ansicht der nach §§ 2038 II 1, 745 I 1 BGB bei ordnungsmäßiger Verwaltung hinreichende Mehrheitsbeschluss der Erbenmehrheit auch die Möglichkeit, die Erben mit dem Nachlass zu verpflichten, während die gesonderte Erteilung einer Vertretungsmacht nicht erforderlich ist.[7] Dem wird entgegengehalten, dass

---

4 *Eberl-Borges*, Die Erbauseinandersetzung, S. 36; *Lange*, Erbrecht, § 55 Rn. 1, § 57 Rn. 45; *Leipold*, Erbrecht, Rn. 721; *Schlüter/Röthel*, § 32 Rn. 12; *Ann*, MittBayNot 2003, 193 (196); *Gottwald*, ErbR 2007, 11.

5 Vgl. *Eberl-Borges*, NJW 2006, 1313.

6 *Greil-Lidl*, Verfügungsverwaltung, S. 3; *Eberl-Borges*, NJW 2006, 1313 (1314); vgl. auch *Dauner-Lieb*, Unternehmen in Sondervermögen, S. 339.

7 BGHZ 56, 47 = NJW 1971, 1265; OLG Hamm DB 1969, 300; LG Mannheim MDR 1964, 238; MüKo-BGB/*Gergen*, § 2038 Rn. 51; Palandt/*Weidlich*, § 2038 Rn. 5; Soergel/*Wolf*, § 2038 Rn. 11; Staudinger/*Zimmer*, § 2038 Rn. 23, 33; *Brox/Walker*, Erbrecht, § 30 Rn. 18; *Kipp/Coing*, Erbrecht, § 114 IV 2; *Olzen/Looschelders*, Erbrecht, Rn. 1011; *Henrich*, JA 1971, 621 (623); *Johannsen*, WM 1970, 573 (574); *Löhnig*, JA 2007, 262.

für die Vertretung der Erbengemeinschaft die allgemeinen Regeln gälten, da der Mehrheitsbeschluss nur das Innenverhältnis betreffe.[8]

Problematisch und umstritten ist letztlich vor allem, ob die in § 2038 BGB geregelte Nachlassverwaltung auch Verfügungen umfasst, in welchem Verhältnis also § 2038 BGB und § 2040 BGB zueinander stehen. Denn § 2038 I 1 BGB unterstellt die Verwaltung des Nachlasses grundsätzlich dem Erfordernis der Gemeinschaftlichkeit, ordnet dann aber in Abs. 1 S. 2 und Abs. 2 abgestufte Ausnahmetatbestände an. Gemäß § 2038 II 1 BGB in Verbindung mit § 745 BGB können zur ordnungsmäßigen Verwaltung erforderliche Maßnahmen mit Stimmenmehrheit beschlossen werden und gemäß § 2038 I 2 Hs. 2 BGB kann sogar ein einzelner Miterbe ohne Mitwirkung der anderen die zur Erhaltung des Nachlasses notwendigen Maßnahmen treffen. § 2040 I BGB legt dahingegen ohne die Formulierung von Ausnahmetatbeständen das generelle Erfordernis der Gemeinschaftlichkeit für Verfügungen über Nachlassgegenstände fest.

Ob daher diese Norm als eine gegenüber § 2038 BGB speziellere Regelung zu verstehen ist und demnach Verfügungen nur gemeinschaftlich vorgenommen werden können, sodass einzelne Miterben die Vornahme vereiteln können, ist fraglich.

Zur Lösung des Problems sollen in der nachfolgenden Arbeit die einzelnen Meinungsstände detailliert dargestellt und diskutiert beziehungsweise bewertet werden. Dafür soll eine auslegungsorientierte Untersuchung erfolgen, bei der Wortlaut und Systematik analysiert werden und auch die historische Entwicklung betrachtet und ausgewertet wird, um den Willen des Gesetzgebers zu erschließen. Einzubeziehen ist auch die höchstrichterliche Rechtsprechung, die referiert und einer kritischen Analyse unterzogen werden soll.

Eine zentrale Bedeutung haben schließlich die verschiedenen Interessenlagen, die im Folgenden zunächst allgemein herauszuarbeiten sind und die später im Rahmen einer teleologischen Auslegung detailliert zu ergründen und abzuwägen sind. Inwieweit durch die Regelungen der §§ 2038 ff. BGB ein angemessener Ausgleich geschaffen wird beziehungsweise mit welcher Auslegung oder Anwendung dies am besten gewährleistet werden kann, bleibt klarzustellen. Es soll schwerpunktmäßig untersucht werden, inwiefern die divergierenden Interessen in der einen oder anderen Auslegungsal-

8 OLG Neustadt MDR 1962, 574; *v. Lübtow*, Erbrecht, 2. Halbband, S. 803; *Bartholomeyczik*, FS Reinhardt, S. 13 (22); *ders.*, 4. Denkschrift des Erbrechtsausschusses der Akademie für Deutsches Recht, S. 120 (191); *Jülicher*, AcP 175 (1975), 143 (156 f.); *Lange*, JuS 1967, 453 (456).

ternative angemessen berücksichtigt oder doch unangemessen benachteiligt werden. Dabei sind häufig hypothetische Erwägungen anzustellen, mit denen verschiedenste Konstellationen durchdacht und jeweils ausgewertet werden.

Abschließend soll ein Vergleich zu ausländischen Rechtsordnungen und den dort statuierten Regelungen zur Nachlassverwaltung innerhalb einer Erbengemeinschaft erfolgen.

Insgesamt hat diese Arbeit das Anliegen, eine fundierte, dogmatisch stimmige und interessengerechte Lösung für die bis heute – insbesondere auf Verfügungsebene – umstrittene Nachlassverwaltung in einer Erbengemeinschaft zu ermitteln.

B. Allgemeines zur Erbengemeinschaft

Zur Einführung in das Recht der Erbengemeinschaft sollen zunächst einige Grundlagen dargestellt werden, die für spätere Diskussionen bedeutsam sind.

I. Entstehung und Beendigung der Erbengemeinschaft

Sind – wie im Regelfall[9] – mehrere Erben vorhanden, bilden diese eine Erbengemeinschaft, § 2032 I BGB. Die Erbengemeinschaft entsteht demnach kraft Gesetzes[10] und zwar zwischen denjenigen gewillkürten (§§ 1937, 1941 BGB) oder gesetzlichen (§§ 1924 ff. BGB) Erben, die die Erbfolge auch tatsächlich antreten.[11] Voraussetzung ist demnach neben der Erbfähigkeit, dass keine Ausschlagung gemäß § 1953 I BGB, kein Erbverzicht gemäß § 2346 I BGB oder sonstige die Erbenstellung ausschließende Gründe vorliegen.[12]

Eine Herbeiführung der Erbengemeinschaft auf andere Weise als durch die gesetzliche Anordnung, beispielsweise durch rechtsgeschäftliche Vereinbarung, ist indes ausgeschlossen.[13]

Als unfreiwilliger Zusammenschluss ist die Erbengemeinschaft keine Dauer-, sondern vielmehr eine Liquidationsgemeinschaft.[14] Sie endet, sobald die Auseinandersetzung im Sinne von § 2042 I BGB über den letzten Gegenstand erfolgt ist.[15] Die Auseinandersetzung erschöpft sich in erster Linie in der Befriedigung der Nachlassgläubiger (§ 2046 I BGB) und der

---

9 Siehe oben A.

10 NK-BGB/*Ann*, § 2032 Rn. 7; Palandt/*Weidlich*, § 2032 Rn. 1; Soergel/*Wolf*, § 2032 Rn. 3; *Ebenroth*, Erbrecht, Rn. 719; *Muscheler*, Erbrecht II, Rn. 3850.

11 MüKo-BGB/*Gergen*, § 2032 Rn. 2; Soergel/*Wolf*, § 2032 Rn. 2; Staudinger/*Löhnig*, Vorbem. §§ 2032 ff. Rn. 1; Hausmann/Hohloch/*Ann*, Handbuch des Erbrechts, Kap. 20 Rn. 9.

12 Burandt/Rojahn/*Flechtner*, § 2032 Rn. 9; Staudinger/*Löhnig*, Vorbem. §§ 2032 ff. Rn. 2.

13 Erman-BGB/*Bayer*, Vorb. §§ 2032 ff. Rn. 3; NK-BGB/*Ann*, § 2032 Rn. 8; Staudinger/*Löhnig*, Vorbem. §§ 2032 ff. Rn. 1.

14 *Lange*, Erbrecht, § 55 Rn. 1; *Michalski*, Erbrecht, Rn. 863.

15 MüKo-BGB/*Gergen*, § 2032 Rn. 5; *Ebenroth*, Erbrecht, Rn. 719; *Lange*, Erbrecht, § 55 Rn. 10.

Teilung des verbleibenden Nachlasses unter den Miterben, also der Übertragung der Nachlassgegenstände aus dem Sondervermögen in das Privatvermögen der Miterben (§ 2047 I BGB).[16] Solange noch mindestens ein Nachlassgegenstand ungeteilt fortbesteht, bleibt auch die Erbengemeinschaft bestehen.[17] Zur Beendigung der Erbengemeinschaft kommt es zudem dann, wenn sich alle Anteile in einer Hand vereinen.[18] Das Ausscheiden eines einzelnen Miterben ist für das Fortbestehen der Erbengemeinschaft jedoch unerheblich. So tritt bei einer Verfügung über den Miterbenanteil gemäß § 2033 I 1 BGB der Erwerber an die Stelle des vorherigen Miterben. Gleichermaßen tritt beim Tod eines Miterben dessen Erbe oder bei Vorhandensein mehrerer Erben dessen Erbengemeinschaft in die ursprüngliche Erbengemeinschaft ein (sogenannte Erbeserbengemeinschaft).[19] Durch formfreie Vereinbarung mit den anderen Miterben ist weiterhin das Ausscheiden eines einzelnen Miterben gegen Zahlung einer Abfindung möglich (sogenannte Abschichtung); der betroffene Anteil wächst sodann den übrigen Miterben zu.[20]

II. Die Erbengemeinschaft als Gesamthandsgemeinschaft

Mit Eintritt des Erbfalls wird der Nachlass gemäß § 2032 I BGB gemeinschaftliches Vermögen der Erben. Bei der Erbengemeinschaft handelt es sich also – wie bei der Gesellschaft bürgerlichen Rechts (§§ 705 ff. BGB) und der ehelichen Gütergemeinschaft (§§ 1415 ff. BGB) – um eine Gesamthandsgemeinschaft.[21] Der Nachlass wird zu einem von dem jeweiligen persönlichen Vermögen der einzelnen Miterben zu trennenden Sondervermö-

16 Hausmann/Hohloch/*Ann*, Handbuch des Erbrechts, Kap. 20 Rn. 146; *Brox/Walker*, Erbrecht, § 31 Rn. 1; *Muscheler*, Erbrecht II, Rn. 3926.

17 MüKo-BGB/*Gergen*, § 2032 Rn. 5; NK-BGB/*Ann*, § 2032 Rn. 9; *Ebenroth*, Erbrecht, Rn. 719; *Lange*, Erbrecht, § 55 Rn. 10.

18 RGZ 88, 116 (118); *Brox/Walker*, Erbrecht, § 31 Rn. 8; *Löhnig*, Erbrecht, Rn. 541.

19 OLG Hamburg FamRZ 2016, 1881 (1884); Palandt/*Weidlich*, § 2032 Rn. 2; Soergel/*Wolf*, § 2032 Rn. 2; siehe dazu außerdem *Rather*, Die Erbeserbengemeinschaft. S. 1 ff.

20 BGHZ 138, 8 (10 f.) = NJW 1998, 1557; BeckOK-BGB/*Lohmann*, § 2032 Rn. 3; Krug/Daragan/*Krug*, Immobilie im Erbrecht, § 5 Rn. 99 ff.; *Löhnig*, Erbrecht, Rn. 540; *Schmidt*, Von der Rechtsfähigkeit der Erbengemeinschaft, S. 224.

21 Palandt/*Weidlich*, § 2032 Rn. 1; PWW-BGB/*Zimmer*, § 2032 Rn. 5; Staudinger/*Löhnig*, Vorbem. §§ 2032 ff. Rn. 2; *Leipold*, Erbrecht, Rn. 721.

gen.[22] Die Berechtigung der Erben am Nachlass besteht in gesamthänderischer Verbundenheit.[23]

Zu differenzieren ist die Stellung der Erben von den Berechtigten einer Bruchteilsgemeinschaft (§§ 741 ff. BGB). Denn es besteht gerade keine bruchteilsmäßige Berechtigung an den einzelnen Nachlassgegenständen; vielmehr haben die Miterben lediglich einen Anteil am gesamten Nachlass inne, der in seiner Höhe abhängig ist von der Erbquote.[24] Durch diesen Anteil erwerben die Miterben keine unmittelbare gegenständliche Beziehung zum Nachlass, also keine dingliche Berechtigung am einzelnen Nachlassgegenstand, sondern nur eine Gesamtberechtigung.[25] Der einzelne Miterbe kann zwar gemäß § 2033 I BGB über seinen Anteil am Nachlass verfügen; Verfügungen über einzelne Nachlassgegenstände unterliegen jedoch gemäß der Regelung des § 2040 I BGB, welche es im Folgenden zu problematisieren gilt,[26] dem Erfordernis der Gemeinschaftlichkeit. Gemäß § 2039 S. 1 BGB kann bei der Erfüllung von Nachlassforderungen nur an alle Erben gemeinschaftlich geleistet werden und ein Miterbe nur die Leistung an alle fordern.

III. Rechtsfähigkeit der Erbengemeinschaft

Für die Nachlassverwaltung von grundlegender Bedeutung ist die Frage, wer überhaupt gebunden wird, wenn im Rahmen der Erbengemeinschaft rechtsgeschäftlich gehandelt wird. Ist es die Erbengemeinschaft selbst oder sind es die Miterben in ihrer gesamthänderischen Verbundenheit?

Diese Frage hängt von der Rechtssubjektivität der Erbengemeinschaft ab. Im Hinblick auf die Eigenschaft der Erbengemeinschaft als Gesamthandsgemeinschaft könnte spätestens seit der Leitentscheidung des BGH,[27] die der (Außen-)GbR die Rechtsfähigkeit zusprach, gleichfalls die

---

22 NK-BGB/*Ann*, § 2032 Rn. 5; Soergel/*Wolf*, § 2032 Rn. 1; *Frank/Helms*, Erbrecht, § 19 Rn. 1; *Löhnig*, Erbrecht, Rn. 510; *Michalski*, Erbrecht, Rn. 813; *Schlüter/Röthel*, Erbrecht, § 32 Rn. 4.

23 Erman-BGB/*Bayer*, § 2032 Rn. 1; *Muscheler*, Erbrecht II, Rn. 3850; *Löhnig*, Erbrecht, Rn. 510; *Michalski*, Erbrecht, Rn. 813.

24 NK-BGB/*Ann*, § 2032 Rn. 5; *Leipold*, Erbrecht, Rn. 723; *Löhnig*, Erbrecht, Rn. 510; *Muscheler*, Erbrecht II, Rn. 3850.

25 BGHZ 146, 310 (315) = NJW 2001, 2396 (2397); OLG Hamburg FamRZ 2016, 1881 (1884); Palandt/*Weidlich*, § 2032 Rn. 1.

26 Dazu unten C III 2.

27 BGHZ 146, 341 = NJW 2001, 1056.

Rechtsfähigkeit der Erbengemeinschaft erwogen werden. Fraglich ist jedoch, ob die Erbengemeinschaft wirklich eine eigene Rechtspersönlichkeit hat und somit als selbstständiger Rechtsträger am Rechtsverkehr teilnehmen kann.

Die Rechtsfähigkeit wird von Teilen der Literatur unter Hinweis auf die Vergleichbarkeit mit der GbR, die ebenfalls eine Gesamthandsgemeinschaft ist, befürwortet.[28] Dies ist mit Rechtsprechung[29] und überwiegender Meinung in der Literatur[30] jedoch abzulehnen. Denn eine Übertragung der Rechtsprechung zur GbR muss mangels Vergleichbarkeit mit der Erbengemeinschaft ausscheiden. Insbesondere entsteht die Erbengemeinschaft im Gegensatz zur GbR nicht durch einen freiwilligen Zusammenschluss. Sie beruht auf einer gesetzlichen Anordnung sowie mittelbar auf dem Verhalten des Erblassers und wird deshalb teilweise auch als „Zwangs- oder Zufallsgemeinschaft" bezeichnet.[31] Es fehlt mithin an einem willentlichen Akt durch die Miterben, der zum Zustandekommen der Gemeinschaft führt. Zudem ist die Erbengemeinschaft nicht auf Dauer angelegt, sondern grundsätzlich auf Auseinandersetzung gerichtet.[32] Zur dauerhaften Teilnahme am Rechtsverkehr ist die Erbengemeinschaft weder bestimmt noch geeignet.[33] Es handelt sich gerade nicht um eine werbende Gemeinschaft; vielmehr kann man die Erbengemeinschaft, mag die Bezeichnung auch etwas überspitzt klingen, gewissermaßen sogar als eine

---

28 *Schmidt*, Von der Rechtsfähigkeit der Erbengemeinschaft, S. 246 f.; *Wolf*, FS Canaris I, S. 1313 (1320 ff.); *Eberl-Borges*, Die Erbauseinandersetzung, S. 47, *dies.*, ZEV 2002, 125 (129 ff.); *Grunewald*, AcP 197 (1997), 305 (315); differenzierend *K. Schmidt*, NJW 1985, 2785 (2788 ff.), wonach die Rechtsfähigkeit nur bei unternehmenstragenden Erbengemeinschaften zu bejahen sei.

29 BGH NJW 2006, 3715; 2002, 3389 (3390); 1989, 2133 (2134); LAG Hamm Beschl. v. 4.1.2012 – 2 Ta 337/11 = BeckRS 2012, 67897; SG Konstanz FamRZ 2014, 1812.

30 Erman-BGB/*Bayer*, § 2032 Rn. 1; MüKo-BGB/*Gergen*, § 2032 Rn. 12; PWW-BGB/*Zimmer*, § 2032 Rn. 1; Staudinger/*Löhnig*, § 2032 Rn. 4; *Muscheler*, Erbrecht II, Rn. 3853 ff.; *Gottwald*, ErbR 2007, 11; *Heil*, ZEV 2002, 296; *Mayer*, MittBayNot 2010, 345; *Ulmer*, AcP 198 (1998), 113 (124 ff.).

31 JurisPK-BGB/*Otto*, § 2032 Rn. 1; *Muscheler*, Erbrecht II, Rn. 3853; *Gottwald*, ErbR 2007, 11; *Lutter*, AcP 180 (1980), 84 (145); *Stützel*, NJW 2013, 3543 (3549); *Wendt*, Notar 2016, 363 (364).

32 BGH NJW 2002, 3389 (3390); *Lange*, Erbrecht, § 55 Rn. 1; *Leipold*, Erbrecht, Rn. 721; *Schlüter/Röthel*, Erbrecht, § 32 Rn. 12; *Gottwald*, ErbR 2007, 11; *Stützel*, NJW 2013, 3543 (3549).

33 BGH NJW 2002, 3389 (3390); *Mayer*, MittBayNot 2010, 345; *Ulmer*, AcP 198 (1998), 113 (127); *Wendt*, Notar 2016, 363 (364); vgl. auch *Wolf*, FS Canaris I, S. 1313 (1320).

Art „sterbende Liquidationsgemeinschaft“ einordnen.[34] Zwar gibt es auch Fälle, in denen die Erbengemeinschaft über längere Zeit fortgesetzt wird, etwa weil die Auseinandersetzung gemäß § 2043 BGB aufgeschoben ist oder der Erblasser sie gemäß § 2044 I BGB ausgeschlossen hat.[35] Nach wie vor mangelt es dann jedoch an der Verfolgung eines gemeinsamen Zwecks. Denn auch wenn die Nachlassverwaltung an Bedeutung zu gewinnen mag, steht im Mittelpunkt der Erbengemeinschaft nichtsdestotrotz die Erhaltung des Nachlasses zur Befriedung der Nachlassgläubiger und zur möglichst gewinnbringenden Überführung in das Privatvermögen der Miterben – sei es auch zu einem späteren Zeitpunkt. Selbst wenn eine effiziente und auf Werterhalt gerichtete Verwaltung des Nachlasses hier an Wichtigkeit gewinnt, ist sie dennoch nur als Mittel zum Zweck einzuordnen. Die Liquidation ist damit mehr als bloßes Schicksal der Erbengemeinschaft; auch eine differenzierte Betrachtung von Zweck und Ziel führt zu keinem anderen Ergebnis.[36] In der Erbengemeinschaft wurde gerade kein durch vertragliche Einigung erzielter, gemeinsamer Zweck festgelegt, der durch nach außen gerichtete Teilnahme am Rechtsverkehr verfolgt werden soll.[37]

Letztendlich fehlt zudem auch das Bedürfnis für eine Anerkennung der Rechtsfähigkeit, da die Erbengemeinschaft angesichts der §§ 2038 ff. BGB am Rechtsverkehr teilnehmen kann.[38]

Darüber hinaus bleibt den Miterben, wollen sie über die möglichst werthaltige Auseinandersetzung hinaus einen gemeinsamen Zweck verfolgen, die Möglichkeit, sich zu einer Gesellschaft zusammenzuschließen, um so

---

34 JurisPK-BGB/*Otto*, § 2032 Rn. 6; *Lange*, Erbrecht, § 55 Rn. 10; *Schlüter/Röthel*, Erbrecht, § 32 Rn. 12; *Bartholomeyczik*, FS Nipperdey I, S. 149; *Eberl-Borges*, NJW 2006, 1313 (1314).

35 *Dauner-Lieb*, Unternehmen in Sondervermögen, S. 338 f.; *Eberl-Borges*, NJW 2006, 1313 (1314); siehe auch *Seemüller*, Die fortgesetzte Erbengemeinschaft.

36 *Bartholomeyczik*, 4. Denkschrift des Erbrechtsausschusses der Akademie für Deutsches Recht, S. 120 (121 f.); a.A. *Ann*, MittBayNot 2003, 193 (196), der sich auf eine Differenzierung zwischen Zweck und Ziel der Erbengemeinschaft stützt.

37 *Schmidt*, Von der Rechtsfähigkeit der Erbengemeinschaft, S. 227; *Lange*, Erbrecht, § 55 Rn. 11; *Muscheler*, Erbrecht II, Rn. 3856; treffend *Müller-Erzbach*, Deutsches Handelsrecht, S. 177 („Der Leben schaffende Zweck unterscheidet die Gesellschaft von der toten Gemeinschaft“; zum Sonderfall der unternehmenstragenden Erbengemeinschaft *K. Schmidt*, NJW 1985, 2785 (2788 f.); *Dauner-Lieb*, Unternehmen in Sondervermögen, S. 338 f., hier bejaht auch *Ulmer*, AcP 198 (1998), 113 (127) eine hinreichende Handlungsorganisation.

38 PWW-BGB/*Zimmer*, § 2032 Rn. 1; Staudinger/*Löhnig*, § 2032 Rn. 4.

auch Rechtsfähigkeit zu erlangen.[39] Zu berücksichtigen ist auch die Möglichkeit des einzelnen Miterben, die Auseinandersetzung zu verlangen oder den Anteil zu veräußern.[40]

Im Ergebnis ist also der traditionellen Sichtweise, welche der Erbengemeinschaft keine Rechtsfähigkeit zuspricht, zu folgen. Grundsätzlich und im Regelfall sollte daran festgehalten werden, die Rechtsfähigkeit abzulehnen, und die entgegengerichtete Argumentation als ein künstlicher Versuch eingeordnet werden, der Erbengemeinschaft etwas zuzusprechen, das weder passend noch erforderlich ist.

IV. Interessenlagen

Herauszuarbeiten ist zunächst, welche verschiedenen Interessenlagen in der Erbengemeinschaft aufeinandertreffen und inwiefern sich daraus Problematiken ergeben.

Das Hauptaugenmerk der Regelungen der §§ 2032 ff. BGB liegt auf dem Schutz der Nachlassgläubiger, welche naturgemäß an der Befriedigung ihrer Forderungen interessiert sind. Diesem Interesse wird schon durch die Ausgestaltung der Erbengemeinschaft als Gesamthandsgemeinschaft Rechnung getragen. Denn auf diese Weise wird der Nachlass als einheitliche Haftungsgrundlage erhalten.[41] Die Gläubiger müssen sich nicht mit einer Vielzahl von Schuldnern auseinandersetzen, der Nachlass bleibt als Sondervermögen neben dem jeweiligen Eigenvermögen der Miterben bestehen und ist dem Zugriff durch Eigengläubiger der Miterben entzogen (vgl. § 747 ZPO).[42] Hinzu treten weitere Instrumente, die in erster Linie den Werterhalt des Nachlasses bezwecken und so eine Gefährdung der Nachlassgläubiger durch eine Schmälerung des Nachlasses vermeiden. So führt eine strikte Anwendung des durch § 2038 I 1 BGB und § 2040 I BGB vorgeschriebenen Gemeinschaftlichkeitsgrundsatzes dazu, dass Maßnahmen, welche den Nachlass mindern, erschwert werden und der Nachlass in seinem Bestand erhalten wird. Faktisch kann es dadurch sogar zu einer weit-

---

39 *Muscheler*, Erbrecht II, Rn. 3854; *Schlüter/Röthel*, Erbrecht, § 32 Rn. 12; siehe außerdem unten D IV 5 c.

40 Dazu schon oben B I; vgl. auch *Bartholomeyczik*, 4. Denkschrift des Erbrechtsausschusses der Akademie für Deutsches Recht, S. 120 (121).

41 *Helleld*, Treuepflichten unter Miterben, S. 20; *Löhnig*, Erbrecht, Rn. 512; *Muscheler*, Erbrecht II, Rn. 3857.

42 *Frank/Helms*, Erbrecht, § 19 Rn. 3; *Michalski*, Erbrecht, Rn. 811; *Muscheler*, Erbrecht II, Rn. 3858; *Schlüter/Röthel*, Erbrecht, § 32 Rn. 4.

gehenden Sistierung des Nachlasses kommen, indem die Erbengemeinschaft aufgrund von Uneinigkeiten zwischen den Miterben nahezu handlungsunfähig wird.[43]

Darüber hinaus regelt § 2041 BGB den Grundsatz der dinglichen Surrogation, wonach alles zum Nachlass gehört, was auf Grund eines zum Nachlass gehörenden Rechts oder als Ersatz für die Zerstörung, Beschädigung oder Entziehung eines Nachlassgegenstandes oder durch ein sich auf den Nachlass beziehendes Rechtsgeschäft erworben wird.[44]

Diese Vorschriften dienen jedoch nicht ausschließlich dem Interesse der Nachlassgläubiger. Vielmehr werden auch die Belange der Miterben berücksichtigt.[45] Diese werden in der Regel an einer möglichst werthaltigen Überführung des Anteils am Nachlass in das eigene Vermögen interessiert sein.[46]

Damit einher geht das Interesse der Miterben an der Handlungsfähigkeit der Erbengemeinschaft, welche durch die oben genannten Vorschriften gelähmt werden kann. Denn auf der einen Seite können Verfügungen über den Nachlass beziehungsweise Verwaltungsmaßnahmen zwar den Nachlass schmälern; auf der anderen Seite jedoch können für die Erhaltung des Nachlasses und zum Schutz vor einer durch Zeitablauf und wirtschaftlichen Wandel bedingten Entwertung des Nachlasses eben solche Maßnahmen geboten sein. Nur eine effektive Nachlassverwaltung der Miterben kann durch Marktschwankungen bedingte Wertverluste vermeiden. So kann es beispielsweise erforderlich sein, ein zum Nachlass gehörendes Kraftfahrzeug, welches mit der Zeit an Wert verliert, zu veräußern oder ein nachlasszugehöriges Grundstück zur Vermeidung eines mit Einbußen verbundenen Leerstandes zu vermieten. Wertsteigerungen können in diesem Zusammenhang auch in der Form zu berücksichtigen sein, dass vermietete Objekte aufgrund eines erhöhten Wertes oder aufgrund veränderter Mietspiegel zu einem weitaus höheren Mietzins neu vermietet wer-

---

43 Burandt/Rojahn/*Flechtner*, § 2038 Rn. 1; *Bartholomeyczik*, 4. Denkschrift des Erbrechtsausschusses der Akademie für Deutsches Recht, S. 120 (121).

44 Näher unten D IV 1 d; vgl. auch *Frank/Helms*, Erbrecht, § 19 Rn. 3.

45 Nach *Dauner-Lieb*, Unternehmen in Sondervermögen, S. 342 f., seien die Regelungen sogar vorrangig zum Schutz der Miterben, nicht der Nachlassgläubiger zu dienen bestimmt. Das ist jedoch schon deshalb zweifelhaft, weil die Nachlassgläubiger nach der gesetzlichen Wertung gegenüber den Miterben bevorzugt werden, vgl. §§ 2046, 2047 BGB, welche von der vorrangigen Befriedigung der Nachlassgläubiger ausgehen, so auch *Hellfeld*, Treuepflichten unter Miterben, S. 22.

46 *Ann*, Die Erbengemeinschaft, S. 2; *ders.*, MittBayNot 2003, 193 (196).

den könnten, sodass die Kündigung des bestehenden Mietverhältnisses geboten wäre.[47] Im Übrigen unterliegen insbesondere Unternehmen oder Aktien marktbedingten Wertschwankungen.

Von einem zeitbedingten Wertverlust wären wiederum auch die Belange der Nachlassgläubiger betroffen, sodass die Handlungsfähigkeit der Erbengemeinschaft – welche durch die Befugnis zum Handeln einer Mehrheit von Erben beziehungsweise sogar einzelner Erben (§§ 2038 I 2, II 1, 745 I 1 BGB) gefördert wird – auch in deren Interesse liegen kann.

Insgesamt ist eine schwerfällige Verwaltung also sowohl für Miterben als auch für Nachlassgläubiger zwar mit Vorteilen, aber gleichwohl mit Nachteilen verbunden, was das Bedürfnis und auch die Schwierigkeit zeigt, eine sachgerechte Lösung und einen angemessenen Ausgleich zu finden.

Steht bei vielen Erben der bloße Werterhalt im Vordergrund und sind diese an einer baldigen Teilung des Nachlasses interessiert, kann es dagegen auch Miterben geben, denen es beispielsweise aus familiären beziehungsweise emotionalen Gründen eher daran gelegen ist, die Erbschaft als Einheit zu erhalten und mithin die Erbengemeinschaft fortzuführen.[48] Hier stehen also häufig ideelle Interessen im Vordergrund; es geht mehr um Bestandsschutz als um bloßen Werterhalt. Folglich werden eine weitgehende Sistierung des Nachlasses und demzufolge eine erschwerte Nachlassverwaltung erwünscht sein.

Insgesamt können sich im Zusammenhang mit der Erbengemeinschaft die verschiedensten Interessen gegenüberstehen, die zu berücksichtigen sind und zwischen denen ein angemessener Ausgleich geschaffen werden muss.

Ein elementarer und einzig gemeinsamer Aspekt wird letztlich sein, dass eine Entwertung des Nachlasses generell vermieden werden soll. Denn die Erhaltung des Nachlasswertes ist nicht nur notwendige Voraussetzung für jegliche Verteilungserwägung,[49] sondern auch für das Befriedigungsbedürfnis der Nachlassgläubiger. Dieser Aspekt ist mithin stets vordergründig zu berücksichtigen.

---

47 Siehe dazu BGHZ 183, 131 = NJW 2010, 765.

48 *Bartholomeyczik*, 4. Denkschrift des Erbrechtsausschusses der Akademie für Deutsches Recht, S. 120 (121); *Brox/Walker*, Erbrecht, § 29 Rn. 1; *Michalski*, Erbrecht, Rn. 811; *Schlüter/Röthel*, Erbrecht, § 32 Rn. 3.

49 Vgl. *Ann*, FS Spiegelberger, S. 953 (957).

Im Übrigen bleibt zu diskutieren, welche Interessen in der einen oder anderen Situation als vorrangig einzustufen sind und welche Konsequenzen sich daraus ergeben.

C. Die Nachlassverwaltung in der Erbengemeinschaft

Wie oben bereits angedeutet, kann es, obgleich die Erbengemeinschaft grundsätzlich auf Auseinandersetzung gerichtet ist, in vielerlei Hinsicht Anlass zu Verwaltungsmaßnahmen geben.[50] Häufig und mit besonderer Wichtigkeit kann es beispielsweise um die Reparatur zum Nachlass gehörender Gegenstände gehen, um die Fortführung eines Unternehmens oder um die Veräußerung, Vermietung oder Verpachtung nachlasszugehöriger Sachen.[51]

Dementsprechend ist zu untersuchen, inwiefern solche Maßnahmen durch die Miterben auf Grundlage der gesetzlichen Reglung bewältigt werden können.

Das Recht der Erbengemeinschaft unterscheidet jedoch – anders als beispielsweise das Gesellschaftsrecht – nicht zwischen Geschäftsführung und Vertretung, also zwischen Innen- und Außenverhältnis.[52] Vielmehr existiert mit § 2038 BGB eine Norm für die Verwaltung des Nachlasses und mit § 2040 BGB eine Norm zur Verfügung über Nachlassgegenstände. Inwiefern es sich insbesondere bei § 2038 BGB lediglich um eine Regelung in Bezug auf das Innenverhältnis handelt oder ob auch das Außenverhältnis betroffen ist, ist auf den ersten Blick unklar.

Zu klären ist daher zunächst, wie der Begriff der Nachlassverwaltung zu definieren ist beziehungsweise was überhaupt als Verwaltungsmaßnahme in Betracht kommt, um im Anschluss daran die durch jene Normen aufgestellten Grundsätze näher zu beleuchten.

I. Begriff der Nachlassverwaltung

Aus dem Wortlaut des Gesetzes ergibt sich nicht ohne Weiteres, was unter dem Begriff der Nachlassverwaltung zu verstehen ist. Anhaltspunkte ergeben sich aus der Differenzierung zwischen ordnungsgemäßer Verwaltung

---

50 So schon oben A.

51 Vgl. BGHZ 30, 391 = NJW 1959, 2114; Hausmann/Hohloch/*Ann*, Handbuch des Erbrechts, Kap. 20 Rn. 16; *Lange*, Erbrecht, § 57 Rn. 45.

52 Siehe beispielsweise §§ 114 ff., 125 ff. HGB; *Brox/Walker*, Erbrecht, § 30 Rn. 3; *Michalski*, Erbrecht, Rn. 836; *Eberl-Borges*, ErbR 2008, 234 (236).

und erhaltungsnotwendigen Maßnahmen als Unterbegriffe der Nachlassverwaltung. Nach den Motiven des BGB umfasst die Verwaltung die „gesammte thatsächliche und rechtliche Verfügung über das verwaltete Gut“.[53] Die heute gängige Auffassung versteht unter der Nachlassverwaltung alle „Maßnahmen, die zur Verwahrung, Sicherung, Erhaltung und Vermehrung sowie zur Gewinnung von Nutzungen und Bestreitung der laufenden Verbindlichkeiten erforderlich und geeignet sind“.[54] Der Begriff ist ebenso weit zu fassen wie auch im Rahmen des § 1978 I BGB.[55] Beinhaltet sind sowohl rechtliche als auch tatsächliche Maßnahmen.[56] Als Verwaltungsmaßnahme einzustufen sind demnach Maßnahmen, die sich im Innenverhältnis bewegen, wie die Inbesitznahme von Nachlasssachen beziehungsweise die Besitzausübung, sowie sonstige Maßnahmen, die auf Verwahrung, Sicherung oder Erhaltung gerichtet sind.[57]

Erfasst könnten darüber hinaus auch rechtsgeschäftliche Maßnahmen im Außenverhältnis sein, wie der Abschluss von Verträgen, beispielsweise die Vermietung und Verpachtung von Nachlassgegenständen.[58]

Ob gleichermaßen auch Verfügungen unter den Begriff der Nachlassverwaltung zu subsumieren sind, ist im Hinblick auf die gesonderte Regelung in § 2040 BGB nicht unproblematisch und soll noch diskutiert werden.[59]

Aus Zweckmäßigkeitsgründen soll im Folgenden eine klar differenzierte und separate Betrachtung von Innen- und Außenverhältnis sowie von Verpflichtungs- und Verfügungsgeschäften erfolgen.

---

53 *Mugdan*, Die gesammten Materialien zum BGB, 5. Bd., S. 337.

54 BGH FamRZ 1965, 267 (269); BGHZ 164, 181 (184) = NJW 2006, 439 (440); BGHZ 183, 131 (136) = NJW 2010, 765 (766); RGRK-BGB/*Kregel*, § 2038 Rn. 1; Damrau/*Rißmann*, Erbrecht, § 2038 Rn. 1; Erman-BGB/*Bayer*, § 2038 Rn. 1; Palandt/*Weidlich*, § 2038 Rn. 3.

55 BGHZ 164, 181 (185) = NJW 2006, 439 (440); BGHZ 183, 131 (136) = NJW 2010, 765 (766); *Mugdan*, Die gesammten Materialien zum BGB, 5. Bd., S. 337; *Brox/Walker*, Erbrecht, § 30 Rn. 3.

56 Erman-BGB/*Bayer*, § 2038 Rn. 1; PWW-BGB/*Zimmer*, § 2038 Rn. 1; Staudinger/*Löhnig*, § 2038 Rn. 6; *Lange*, Erbrecht, § 57 Rn. 47.

57 Erman-BGB/*Bayer*, § 2038 Rn. 1; Staudinger/*Löhnig*, § 2038 Rn. 6; *Michalski*, Erbrecht, Rn. 837.

58 So BGHZ 164, 181 (185) = NJW 2006, 439 (440); Staudinger/*Löhnig*, § 2038 Rn. 6; PWW-BGB/*Zimmer*, § 2038 Rn. 9; *Brox/Walker*, Erbrecht, § 30 Rn. 3; *Schopp*, ZMR 1967, 193 (195); eingehend dazu unten C III 1.

59 Unten C III 2 b.

II. Innenverhältnis

Zu untersuchen ist zunächst, wie sich die Willensbildung im Innenverhältnis zwischen den Miterben vollzieht.

1. Gemeinschaftlichkeitsgrundsatz

Die Verwaltung des Nachlasses steht gemäß § 2038 I 1 BGB grundsätzlich den Erben gemeinschaftlich zu. Maßnahmen der Gemeinschaftsverwaltung bedürfen demnach der Zustimmung aller mitwirkungsberechtigter Miterben, sodass Gemeinschaftlichkeit im Sinne des § 2038 I 1 BGB letztlich gleichbedeutend ist mit Einstimmigkeit.[60]

Die Entscheidungsfindung erfolgt dabei durch Beschluss.[61] Nicht erforderlich ist aber ein gleichzeitiges Handeln der Miterben; die Zustimmungen können vielmehr formfrei und zeitlich unabhängig voneinander erklärt werden.[62]

Stimmberechtigt ist, wie sich mittelbar aus der Vorschrift des § 2038 I 1 BGB ergibt, jeder verwaltungsbefugte Miterbe beziehungsweise bei Anteilsverfügungen nach § 2033 BGB die jeweiligen Anteilserwerber.[63] Einzelne Miterben können jedoch aufgrund besonderer Umstände von der Stimmenberechtigung ausgeschlossen sein.[64]

Der Anwendungsbereich der Gemeinschaftsverwaltung wird beschränkt durch die im Folgenden darzustellenden Ausnahmetatbestände der § 2038 II 1 BGB und § 2038 I 2 Hs. 2 BGB – die Mehrheitsverwaltung und die Einzelverwaltung. Jedenfalls unter § 2038 I 1 BGB fallen aber Maßnahmen, die grundlegend für das Wesen des Nachlasses sind.[65]

---

60 Palandt/*Weidlich*, § 2038 Rn. 10; Staudinger/*Löhnig*, § 2038 Rn. 9; Hausmann/Hohloch/*Ann*, Handbuch des Erbrechts, Kap. 20 Rn. 23; *Löhnig*, Erbrecht, Rn. 525; *Schmoeckel*, Erbrecht, § 34 Rn. 5; *Eberl-Borges*, ErbR 2008, 234; *Henrich*, JA 1971, 621.

61 MüKo-BGB/*Gergen*, § 2038 Rn. 24; NK-BGB/*Ann*, § 2038 Rn. 10; *Muscheler*, ZEV 1997, 169.

62 Erman-BGB/*Bayer*, § 2038 Rn. 4; MüKo-BGB/*Gergen*, § 2038 Rn. 24; *Lange*, JuS 1967, 453 (456); *Muscheler*, ZEV 1997, 169 (173).

63 *Ann*, Die Erbengemeinschaft, S. 18 f.; Hausmann/Hohloch/*Ann*, Handbuch des Erbrechts, Kap. 20 Rn. 30; näher zum Stimmrecht beziehungsweise der Stimmrechtsausübung unten C II 2 a bb.

64 Eingehend dazu unten D IV 5 a.

65 NK-BGB/*Ann*, § 2038 Rn. 11; *Brox/Walker*, Erbrecht, § 30 Rn. 5; *Lange*, Erbrecht; § 57 Rn. 56; *Schlüter/Röthel*, Erbrecht, § 32 Rn. 46.

2. Ausnahmen vom Grundsatz der gemeinschaftlichen Verwaltung

a. Mehrheitsverwaltung

Praktisch weitaus bedeutender als die Gemeinschaftsverwaltung ist die in § 2038 II 1 BGB geregelte Mehrheitsverwaltung.[66] Hintergrund dieser Regelung ist, dass es durch das Einstimmigkeitsprinzip häufig zur Erschwerung bis hin zur Lähmung der Verwaltung kommen kann, welche bei ordnungsgemäßen Maßnahmen erleichtert werden soll.[67]

Dogmatisch folgt die Zulässigkeit der Mehrheitsverwaltung aus einem Verweis des § 2038 II 1 BGB auf Vorschriften der Bruchteilsgemeinschaft. Somit kommt es zu einer Anwendung des § 745 BGB, welcher in Abs. 1 S. 1 bestimmt, dass eine der Beschaffenheit des gemeinschaftlichen Gegenstandes entsprechende, ordnungsgemäße Verwaltung und Benutzung durch Stimmenmehrheit beschlossen werden kann.

aa. Ordnungsgemäße Verwaltung

Voraussetzung für die Zulässigkeit der Mehrheitsentscheidung ist also, dass es sich um eine ordnungsgemäße Verwaltung handelt. Klärungsbedürftig ist zunächst, was unter ordnungsgemäßer Verwaltung zu verstehen ist.

Das Gesetz sieht hierzu keine Definition vor. Anhaltspunkte liefern lediglich die Absätze 2 und 3 des § 745 BGB. Ordnungsgemäß sind danach Maßnahmen, die dem Interesse aller Miterben nach billigem Ermessen entsprechen.[68] Maßgeblich sind insbesondere wirtschaftliche Aspekte; in jedem Fall handelt es sich um eine Einzelfallbetrachtung.[69] Klassisches Beispiel für Maßnahmen der ordnungsgemäßen Verwaltung sind Instandsetzungs- und Reparaturmaßnahmen.[70]

---

66 Vgl. NK-BGB/*Ann*, § 2038 Rn. 18; Staudinger/*Löhnig*, § 2038 Rn. 27.

67 MüKo-BGB/*Gergen*, § 2038 Rn. 24a; *Muscheler*, ZEV 1997, 169 (170).

68 Siehe auch HK-BGB/*Hoeren*, § 2038 Rn. 5; Staudinger/*Löhnig*, § 2038 Rn. 13, 29.

69 BGHZ 6, 76 (81) = NJW 1952, 1252 (1253); BeckOK-BGB/*Lohmann*, § 2038 Rn. 4; Rißmann/*Rißmann*, Die Erbengemeinschaft, § 4 Rn. 69; *Werber*, Die Erbengemeinschaft, Rn. 12.

70 KG OLGE 30, 184; NK-BGB/*Ann*, § 2038 Rn. 19; *Bonefeld*, ZErb, 2017, 121; *Lemmerz*, Jura 2014, 1246 (1250).

Nicht erfasst sind nach §§ 2038 II 1, 745 III BGB Maßnahmen, die zu einer wesentlichen Veränderung des Gegenstandes führen. Fraglich ist, was Bezugsobjekt für die wesentliche Veränderung ist.

Teilweise wird angenommen, maßgeblich sei der konkrete Nachlassgegenstand, sodass die Umgestaltung, Verarbeitung oder Änderung der Zweckbestimmung einzelner Gegenstände schon nicht mehr ordnungsgemäß wäre.[71] Argumentiert wird zunächst mit dem Wortlaut des § 745 III BGB, der ausdrücklich von einer wesentlichen Veränderung *des Gegenstands* spricht; der Nachlass sei aber gerade kein solcher Gegenstand, sondern ein Gesamtvermögen.[72] Zudem sei es zu weit und unbestimmt, auf den Nachlass als Ganzes abzustellen, da dieser als solcher keine konkrete Beschaffenheit aufweise, sondern aus mehreren Vermögensgegenständen bestehe; mithin sei nicht feststellbar, wann eine Veränderung des Nachlasses als Gesamtvermögen vorliege.[73] Eine Einschränkung wird lediglich dahingehend vorgenommen, dass der Nachlassgegenstand keinen im Verhältnis zum Gesamtnachlass nur unerheblichen Vermögenswert darstellen darf.[74]

Demgegenüber ist nach der herrschenden Meinung eine wesentliche Veränderung des Nachlasses im Ganzen maßgeblich, während Veränderungen einzelner Nachlassgegenstände in der Regel unerheblich seien.[75] Letztere wären lediglich dann von Bedeutung, wenn der einzelne Nachlassgegenstand einen wesentlichen Teil des Nachlasses bildet, sodass dessen Veränderung gleichsam eine wesentliche Veränderung des Nachlasses insgesamt mit sich brächte.[76] Vertreter dieser Ansicht stützen sich vor allem darauf, dass andernfalls in jeder Verfügung über einen Nachlassgegenstand eine wesentliche Veränderung läge und solche Maßnahmen deshalb nie

71 Insbesondere LG Hannover NJW-RR 1990, 454 – in dem zugrundeliegenden Fall ging es um die Anlage eines Parkplatzes auf einem Wiesengrundstück, die mithin nach Auffassung des Gerichts eine wesentliche Veränderung bedeutete und daher der Mitwirkung sämtlicher Miterben bedürfe; so auch Soergel/*Wolf*, § 2038 Rn. 9; Staudinger/*Löhnig*, § 2038 Rn. 13.

72 Soergel/*Wolf*, § 2038 Rn. 9.

73 LG Hannover NJW-RR 1990, 454; Soergel/*Wolf*, § 2038 Rn. 9.

74 LG Hannover NJW-RR 1990, 454; Staudinger/*Löhnig*, § 2038 Rn. 13.

75 BGHZ 164, 181 (186 f.) = NJW 2006, 439 (440 f.); MüKo-BGB/*Gergen*, § 2038 Rn. 30; Palandt/*Weidlich*, § 2038 Rn. 6; *Ann*, Die Erbengemeinschaft, S. 22; *Lange/Kuchinke*, Erbrecht, § 43 I 3 d; *Michalski*, Erbrecht, Rn. 842; *Schlüter/Röthel*, Erbrecht, § 32 Rn. 44; *Muscheler*, ZEV 1997, 222 (225).

76 Vgl. *Muscheler*, ZEV 1997, 222 (225); in dem vom LG Hannover entschiedenen Fall käme es also darauf an, ob das Wiesengrundstück, auf dem die Parkplätze angelegt werden sollten, wesentlicher Teil des Nachlasses wären; siehe auch *Michalski*, Erbrecht, Rn. 842.

ordnungsgemäß wären.[77] Dies beschränke den Anwendungsbereich der Mehrheitsverwaltung und führe mithin zu gravierenden Einschränkungen der Handlungsfähigkeit.[78]

Vorzugswürdig ist die Ansicht, die auf den Nachlass im Ganzen abstellt. Dem Wortlautargument der Mindermeinung lässt sich entgegenhalten, dass die Bruchteilsgemeinschaft im Gegensatz zur Erbengemeinschaft regelmäßig nur an einem Gegenstand besteht, was die entsprechende Formulierung des § 745 BGB erklärt.[79] In diesem Zusammenhang lässt sich auch die Regelung des § 748 BGB anführen, nach der jeder Teilhaber den anderen Teilhabern gegenüber verpflichtet ist, die Lasten des gemeinschaftlichen Gegenstandes sowie die Kosten der Erhaltung, Verwaltung und einer gemeinschaftlichen Benutzung nach dem Verhältnis seiner Anteile zu tragen. Auch diese Vorschrift findet gemäß § 2038 II 1 BGB auf die Erbengemeinschaft Anwendung. Die Kosten- und Lastentragungspflicht bezieht sich hier naturgemäß ebenfalls auf den gesamten Nachlass. Die Maßgeblichkeit des Nachlasses im Ganzen ist überdies nicht zu unbestimmt, da im Einzelfall stets auf den Wert des Nachlasses und die Gewichtigkeit einzelner Nachlassgegenstände im Verhältnis zum Gesamtnachlass abgestellt werden kann.

Letztendlich liegt nach der Rechtsprechung des BGH eine wesentliche Veränderung nur dann vor, wenn die „Zweckbestimmung oder die Gestalt des Nachlasses in einschneidender Weise geändert werden würde".[80] Nicht ausreichend ist dahingegen eine bloße Änderung der Zusammensetzung beziehungsweise Umstrukturierung, ohne dass sich der Wert des Nachlasses mindert.[81] Wird also beispielsweise ein zum Nachlass gehörendes Grundstück veräußert, liegt darin in der Regel keine wesentliche Veränderung, da es sich lediglich um die Umwandlung eines Sachwertes in Geldwert handelt, was der Zweckbestimmung der auf Auseinandersetzung gerichteten Erbengemeinschaft entspricht.[82]

---

77 BGHZ 164, 181 (186 f.) = NJW 2006, 439 (440 f.); Palandt/*Weidlich*, § 2038 Rn. 6.

78 *Ann*, Die Erbengemeinschaft, S. 22; *Muscheler*, ZEV 1997, 222 (225).

79 So auch *Michalski*, Erbrecht, Rn. 842; *Muscheler*, ZEV 1997, 222 (225).

80 BGHZ 164, 181 (187) = NJW 2006, 439 (441); BGH NJW-RR 2004, 809; BGHZ 101, 24 (28) = NJW 1987, 2177.

81 BGHZ 164, 181 (187) = NJW 2006, 439 (441); BGH NJW-RR 2004, 809; BGH NVwZ-RR 1992, 290 (291); vgl. auch MüKo-BGB/*K. Schmidt*, § 745 Rn. 25.

82 *Greil-Lidl*, Verfügungsverwaltung, S. 53; *Deubner*, JuS 1990, 753 (754).

Teilweise wird darüber hinaus verlangt, dass die Maßnahme erforderlich sein muss, wobei Erforderlichkeit über bloße Ordnungsmäßigkeit hinaus gehen soll.[83]

Die Voraussetzung der Erforderlichkeit lässt sich dem Gesetz jedoch nicht unmittelbar entnehmen. Vielmehr ist sie lediglich Teil der Formulierung in Bezug auf die Mitwirkungspflicht gemäß § 2038 I 2 Hs. 1 BGB. In §§ 2038 II 1, 745 BGB wird sie hingegen nicht für die Zulässigkeit des Mehrheitsbeschlusses gefordert. Unabhängig von seiner näheren Bestimmung würde das Merkmal der Erforderlichkeit zudem eine Einschränkung des Anwendungsbereiches von Mehrheitshandeln in Ungleichbehandlung zur Bruchteilsgemeinschaft bedingen, die nicht berechtigt und mithin abzulehnen ist.[84] In § 745 I BGB ist gerade keine Mitwirkungspflicht im Rahmen erforderlicher Maßnahmen geregelt, sodass eine Anwendung dieses Merkmals auch nicht erwogen wird.[85] Auch ergibt sich dieses Kriterium nicht aus der Rechtsprechung des BGH, wie von einigen Autoren angenommen.[86] Vielmehr wird in den betreffenden Urteilen lediglich die Ordnungsmäßigkeit geprüft und die Erforderlichkeit nur in Bezug auf die Mitwirkungspflicht erörtert, nicht jedoch als zusätzliche Voraussetzung für die Mehrheitsverwaltung.[87]

Eine eher restriktive Vorgehensweise im Zusammenhang mit der Mehrheitsverwaltung ist jedoch grundsätzlich nicht sachfremd. Vielmehr ist sie im Hinblick auf die Eigenschaft der Mehrheitsverwaltung als Ausnahme von der grundsätzlich einschlägigen Gemeinschaftsverwaltung durchaus geboten. Daher sind die Kriterien der Rechtsprechung, die in dem Zusammenhang prüft, wie ein vernünftig und wirtschaftlich denkender Beurtei-

---

83 Damrau/*Rißmann*, § 2038 Rn. 22; MüKo-BGB/*Gergen*, § 2038 BGB Rn. 40; Hausmann/Hohloch/*Ann*, Handbuch des Erbrechts, Kap. 20 Rn. 40 f.; *Wendt*, Notar 2016, 363 (367).

84 So auch OLG Schleswig ZEV 2015, 101 (106); *Eberl-Borges*, ZEV 2015, 106; *Stützel*, NJW 2013, 3543 (3544 f.).

85 BGH NJW 2011, 61; OLG Schleswig ZEV 2015, 101 (106).

86 Vgl. OLG Schleswig ZEV 2015, 101 (106); *Stützel*, NJW 2013, 3543 (3544 f.); FA-Komm.ErbR/*Tschichoflos*, § 2038 Rn. 9; Rißmann/*Rißmann*, Die Erbengemeinschaft, § 4 Rn. 72 ff.; *Wendt*, Notar 2016, 363 (374 f.); siehe dazu BGHZ 164, 181 (184 f.) = NJW 2006, 439 (440); BGH NJW 2013, 166.

87 BGHZ 164, 181 (184) = NJW 2006, 439 (440) „[…], nur muss neben der Ordnungsmäßigkeit die Erforderlichkeit einer solchen Verwaltungsmaßnahme durch besondere Umstände belegt sein, um eine Mitwirkungspflicht zu begründen"; BGH NJW 2007, 150; 2013, 166.

ler entscheiden würde,[88] im Ergebnis zu befürworten. Diese objektive *ex ante*-Sicht[89] ist für die Beurteilung der Ordnungsmäßigkeit zugrunde zu legen. Das ausdrückliche Verlangen einer Erforderlichkeit sollte in strikter Anwendung des Gesetzes für Mehrheitsmaßnahmen jedoch abgelehnt und allenfalls für die Begründung einer Mitwirkungspflicht gefordert werden.

Im Ergebnis sind also solche Maßnahmen als ordnungsgemäß einzuordnen, die dem Interesse der Miterben entsprechen und die eine vernünftige, wirtschaftlich denkende Person in der gegebenen Lage treffen würde. Erfasst sind letztlich im Wesentlichen Maßnahmen der laufenden Verwaltung.[90]

Sind diese Kriterien erfüllt, bedarf es ausnahmsweise nicht der Zustimmung sämtlicher Miterben, sondern lediglich einer Mehrheit der Miterben.

bb. Mehrheit und Beschlussfassung

Nachdem die Voraussetzung der Ordnungsmäßigkeit erörtert wurde, ist konkretisierungsbedürftig, welche Anforderungen an den nach §§ 2038 II 1, 745 I 1 BGB zulässigen Mehrheitsbeschluss zu stellen sind.

Spricht das Gesetz wie hier von einer Mehrheit, ist mangels anderer, besondere Anforderungen stellender Regelungen davon auszugehen, dass die einfache Mehrheit ausreicht.[91] Gemäß § 745 I 2 BGB ist die Stimmenmehrheit nach der Größe der Anteile zu bestimmen, also nach der Erbquote. Demgemäß beherrscht ein einzelner Erbe die Mehrheitsverwaltung, sofern er einen Erbteil von mehr als fünfzig Prozent innehat.[92] Nicht maßgeblich ist die Werthaltigkeit der Erbquote, sodass Miterben auch dann stimmberechtigt bleiben, wenn sie aufgrund von den Erbteil in der Höhe überstei-

---

88 BGHZ 6, 76 (81 f.) = NJW 1952, 1252 (1253); BGH Urt. v. 22.2.1965 – III ZR 208/63 = BeckRS 1965, 31176041; KG OLGE 30, 184; so auch Palandt/*Weidlich*, § 2038 Rn. 6; Staudinger/*Löhnig*, § 2038 Rn. 14; Hausmann/Hohloch/*Ann*, Handbuch des Erbrechts, Kap. 20 Rn. 39; *Lange*, Erbrecht, § 57 Rn. 59.

89 Hausmann/Hohloch/*Ann*, Handbuch des Erbrechts, Kap. 20 Rn. 39; *Lange*, Erbrecht, § 57 Rn. 59.

90 FA-Komm.ErbR/*Tschichoflos*, § 2038 Rn. 2, 16; NK-BGB/*Ann*, § 2038 Rn. 18; Palandt/*Weidlich*, § 2038 Rn. 6; PWW-BGB/*Zimmer*, § 2038 Rn. 15.

91 Hausmann/Hohloch/*Ann*, Handbuch des Erbrechts, Kap. 20 Rn. 35; *Ruhwinkel*, Die Erbengemeinschaft, Rn. 17; Münch. Hdb. Gesellschaftsrecht IV/*Hoffmann-Becking*, § 31 Rn. 66.

92 BGH NJW 2013, 166 (167); BeckOK-BGB/*Lohmann*, § 2038 Rn. 6; Hausmann/Hohloch/*Ann*, Handbuch des Erbrechts, Kap. 20 Rn. 3.

genden Vorempfängen oder Schadensersatzansprüchen bei der Auseinandersetzung mangels rechnerischen Guthabens nicht mehr zu berücksichtigen sind (vgl. § 2056 S. 2 BGB).[93] Unter Umständen kann die Ausübung des Stimmrechts dann aber als rechtsmissbräuchlich einzuordnen sein (§ 242 BGB).[94] Überdies können einzelne Miterben von der Stimmrechtsausübung ausgeschlossen sein, wenn ein Interessenwiderstreit besteht.[95]

Die Stimmabgabe ist eine empfangsbedürftige Willenserklärung, die allerdings formfrei ausgeübt werden kann; ein gleichzeitiges Handeln der Miterben ist nicht erforderlich.[96] Die Zustimmungen können vielmehr zeitlich unabhängig voneinander erklärt werden; auch im Übrigen gelten die gleichen Grundsätze wie bei der Gemeinschaftsverwaltung.[97]

cc. Mitwirkungspflicht

Gemäß § 2038 I 2 BGB ist jeder Miterbe den anderen gegenüber verpflichtet, bei Maßregeln mitzuwirken, die zur ordnungsmäßigen Verwaltung erforderlich sind.

Dies kann einerseits die Zustimmung zu bestimmten Verwaltungsmaßnahmen erfordern, andererseits kann aber auch ein positives Handeln, Dulden oder Unterlassen geschuldet sein.[98]

Wie sich bereits aus dem Wortlaut ergibt, besteht diese Verpflichtung nur den anderen Miterben gegenüber und nicht im Verhältnis zu Dritten.[99]

Im Innenverhältnis ist die Mitwirkungspflicht insofern von Bedeutung, als so eine nicht erreichbare Mehrheit herbeigeführt werden kann, wenn

---

93 So auch die herrschende Meinung, Burandt/Rojahn/*Flechtner*, § 2038 Rn. 21; Damrau/*Rißmann*, § 2038 Rn. 39; FA-Komm.ErbR/*Tschichoflos*, § 2038 Rn. 20; MüKo-BGB/*Gergen*, § 2038 Rn. 35; *Lange*, Erbrecht, § 57 Rn. 57; *Zimmermann*, Erbrecht, Rn. 488; a.A. *Ebbecke*, LZ 1920, 945 (949); *Muscheler*, ZEV 1997, 169 (173).

94 Damrau/*Rißmann*, § 2038 Rn. 39; MüKo-BGB/*Gergen*, § 2038 Rn. 35.

95 Dazu näher unten D IV 5 a; siehe außerdem FA-Komm.ErbR/*Tschichoflos*, § 2038 Rn. 20.

96 MüKo-BGB/*Gergen*, § 2038 Rn. 24; NK-BGB/*Ann*, § 2038 Rn. 10; Staudinger/*Löhnig*, § 2038 Rn. 31.

97 Siehe oben C II 1.

98 MüKo-BGB/*Gergen*, § 2038 Rn. 43; *Werber*, Die Erbengemeinschaft, Rn. 29.

99 BGH NJW 1958, 2061; BeckOK-BGB/*Lohmann*, § 2038 Rn. 8; *Henrich*, JA 1971, 621 (622).

es um die Zustimmung zu einer bestimmten Maßnahme geht.[100] Die Mitwirkungspflicht ist gerichtlich durchsetzbar und eine Verletzung kann zu Schadensersatzansprüchen der übrigen Miterben führen.[101] Bei klageweiser Durchsetzung gilt die Zustimmung mit rechtskräftigem Urteil als erteilt (§ 894 S. 1 ZPO).[102]

Nach dem Wortlaut des § 2038 I 2 Hs. 1 BGB besteht die Mitwirkungspflicht bei Maßregeln, die zur ordnungsmäßigen Verwaltung erforderlich sind. Fraglich und bisher ungeklärt ist, ob es sich bei dem Merkmal der Erforderlichkeit um eine zusätzliche, einschränkende Voraussetzung der Mitwirkungspflicht handelt. Einerseits könnte die Erforderlichkeit als etwas verstanden werden, dass mehr ist als bloße Ordnungsmäßigkeit und weniger als Notwendigkeit im Sinne des § 2038 I 2 Hs. 2 BGB.[103] So wird sie teilweise als zusätzliches Kriterium geprüft und in dem Zusammenhang verlangt, dass die Nichtvornahme einer Maßnahme die Beeinträchtigung des Nachlasswertes zur Folge hätte.[104] Dabei wären zwar die Übergänge fließend und Erforderlichkeit in diesem Sinne neben der Ordnungsmäßigkeit häufig kumulativ erfüllt. Nicht zwangsläufig von der Mitwirkungspflicht erfasst wären danach aber beispielsweise Renovierungsarbeiten an einem nachlasszugehörigen Grundstück, da sie zwar ordnungsgemäß, unter Umständen aber nicht erforderlich zur Verhinderung einer Werteinbuße wären.

Andererseits könnte die Eigenschaft der Erforderlichkeit als selbstständige Voraussetzung abgelehnt und damit die Reichweite der Mitwirkungspflicht erhöht werden. Die in der Regelung normierte Erforderlichkeit könnte schlicht bedeuten, dass die Maßnahme erfolgen muss, um eine ordnungsmäßige Verwaltung zu gewährleisten.[105] Die Mitwirkungspflicht würde greifen, wenn es zur Umsetzung des ordnungsgemäßen Verwal-

---

100 Staudinger/*Löhnig*, § 2038 Rn. 11, *Stützel*, NJW 2013, 3543.

101 BGHZ 164, 181 (184) = NJW 2006, 439 (440); BeckOK-BGB/*Lohmann*, § 2038 Rn. 6; FA-Komm.ErbR/*Tschichoflos*, § 2038 Rn. 19; PWW-BGB/*Zimmer*, § 2038 Rn. 18.

102 Im Übrigen richtet sich die Vollstreckung nach §§ 887, 888 ZPO; vgl. auch BeckOK-BGB/*Lohmann*, § 2038 Rn. 8; Zöller-ZPO/*Seibel*, § 894 Rn. 6 f.; *Brox/Walker*, Erbrecht, § 30 Rn. 6.

103 Vgl. *Stützel*, NJW 2013, 3543 (3545).

104 BGHZ 164, 181 (189) = NJW 2006, 439 (441); Damrau/*Rißmann*, § 2038 Rn. 15; *Greil-Lidl*, Verfügungsverwaltung, S. 52; *Stützel*, NJW 2013, 3543 (3544); vgl. auch Palandt/*Weidlich*, § 2038 Rn. 5; *Rißmann*, Die Erbengemeinschaft, § 4 Rn. 72 ff.; *Wendt*, Notar 2016, 363 (375).

105 Staudinger/*Löhnig*, § 2038 Rn. 14; vgl. auch Palandt/*Weidlich*, § 2038 Rn. 5.

tungshandelns der Maßnahme bedürfte. Entscheidend wäre also ihre bloße Ordnungsmäßigkeit.

Die Gesetzesmaterialien geben in Bezug auf diese Problematik keinen Aufschluss.

Es können jedoch systematische Erwägungen angestellt werden. Wegen des Erfordernisses des zumindest mehrheitlichen oder gemeinschaftlichen Zusammenwirkens ist die Mitwirkung anderer Miterben außerhalb des Notverwaltungsrechts nach § 2038 I 2 Hs. 2 BGB unerlässlich, um eine ordnungsgemäße Verwaltung sicherstellen zu können. Anders als beispielsweise in § 1428 BGB bezieht sich die Erforderlichkeit nach dem Wortlaut des § 2038 I 2 Hs. 1 BGB nicht auf die Mitwirkung, sondern eben auf die Maßregel. Dies spricht eher dafür, das Merkmal der Erforderlichkeit im Rahmen von § 2038 I 2 Hs. 1 BGB als zusätzliche Voraussetzung einzuordnen. Denn nur wenn sich bei § 2038 I 2 Hs. 1 BGB die Erforderlichkeit ebenfalls auf die Mitwirkung beziehen würde, wäre evident, dass das Merkmal insofern keine eigenständige Bedeutung hätte, als es lediglich aussagen würde, dass ein Bedürfnis für die Mitwirkung bestünde. Diese ist bei bloß ordnungsgemäßen Maßnahmen stets von Nöten, da lediglich im Rahmen der Notwendigkeit ein einzelner Miterbe Verwaltungsmaßnahmen „treffen" kann, § 2038 I 2 Hs. 2 BGB. Einer gesonderten Prüfung der Erforderlichkeit bedürfte es im Einzelfall also nicht. Da sich das Merkmal aber eben auf die Maßregel und nicht auf die Mitwirkung bezieht, ist dies nicht so eindeutig.

Neben der Vorschrift des ehelichen Güterrechts lassen sich aber auch solche aus dem Recht der Nacherbschaft sowie aus der Testamentsvollstreckung anführen:

> **§ 2120 BGB Einwilligungspflicht des Nacherben.**
> [1] Ist zur ordnungsmäßigen Verwaltung, insbesondere zur Berichtigung von Nachlassverbindlichkeiten, eine Verfügung erforderlich, die der Vorerbe nicht mit Wirkung gegen den Nacherben vornehmen kann, so ist der Nacherbe dem Vorerben gegenüber verpflichtet, seine Einwilligung zu der Verfügung zu erteilen.
>
> **§ 2206 Eingehung von Verbindlichkeiten.**
> (1) [1] Der Testamentsvollstrecker ist berechtigt, Verbindlichkeiten für den Nachlass einzugehen, soweit die Eingehung zur ordnungsmäßigen Verwaltung erforderlich ist.

Insbesondere die Formulierung in § 2206 I 1 BGB gleicht der des § 2038 I 2 Hs. 1 BGB. Sowohl im Rahmen von § 2206 BGB als auch bei

§ 2120 BGB stellt die Erforderlichkeit keine eigenständige, neben der Ordnungsmäßigkeit stehende Voraussetzung dar; die Maßnahme muss lediglich erforderlich sein, um den Nachlass ordnungsgemäß verwalten zu können, es genügt also bloße Ordnungsmäßigkeit.[106] Diese vergleichbaren Normen sprechen dafür, auch im Rahmen von § 2038 I 2 Hs. 1 BGB die Erforderlichkeit nicht als gesondertes Merkmal zu prüfen.

Auch teleologische Aspekte stützen dieses Verständnis. Würde nämlich für die Mitwirkungspflicht im Rahmen der Erforderlichkeit verlangt werden, dass die Nichtvornahme der Maßnahme eine drohende Beeinträchtigung des Nachlasswertes mit sich brächte, wären die Grenzen zur Einzelverwaltung fließend. Geht es um die Beeinträchtigung des Nachlasswertes, könnte gemäß § 2038 I 2 Hs. 2 BGB ohnehin jeder Miterbe Verwaltungsmaßnahmen allein treffen; eine Mitwirkungspflicht wäre dann obsolet.

Überdies käme es zu einer drastischen Einschränkung des Anwendungsbereichs der Mitwirkungspflicht. Nur unter der engen Voraussetzung der drohenden Beeinträchtigung des Nachlasswertes könnten die Miterben andere Miterben zur Mitwirkung verpflichten. Im Hinblick auf die essentielle Bedeutung der Mitwirkungspflicht im Rahmen der Erbengemeinschaft wäre dies fatal. Gerade bei bloßer Ordnungsmäßigkeit sind Miterben wegen des Gebotes der Mehrheitsverwaltung gemäß §§ 2038 II 1, 745 BGB auf die Mitwirkung der anderen Miterben angewiesen; insbesondere gilt dies für die Verfügungsebene, auf der gemäß § 2040 I BGB grundsätzlich Gemeinschaftlichkeit vorgeschrieben ist.

Im Ergebnis sprechen also die besseren Gründe dafür, der Erforderlichkeit keine eigenständige, als Voraussetzung neben der Ordnungsmäßigkeit stehende Bedeutung beizumessen. Für das Bestehen der Mitwirkungspflicht genügt die Ordnungsmäßigkeit der Maßnahme. Maßgeblich ist wiederum die objektive Sicht eines verständigen Beurteilers.[107]

b. Einzelverwaltung

Die zur Erhaltung notwendigen Maßregeln kann jeder Miterbe gemäß § 2038 I 2 Hs. 2 BGB ohne Mitwirkung der anderen treffen. Dieses Notge-

---

106 Vgl. BGH Urt. v. 12.1.1972 – IV ZR 1206/68 = BeckRS 1972, 31125854; BeckOK-BGB/*Lange*, § 2206 Rn. 5; Burandt/Rojahn/*Lang*, § 2120 Rn. 6; Jauernig-BGB/*Stürner*, § 2206 Rn. 1; MüKo-BGB/*Grunsky*, § 2120 Rn. 4; Bengel/Reimann/*Schaub*, Testamentsvollstreckung, § 4 Rn. 114 f.

107 Siehe oben C II 2 a aa.

schäftsführungsrecht macht die Zustimmung der anderen Miterben ausnahmsweise entbehrlich.

Eine Maßnahme ist zur Erhaltung notwendig, wenn der Nachlass ohne sie Schaden erleiden würde.[108] Auch die Notwendigkeit wird aus der Perspektive eines wirtschaftlich und vernünftig denkenden Menschen beurteilt.[109] Zu berücksichtigen sind dabei insbesondere die finanziellen Auswirkungen beziehungsweise Kosten im Zusammenhang mit den allgemeinen wirtschaftlichen Verhältnissen.[110] Als notwendig einzustufen wäre demnach beispielsweise das Vorgehen gegen eine drohende Enteignung eines Nachlassgrundstücks,[111] aber auch Instandsetzungsarbeiten an einem Grundstück.[112]

Fraglich ist, ob die Maßnahme darüber hinaus auch unaufschiebbar beziehungsweise dringlich sein muss.[113] Damit wäre vorausgesetzt, dass die Zustimmung der übrigen Miterben nicht mehr rechtzeitig eingeholt werden kann.[114]

Dies wäre bei Vorgehen gegen eine drohende Enteignung zu bejahen,[115] nicht so unproblematisch jedoch bei Instandhaltungsmaßnahmen.[116] Jedenfalls abzulehnen wäre die Dringlichkeit grundsätzlich, wenn beispielsweise ein zerstörtes Gebäude wieder errichtet werden soll.[117]

Zunächst einmal ist festzustellen, dass ein solches Erfordernis der Dringlichkeit gesetzlich nicht verankert ist. Ein Vergleich zum Recht der Bruch-

---

108 MüKo-BGB/*Gergen*, § 2038 Rn. 56; PWW-BGB/*Zimmer*, § 2038 Rn. 12; Staudinger/*Löhnig*, § 2038 Rn. 22; *Brox/Walker*, Erbrecht, § 30 Rn. 7.

109 BGHZ 6, 76 (81) = NJW 1952, 1252 (1253); Staudinger/*Löhnig*, § 2038 Rn. 22; *Stützel*, NJW 2013, 3543.

110 BGHZ 6, 76 (81) = NJW 1952, 1252 (1253); *Stützel*, NJW 2013, 3543; *Werkmüller*, ZEV 1999, 218 (219).

111 BGH Urt. v. 22.2.1965 – III ZR 208/ 63 = BeckRS 1965, 31176041; Palandt/*Weidlich*, § 2038 Rn. 11; *Siebert*, NJW 2009, 1121 (1123).

112 BGHZ 6, 76 (81) = NJW 1952, 1252 (1253); MüKo-BGB/*Gergen*, § 2038 Rn. 59.

113 So OLG Hamm OLGZ 1985, 226 (227); Erman-BGB/*Bayer*, § 2038 Rn. 6; FA-Komm.ErbR/*Tschichoflos*, § 2038 Rn. 11; HK-BGB/*Hoeren*, § 2038 Rn. 6; Hausmann/Hohloch/*Ann*, Handbuch des Erbrechts, Kap. 20 Rn. 44; *Bengel*, ZEV 2002, 484 (486 f.); a.A.: *Löhnig*, JA 2007, 262.

114 OLG Nürnberg, Urt. v. 16.7.2014 – 12 U 2267/12 = BeckRS 2014, 15189; BeckOK-BGB/*Lohmann*, § 2038 Rn. 10.

115 BGH Urt. v. 22.2.1965 – III ZR 208/ 63 = BeckRS 1965, 31176041; VGH Kassel NJW 1958, 1203.

116 Siehe dazu BGHZ 6, 76 = NJW 1952, 1252; OLG Hamm OLGZ 1985, 226; *Siebert*, NJW 2009, 1121 (1123); vgl. auch FA-Hdb.ErbR/*Sarres*, Kap. 13 Rn. 134.

117 BGH Urt. v. 17.9.1954 – V ZR 35/54 = BeckRS 1954, 31200531; *Lange*, Erbrecht, § 57 Rn. 63.

teilsgemeinschaft zeigt, dass das Kriterium im Rahmen von § 744 II BGB nicht besteht.[118] Damit könnte in Frage gestellt werden, warum dies bei der Erbengemeinschaft vorausgesetzt werden sollte.[119]

Zu beachten ist jedoch, dass es sich bei der Einzelverwaltung um eine Ausnahme von dem Grundsatz der Gemeinschaftsverwaltung handelt. Der Anwendungsbereich der Notgeschäftsführung ist daher eng zu halten und als *ultima ratio* auf Ausnahmefälle zu beschränken, was durch das Erfordernis der Dringlichkeit gefördert werden würde.[120] Zudem sind zur Erhaltung notwendige Maßnahmen zwingend auch ordnungsgemäß,[121] sodass sie unter die Mehrheitsverwaltung und demnach auch unter die Mitwirkungspflicht gemäß § 2038 I 2 BGB fallen. Dabei ist einerseits zu berücksichtigen, dass es sich gleichfalls um ein Mitwirkungs*recht* handelt, welches den Miterben bei Zulassung der Einzelverwaltung genommen werden würde. Anderseits folgt daraus, dass die Zustimmung der übrigen Miterben verlangt und klageweise erzwungen werden kann, wodurch ohne bestehende Dringlichkeit keine Einbußen drohen. Es ist also durchaus zumutbar, den Miterben bei fehlender Dringlichkeit das Notverwaltungsrecht zu versagen. Die vorrangige Mehrheitsverwaltung soll nicht unterlaufen und in ihrem Anwendungsbereich nicht gänzlich beschränkt werden.[122]

Nach anderer Ansicht stellt das Notverwaltungsrecht nach § 2038 II 2 BGB gerade ein „unentziehbares Individualrecht" eines jeden Miterben dar, das nicht durch das – gesetzlich nicht geregelte – Dringlichkeitserfordernis eingeschränkt werden dürfe; der handelnde Miterbe solle das mit einem solchen Merkmal verbundene Risiko nicht eingehen müssen.[123] Die Nachlassverwaltung solle außerdem nicht unnötig erschwert werden.[124] Eine solche Erschwerung wäre zwingende Konsequenz, wenn Verwal-

118 Vgl. auch Burandt/Rojahn/*Flechtner*, § 2038 Rn. 34; MüKo-BGB/*K. Schmidt*, § 745 Rn. 12 f.

119 Mit dieser Begründung das Dringlichkeitserfordernis ablehnend *Löhnig*, JA 2007, 262; siehe außerdem *Bengel*, ZEV 2002, 484 (487).

120 Siehe bereits oben C II 2 a aa; Burandt/Rojahn/*Flechtner*, § 2038 Rn. 33; MüKo-BGB/*Gergen*, § 2038 Rn. 56; *Ann*, Die Erbengemeinschaft, S. 34; *Lange*, Erbrecht, § 57 Rn. 63.

121 BGHZ 6, 76 (81) = NJW 1952, 1252 (1253); MüKo-BGB/*Gergen*, § 2038 Rn. 56; *Lange*, Erbrecht, § 57 Rn. 63; *Michalski*, Erbrecht Rn. 845.

122 Siehe auch BGHZ 6, 76 (82) = NJW 1952, 1252 (1253); BeckOK-BGB/*Lohmann*, § 2038 Rn. 10.

123 *Löhnig*, JA 2007, 262; vgl. auch MüKo-BGB/*K. Schmidt*, § 745 Rn. 41; Soergel/*Hadding*, § 744 Rn. 5; *Werber*, Die Erbengemeinschaft, Rn. 17.

124 So auch BGHZ 6, 76 (82) = NJW 1952, 1252 (1253).

tungsmaßnahmen einzelner Miterben nur unter der zusätzlichen Voraussetzung der Dringlichkeit zugelassen werden würden.

Zu befürworten ist am ehesten eine vermittelnde Position. Danach ist das Merkmal der Dringlichkeit im Hinblick auf den Eingriff in das Recht der übrigen Miterben auf Mitwirkung nur dann heranzuziehen, wenn dieser bedeutend ist.[125] Als bedeutend ist eine Maßnahme und demnach ein Eingriff einzuordnen, wenn dadurch erhebliche Verpflichtungen für den Nachlass oder die übrigen Miterben begründet werden.[126] Gerade dann ist anzunehmen, dass das Mitwirkungsinteresse der Miterben besonders groß ist. Handelt es sich aber um eine Maßnahme mit nur unbedeutenden Auswirkungen auf den Nachlass, bei dem das Beteiligungsinteresse der übrigen Miterben gering ist, kann diese von einzelnen Miterben auch dann vorgenommen werden, wenn sie bis zur Zustimmungserteilung durch die anderen Miterben aufgeschoben werden könnte, wenn also keine Dringlichkeit besteht. Nur bei bedeutsamen Maßnahmen ist zu fordern, dass die Zustimmung nicht mehr rechtzeitig eingeholt werden könnte.[127]

Bedeutsamkeit wäre beispielsweise bei umfangreichen Renovierungs- beziehungsweise Reparaturmaßnahmen anzunehmen.[128]

Mit dieser Abgrenzung verbunden ist zwar eine gewisse Rechtsunsicherheit, da das Merkmal des bedeutenden Eingriffs nicht klar umgrenzt ist. Diese ist jedoch zugunsten einer flexiblen und einzelfallgerechten Lösung in Kauf zu nehmen.

Im Ergebnis besteht die Möglichkeit der Einzelverwaltung nach § 2038 II 2 Hs. 2 BGB also bei notwendigen Maßnahmen, die bedeutend und dringlich sind, sowie bei notwendigen, unbedeutenden Maßnahmen.

III. Außenverhältnis

Praktisch noch gewichtiger ist schließlich die Frage, wie der im Innenverhältnis gefundene Wille im Außenverhältnis umgesetzt wird.

Denn mangels Rechtsfähigkeit kann die Erbengemeinschaft nicht als solche nach außen auftreten, sondern es bedarf einer rechtsgeschäftlichen

---

125 BGHZ 6, 76 (83) = NJW 1952, 1252 (1253); *Johannsen*, WM 1970, 573 (578); *Stützel*, NJW 2013, 3543.

126 BGHZ 6, 76 (83) = NJW 1952, 1252 (1253); OLG Hamm OLGZ 1985, 226 (227); BeckOK-BGB/*Lohmann*, § 2038 Rn. 10.

127 So auch BGHZ 6, 76 (83) = NJW 1952, 1252 (1253); MüKo-BGB/*Gergen*, § 2038 Rn. 56; *Stützel*, NJW 2013, 3543.

128 OLG Hamm OLGZ 1985, 226.

oder gesetzlichen Vertretungsmacht der handelnden Miterben.[129] Durch das rechtswirksame Handeln der Miterben entsteht eine Nachlassverbindlichkeit im Sinne des § 2058 BGB, für die die Miterben gesamtschuldnerisch haften; auf Verfügungsebene bedarf es der Verfügungsbefugnis.[130]

1. Verpflichtungsgeschäfte

Wird zunächst der Abschluss schuldrechtlicher Verträge betrachtet, ist zu erkennen, dass es diesbezüglich keine ausdrückliche gesetzliche Regelung gibt.

Vielmehr belässt es das Gesetz bei den Regelungen des § 2038 BGB zur Nachlassverwaltung und des § 2040 BGB zu Verfügungen über Nachlassgegenstände. Es ist mithin zu fragen, ob auch das Außenverhältnis von der Regelung des § 2038 BGB zur Nachlassverwaltung vollumfänglich erfasst ist. Konsequenz wäre, dass das abgestufte System des § 2038 BGB auch hier Anwendung fände. Dann gälte zwar grundsätzlich das Gemeinschaftlichkeitsprinzip; handelte es sich jedoch um ordnungsgemäße oder um zur Erhaltung des Nachlasses notwendige Maßnahmen, bestünde die Handlungsbefugnis der Mehrheit oder eines einzelnen Erben, §§ 2038 I 2 Hs. 2, II 1, 745 I 1 BGB.

Hielte man andererseits die Regelung des § 2038 BGB für eine lediglich das Innenverhältnis betreffende Vorschrift, gäbe es die Möglichkeit für Mehrheits- oder Einzelhandeln im Außenverhältnis nicht. Erforderlich wäre die Zustimmung beziehungsweise die Bevollmächtigung durch alle übrigen Miterben, wobei die allgemeinen Regeln der §§ 164 ff. BGB gelten.[131] Die Anwendung der §§ 164 ff. BGB hat generell die Konsequenz, dass der handelnde Miterbe erkennbar im Namen der Erbengemeinschaft handeln

---

129 *Brox/Walker*, Erbrecht, § 30 Rn. 16; *Muscheler*, Erbrecht II, Rn. 3859; *Kaya*, ZEV 2013, 593 (595).

130 *Harder/Kroppenburg*, Grundzüge des Erbrechts, Rn. 602; *Dauner-Lieb*, Unternehmen in Sondervermögen, S. 352 ff.; *Muscheler*, ZEV 1997, 222 (229); *Lemmerz*, Jura 2014, 1246 (1251).

131 *Michalski*, Erbrecht, Rn. 853; *Jülicher*, AcP 175 (1975), 143 (144).

muss, um diese rechtswirksam verpflichten zu können, oder andernfalls persönlich verpflichtet wird, §§ 164, 179 BGB.[132]

Die Miterben müssten an der Umsetzung einer mehrheitlich beschlossenen Maßnahme also gemeinschaftlich zusammenwirken und eine gesonderte Vollmacht erteilen, wenn ein einzelner Erbe beziehungsweise eine Mehrheit von Erben handeln wollte. Alternativ könnte ein Rechtsgeschäft durch nachträgliche Zustimmung (Genehmigung, § 182 BGB) Wirksamkeit erlangen.

Die andere Möglichkeit wäre, mit der Gegenauffassung die Vertretungsmacht unmittelbar aus dem Mehrheitsbeschluss herzuleiten. Die Erbenmehrheit könnte auf Grundlage dieses Beschlusses und der darin verkörperten gesetzlichen Vertretungsmacht auch die überstimmten Miterben verpflichten, ohne dass deren erneute Mitwirkung an der Umsetzung erforderlich wäre.[133]

a. Verpflichtungsgeschäfte außerhalb der ordnungsgemäßen Verwaltung

Unproblematisch ist das Handeln im Außenverhältnis zunächst im Rahmen der außerordentlichen Verwaltung. Denn hier bleibt es ohnehin beim Grundsatz der Gemeinschaftlichkeit gemäß § 2038 I 1 BGB.

Selbst wenn man § 2038 I 1 BGB auf das Außenverhältnis für unanwendbar hält, folgt die Geltung des Gemeinschaftlichkeitsprinzips schlicht aus der Rechtsnatur der Erbengemeinschaft als Gesamthandsgemeinschaft.[134]

Die Erben müssen mithin gemeinsam handeln – rechtsgeschäftliche Vertretung nach Maßgabe der §§ 164 ff. BGB ist allerdings möglich, sofern gemeinschaftlich ein Bevollmächtigungsbeschluss gefasst wird.

---

132 Burandt/Rojahn/*Flechtner*, § 2038 Rn. 13; *Rüthers/Stadler*, Allgemeiner Teil des BGB, § 30 Rn. 5 f.; *Grunewald*, AcP 197 (1997), 305 (307); der handelnde Miterbe hätte dann jedoch einen Freistellungs- beziehungsweise Aufwendungsersatzanspruch gegen die Erbengemeinschaft, welcher sich je nach dem aus den §§ 669, 670 BGB oder §§ 2038 II 1, 748 BGB ergibt; eine weitere Möglichkeit, die Haftung mit dem Eigenvermögen zu vermeiden, wäre, jene auf den Nachlass zu beschränken, FA-Komm.ErbR/*Tschichoflos*, § 2038 Rn. 13; *Werber*, Die Erbengemeinschaft; Rn. 17.

133 Bei *Ann*, Die Erbengemeinschaft, S. 48 ff. treffend bezeichnet als „Stagnationslösung“ einerseits und „Dynamisierungslösung“ andererseits.

134 *Jülicher*, AcP 175 (1975), 143 (147); *Bartholomeyczik*, FS Reinhardt, S. 13 (24, 27); *Stanescu*, Nachlassverwaltung, S. 27; *v. Lübtow*, Erbrecht, 2. Halbband, S. 802.

b. Notverpflichtungsgeschäfte

Weitgehend Einigkeit besteht zudem im Bereich des Notverwaltungsrechts gemäß § 2038 I 2 BGB, bei dem angenommen wird, dass der einzelne Miterbe aufgrund gesetzlicher Vertretungsmacht in der Lage ist, schuldrechtliche Verträge mit Wirkung für die übrigen Miterben abzuschließen.[135]

Dies folgt zunächst aus dem Wortlaut des § 2038 I 2 BGB („treffen"), welcher auf eine umfassende Handlungsbefugnis hindeutet.[136] Nach dem natürlichen Sinngehalt bedeutet „treffen" nicht nur, bezüglich einer bestimmten Angelegenheit zu entscheiden (Innenverhältnis), sondern vielmehr, diese Maßregel vollumfänglich durchzuführen (Außenverhältnis). Eine Beschränkung dieser Regelung auf das Innenverhältnis wäre zudem sinnwidrig, da, wie *Ann* es treffend bezeichnet, „Entscheidungen einer Einzelperson nicht sinnvoll als Beschlüsse gedacht werden können".[137] Der Beschluss ist hier entbehrlich, vielmehr bedarf es lediglich einer Entscheidung der Einzelperson.[138]

Handelt es sich um eine zur Erhaltung notwendige Maßregel, ist also der handelnde Miterbe unmittelbar auf Grundlage des § 2038 I 2 BGB zur Vertretung berechtigt.

c. Verpflichtungsgeschäfte im Rahmen der ordnungsgemäßen Verwaltung

Problematischer ist dagegen, wie Verpflichtungsgeschäfte im Rahmen der ordnungsgemäßen Verwaltung zu handhaben sind. Ob bei ordnungsgemäßen Verwaltungsmaßnahmen eine Mehrheit von Miterben imstande ist, den im Innenverhältnis mehrheitlich getroffenen Beschluss auch im Außenverhältnis umzusetzen, ist fraglich.

---

135 Erman-BGB/*Bayer*, § 2038 Rn. 13; Palandt/*Weidlich*, § 2038 Rn. 11; *Brox/Walker*, Erbrecht, § 30 Rn. 18; *Frank/Helms*, Erbrecht, § 19 Rn. 15; Krug/Daragan/*Krug*, Immobilie im Erbrecht, § 5 Rn. 46; *Michalski*, Erbrecht, Rn. 853; *Muscheler*, Erbrecht II, Rn. 3863; *Bertzel*, AcP 158 (1959/1960), 107 (121); *ders.*, NJW 1962, 2280 (2283 f.); *Kaya*, ZEV 2013, 593 (595); a.A. OLG Neustadt MDR 1962, 574; RGRK-BGB/*Kregel*, § 2038 Rn. 5.

136 *Ann*, Die Erbengemeinschaft, S. 50; *Leverenz*, Gestaltungserklärungen durch und gegen Personenmehrheiten, S. 51.

137 *Ann*, Die Erbengemeinschaft, S. 50.

138 Erman-BGB/*Westermann*, § 709 Rn. 20.

aa. Zulässigkeit von Mehrheitshandeln

(1) Objektiv gerechtfertigte Verpflichtung oder Schweigen der Minderheit als Zustimmung

Neben den zwei klassischerweise vertretenen und bereits angesprochenen Lösungsansätzen[139] gab es auch andere Versuche, die problematische Behandlung des Außenverhältnisses zu lösen.

So wurde erwogen, eine in objektiver Hinsicht gerechtfertigte Verpflichtung als ausreichend zu erachten, um ein Handeln der Mehrheit oder einzelner Erben zu ermöglichen.[140] Ausreichend wäre danach in anderen Worten, dass rein objektiv die Voraussetzungen der ordnungsgemäßen Verwaltung vorliegen. Es wären weder ein Mehrheitsbeschluss im Innenverhältnis noch eine Vertretungsmacht oder eine Offenlegung der handelnden Miterben erforderlich.[141]

Dieser Ansatz muss schon allein deshalb konsequent abgelehnt werden, weil er dem Wortlaut der §§ 2038 I, II 1, 745 I BGB widerspricht, wonach ein Mehrheitsbeschluss im Innenverhältnis erforderlich ist. Zudem verlöre auch das Notverwaltungsrecht gemäß § 2038 I 2 Hs. 2 BGB seinen Sinn, wenn ein einzelner Erbe schon aufgrund einer objektiv gerechtfertigten Verpflichtung, also bei bloßer Ordnungsgemäßheit tätig werden kann.[142] Auf das Kriterium der „zur Erhaltung notwendigen Maßregel" würde dann verzichtet werden.

Auch ein anderer Ansatz, demzufolge eine Zustimmung der Minderheit zwar erforderlich sei, jedoch in deren Schweigen gesehen werden könne,[143] muss strikt abgelehnt werden. Denn einem Schweigen darf im Rechtsverkehr nur in Ausnahmefällen und unter strengen Voraussetzun-

---

139 Oben C III 1 sowie sogleich eingehend C III 1 c aa (2), (3).

140 *V. Lübtow*, Erbrecht, 2. Halbband, S. 803; vgl. auch *Stanescu*, Nachlassverwaltung, S. 32 ff.

141 Vgl. *Jülicher*, AcP 175 (1975), 143 (145).

142 So auch *Stanescu*, Nachlassverwaltung, S. 32.

143 Vgl. BGHZ 30, 391 (395) = NJW 1959, 2114 (2115); *Lange/Kuchinke*, Erbrecht, § 43 III 6 b.

gen eine derartige Bedeutung beigemessen werden.[144] Es handelt sich um eine reine Fiktion, wenn unterstellt wird, dass die Minderheitserben in Anbetracht ihrer Mitwirkungspflicht pflichtbewusst zustimmen würden.[145]

Beide Ansätze werden daher schon seit geraumer Zeit nicht mehr vertreten und verdienen keine ausführlichere Behandlung.

(2) Mitwirkung sämtlicher Miterben

Die vor allem früher noch überwiegend vertretene Auffassung geht im Interesse einer Erhaltung des *status quo* und einer Vermeidung von Wertverlusten des Nachlasses davon aus, dass eine erneute Mitwirkung der überstimmten Miterben erforderlich sei, um den Mehrheitsbeschluss zu vollziehen; dem Mehrheitsbeschluss komme gerade keine Außenwirkung zu und die Regelung des § 2038 BGB beschränke sich auf das Innenverhältnis.[146]

Demgemäß müssten alle Miterben gemeinschaftlich an der Umsetzung teilnehmen oder andere Miterben nach Maßgabe der §§ 164 ff. BGB bevollmächtigen. Weigerten sich einzelne Miterben jedoch, an der Ausführung teilzunehmen oder ihre Zustimmung beziehungsweise Bevollmächtigung zu erteilen, müssten die Mehrheitserben gerichtlich vorgehen und die Minderheitserben auf Grundlage ihrer Mitwirkungspflicht bei ordnungsgemäßen Maßnahmen gemäß § 2038 I 2 Hs. 1 BGB verklagen. Die Zustimmung würde dann durch das stattgebende Urteil ersetzt (§ 894 S. 1 ZPO).[147] Eine bis dahin vorgenomme Verwaltungsmaßnahme würde nicht zu einer Verpflichtung der Erbengemeinschaft, sondern zu einer Eigenverpflichtung des als Vertreter ohne Vertretungsmacht handelnden Miterben führen (§ 179 I BGB).

---

144 *Ann*, Die Erbengemeinschaft, S. 52; *Fischinger*, JuS 2015, 394 (397); *Flume*, BGB AT II, § 5 2 b; eine solche Ausnahme wird beispielsweise im Rahmen des kaufmännischen Bestätigungsschreibens gemacht, bei welchem das Schweigen aber auch nur unter eng definierten und von der Rechtsprechung entwickelten Voraussetzungen als Zustimmung gewertet werden kann, MüKo-BGB/*Busche*, § 147 Rn. 11 ff.; MüKo-HGB/*K. Schmidt*, § 346 Rn. 141 ff.; Soergel/*Wolf*, § 147 Rn. 27 ff.

145 So aber *Lange/Kuchinke*, Erbrecht, § 43 III 6 b.

146 OLG Königsberg OLGE 18, 34; OLG Neustadt MDR 1962, 574; *v. Lübtow*, Erbrecht, 2. Halbband, S. 803; *Bartholomeyczik*, FS Reinhardt, S. 13 (22); *ders.*, 4. Denkschrift des Erbrechtsausschusses der Akademie für Deutsches Recht, S. 120 (191); *Jülicher*, AcP 175 (1975), 143 (147 ff.); *Lange*, JuS 1967, 453 (456).

147 Siehe dazu schon oben C II 2 a cc.

(3) Gesetzliche Vertretungsmacht der Mehrheit

Die heute überwiegende Meinung hält dahingegen eine auf den Mehrheitsbeschluss folgende Mitwirkung jedes Miterben im Bereich der ordnungsgemäßen Verwaltung auf Verpflichtungsebene für entbehrlich; vielmehr soll der Mehrheit der Erben schon auf Grundlage des Mehrheitsbeschlusses gesetzliche Vertretungsmacht eingeräumt sein.[148] Dies ergäbe sich bereits aus § 745 BGB, da eine sinnvolle Vertretungsregelung zur ordnungsgemäßen Verwaltung gehöre.[149] Die Vertretungsregelung wäre damit dem Mehrheitsbeschluss zugänglich. Bliebe man bei dem Grundsatz der Gemeinschaftlichkeit, obwohl eine sinnvolle Vertretungsregelung zur ordnungsgemäßen Verwaltung gehört, widerspräche dies der Vorschrift des § 2038 II 1 BGB in Verbindung mit § 745 BGB und würde sie ihres Zweckes berauben.[150] Die §§ 2038 II 1, 745 BGB erfassen dieser Ansicht zufolge also auch Maßnahmen im Außenverhältnis. Wenn demnach die Ordnungsgemäßheit zu bejahen ist und ein Mehrheitsbeschluss gefasst wurde, ist die Mehrheit auch in der Lage, Verpflichtungsgeschäfte vorzunehmen. Dies ergibt sich also nicht schlicht aus dem Gesetz allein. Konstitutiv ist, dass der Beschluss durch die Mehrheit im Innenverhältnis wirksam gefasst worden ist. Eben erst aus diesem gültigen Mehrheitsbeschluss wird nämlich die Ermächtigung der Mehrheit, für die Erbengemeinschaft zu handeln, abgeleitet.[151]

---

148 BGHZ 56, 47 = NJW 1971, 1265; OLG Kiel SeuffArch 61 Nr. 131; OLG Hamm DB 1969, 300; LG Mannheim MDR 1964, 238; MüKo-BGB/*Gergen*, § 2038 Rn. 51; Palandt/*Weidlich*, § 2038 Rn. 5; Soergel/*Wolf*, § 2038 Rn. 11; Staudinger/*Zimmer*, § 2038 Rn. 23, 33; *Brox/Walker*, Erbrecht, § 30 Rn. 18; *Kipp/Coing*, Erbrecht, § 114 IV 2; *Olzen/Looschelders*, Erbrecht, Rn. 1011; *Bertzel*, NJW 1962, 2280 (2283 f.); *Henrich*, JA 1971, 621 (623); *Johannsen*, WM 1970, 573 (574); *ders.*, WM 1973, 530 (544); *Löhnig*, JA 2007, 262 (262); *Muscheler*, ZEV 1997, 222 (229); *Wiedemann*, GmbHR 1969, 247 (248).

149 MüKo-BGB/*Gergen*, § 2038 Rn. 51; *Brox/Walker*, Erbrecht, § 30 Rn. 18; *Michalski*, Erbrecht, Rn. 854; *Deubner*, JuS 1990, 753 (754); *Wendt*, Notar 2016, 363 (370).

150 Im Übrigen folgt daraus auch, dass durch einen Mehrheitsbeschluss einzelne Erben oder Dritte bevollmächtigt werden können, vgl. *Henrich*, JA 1971, 623.

151 BGHZ 56, 47 (51) = NJW 1971, 1265 (1266); *Jülicher*, AcP 175 (1975), 143 (147) spricht insoweit von einer „Doppelwirkung" des Mehrheitsbeschlusses.

(4) Stellungnahme

Für die Beurteilung der Frage, ob § 2038 BGB auch das Außenverhältnis erfasst und dieses somit dem Mehrheitshandeln zugänglich ist, ist zunächst der Wortlaut der Vorschrift zu analysieren.

> **§ 2038 Gemeinschaftliche Verwaltung des Nachlasses.**
> (1) 1 Die Verwaltung des Nachlasses steht den Erben gemeinschaftlich zu. 2 Jeder Miterbe ist den anderen gegenüber verpflichtet, zu Maßregeln mitzuwirken, die zur ordnungsmäßigen Verwaltung erforderlich sind; die zur Erhaltung notwendigen Maßregeln kann jeder Miterbe ohne Mitwirkung der anderen treffen.
> (2) 1 Die Vorschriften der §§ 743, 745, 746, 748 finden Anwendung.

Die Sätze 1 und 2 des Absatzes 1 scheinen zunächst keinen Aufschluss geben zu können, da lediglich allgemein von „Verwaltung“ und „Maßregel“ gesprochen wird. Hierunter könnten sowohl Maßnahmen im Innenverhältnis als auch solche im Außenverhältnis fallen. Eben diese umfassende Formulierung und dass das Gesetz hier gerade nicht zwischen Innen- und Außenverhältnis differenziert – wie es im Gesellschaftsrecht regelmäßig der Fall ist[152] – könnte jedoch auch dafür sprechen, dass § 2038 BGB gleichermaßen für das Außenverhältnis gilt.[153] Andererseits könnte der Begriff „Verwaltung“ gerade als Gegenbegriff zur „Verpflichtung“ verstanden werden, womit § 2038 BGB nur das Innenverhältnis beträfe.[154] Insbesondere im Hinblick auf die Mitwirkungspflicht nach § 2038 I 2 Hs. 1 BGB wäre eine Beschränkung auf das Innenverhältnis jedoch sinnwidrig, da diese insbesondere im Außenverhältnis einschlägig ist und ihre besondere Bedeutung entfaltet.[155]

Zudem erfasst der Begriff der Nachlassverwaltung nach gängiger Auffassung alle „Maßnahmen, die zur Verwahrung, Sicherung, Erhaltung und Vermehrung sowie zur Gewinnung von Nutzungen und Bestreitung der

---

152 Beispielhaft zu nennen sind die Vorschriften der § 709 BGB (Geschäftsführung) und § 714 BGB (Vertretung) aus dem Recht der GbR sowie für die OHG die §§ 114 ff. HGB (Geschäftsführung) und § 125 HGB (Vertretung).

153 Vgl. auch HK-BGB/*Hoeren*, § 2038 Rn. 2; *Muscheler*, Erbrecht II, Rn. 3862.

154 Siehe *Bartholomeyczik*, FS Reinhardt, S. 13 (27).

155 RGRK/*Kregel*, § 2038 Rn. 4; *Bartholomeyczik*, 4. Denkschrift des Erbrechtsausschusses der Akademie für Deutsches Recht, S. 120 (1902); *Kretzschmar*, Das Erbrecht des deutschen Bürgerlichen Gesetzbuches, S. 595 f.; *Stanescu*, Nachlassverwaltung, S. 44.

laufenden Verbindlichkeiten erforderlich und geeignet sind".[156] Schon in den Motiven des BGB wurde sie definiert als „gesammte thatsächliche und rechtliche Verfügung über das verwaltete Gut".[157]

Überdies lassen sich die Regelungen der § 1450 und § 2205 BGB anführen, welche die „gemeinschaftliche Verwaltung durch die Ehegatten" sowie die „Verwaltung des Nachlasses" durch den Testamentsvollstrecker regeln und ausweislich des Wortlautes „insbesondere" auch das Außenverhältnis umfassen. All dies legt es nahe, den Abschluss von Verpflichtungsgeschäften als Unterbegriff und Bestandteil der Nachlassverwaltung einzuordnen.

Zu berücksichtigen ist noch die Vorschrift des § 745 BGB, auf den § 2038 II 1 BGB verweist:

> **§ 745 Verwaltung und Benutzung durch Beschluss.**
> (1) [1] Durch Stimmenmehrheit kann eine der Beschaffenheit des gemeinschaftlichen Gegenstands entsprechende ordnungsmäßige Verwaltung und Benutzung beschlossen werden.

Hier wird lediglich von „Beschlüssen" und nicht umfassend von „Maßregeln" gesprochen. Dies könnte dahingehend ausgelegt werden, dass das Gemeinschaftsprinzip nur im Bereich der Willensbildung – also im Innenverhältnis – durch §§ 2038 II 1, 745 I 1 BGB und die damit verbundene Möglichkeit des Mehrheitshandelns durchbrochen werden soll. [158] Wenn nach dem Wortlaut des § 745 I 1 BGB die Maßnahmen mit Stimmenmehrheit „beschlossen" werden können, spricht dies eher dagegen, dass sie gleichermaßen auch „durchgeführt" werden können.

Während nach § 2038 I 2 Hs. 2 BGB außerdem jeder Miterbe Notverpflichtungsmaßnahmen ohne die Mitwirkung der anderen „treffen" kann, besteht bei Maßnahmen der ordnungsgemäßen Verwaltung gemäß § 2038 I 2 Hs. 1 BGB eine Mitwirkungspflicht der übrigen Miterben.[159] Diese Pflicht könnte gerade darauf hindeuten, dass eben diese Mitwirkung der übrigen Miterben auch erforderlich ist.

---

156 BGH FamRZ 1965, 267 (269); BGHZ 164, 181 (184) = NJW 2006, 439 (440); BGHZ 183, 131 (136) = NJW 2010, 765 (766); RGRK-BGB/*Kregel*, § 2038 Rn. 1; Damrau/*Rißmann*, Erbrecht, § 2038 Rn. 1; Erman-BGB/*Bayer*, § 2038 Rn. 1; Palandt/*Weidlich*, § 2038 Rn. 3; siehe bereits oben C I.

157 Oben C I; *Mugdan*, Die gesammten Materialien zum BGB, 5. Bd., S. 337.

158 So auch *Ann*, Die Erbengemeinschaft, S. 50 f.; *Bartholomeyczik*, 4. Denkschrift des Erbrechtsausschusses der Akademie für Deutsches Recht, S. 120 (190 f.).

159 Vgl. *Leverenz*, Gestaltungserklärungen durch und gegen Miterben, S. 51; *v. Lübtow*, Erbrecht, 2. Halbband, S. 803; *Ann*, ZEV 2010, 39 (40).

In systematischer Hinsicht ließe sich argumentieren, dass die § 2038 ff. BGB – abgesehen von § 2040 BGB – keine weiteren, die Verwaltung betreffenden Vorschriften enthalten. Insofern müsste § 2038 BGB mangels Vorhandenseins einer anderen Regelung sämtliche Maßnahmen erfassen, die keine Verfügungen im Sinne des § 2040 BGB sind, also sowohl Maßnahmen im Innen- als auch im Außenverhältnis. § 2038 BGB wäre dann eine umfassende Regelung für sämtliche Verwaltungsmaßnahmen. Zudem existiert lediglich für Verfügungsgeschäfte mit § 2040 BGB eine gesetzliche Beschränkung auf gemeinschaftliches Handeln, nicht jedoch für den Abschluss von Verpflichtungsgeschäften. Im Gegenschluss könnte davon ausgegangen werden, dass Maßnahmen, die auf Verpflichtungsebene stattfinden, dem Mehrheitshandeln zugänglich sind und nicht generell der Geltung des Gemeinschaftsprinzips unterliegen.[160]

Zu untersuchen ist noch, ob die Entstehungsgeschichte Aufschluss darüber zu geben vermag, ob Mehrheitshandeln auf Grundlage des Mehrheitsbeschlusses im Außenverhältnis möglich sein soll.

Zunächst ist dabei auf die Regelung des PrALR zu blicken, welche bei Entwicklung des BGB eine maßgebliche Rolle spielte. In PrALR § 115 I 17 wurde für die gemeinschaftlichen Rechte der Miterben auf die Vorschriften zum Miteigentum verwiesen. Die dortigen Vorschriften regelten einerseits in PrALR §§ 36 - 43 I 17 die „Verwaltung" und davon separiert in PrALR §§ 52, 53 I 17 „Rechte und Pflichten der Gesellschafter gegen einen Dritten". Diese Differenzierung spricht im Hinblick auf die im BGB normierte, alleinige Vorschrift des § 2038 BGB eher dafür, § 2038 BGB als nur das Innenverhältnis betreffend anzusehen. Andererseits könnte dies aber auch Ausdruck der Wertentscheidung sein, die Erbengemeinschaft als bloß vorübergehende Gemeinschaft zu verstehen, bei der das Tätigwerden nach außen keine tiefergehende Bedeutung einnimmt.[161] Eben deswegen könnte auf eine separate und ausdrückliche Regelung des Außenverhältnisses verzichtet worden sein.[162]

Den Motiven zum BGB zu § 2038 BGB lässt sich nicht entnehmen, ob Mehrheitshandeln auf Grundlage des Mehrheitsbeschlusses im Außenverhältnis zulässig sein sollte. Die Motive zu den Regelungen der Gemeinschaft beleuchten jedoch die Hintergründe des Mehrheitshandelns. So

---

160 Erman-BGB/*Bayer*, § 2038 Rn. 12; MüKo-BGB/*Gergen*, § 2038 Rn. 51; *Stützel*, NJW 2013, 3543 (3544).

161 Vgl. Prot. V, S. 838.

162 Siehe auch *Jülicher*, AcP 175 (1975), 143 (148); *Stanescu*, Nachlassverwaltung, S. 39.

heißt es dort, die „Anerkennung des Majoritätsprinzips" gewähre „der Majorität die Möglichkeit, eine vom Standpunkte eines ordentlichen Hausvaters für sachgemäß zu erachtende Maßregel gegen den Willen der Minderheit durchzuführen".[163] Die Formulierung, die Mehrheit könne die Maßregel *durchführen*, deutet auf ein Durchschlagen des Mehrheitsbeschlusses auf das Außenverhältnis hin, da die „Durchführung" naturgemäß nicht den bloßen Beschluss, sondern den faktischen Vollzug des Beschlusses beinhaltet. Hingegen berücksichtigte der Gesetzgeber auch den gebotenen Schutz der Minderheit, indem darauf verwiesen wurde, dass die Minderheitserben eine richterliche Entscheidung beanspruchen oder die Auflösung betreiben könnten.[164]

Dieser Schutz der Minderheit wird am besten gewährleistet, wenn die Vertretungsmacht der Mehrheit verneint und mithin die richterliche Entscheidung auf den Zeitpunkt vor Vornahme eines Rechtsgeschäfts im Außenverhältnis vorgezogen wird.[165] Die Gewichtung der Belange von Mehrheit und Minderheit ist den Materialien indes nicht zu entnehmen.

Insgesamt bleiben die aus Wortlaut, Systematik und Historie zu ziehenden Schlüsse zu undeutlich, um eine Entscheidung allein auf deren Grundlage treffen zu können, sodass schlussendlich teleologische Aspekte und die Bewertung und Gewichtung der Interessenlagen entscheidend sind.

Indem eine erneute Zustimmung der Erbenminderheit verlangt und demnach die Handlungsfähigkeit der Erbengemeinschaft beschränkt wird, soll das Interesse der Minderheit an der Erhaltung des Nachlasses geschützt werden.

Die Schutzwürdigkeit der überstimmten Minderheitserben könnte es gebieten, ihnen das Recht einzuräumen, an der Ausführung des Mehrheitsbeschlusses mitzuwirken, um ihre eigenen Interessen wahrnehmen zu können.[166] Im Interesse eines effektiven Rechtsschutzes müsste diesen die Möglichkeit gegeben werden, die Maßnahme vor deren sofortiger Vollziehung gerichtlich überprüfen zu lassen; dahingegen könnte es unzumutbar

---

163 Mot. II, S. 876.

164 Mot. II, S. 876.

165 Siehe auch *Jülicher*, AcP 175 (1975), 143 (148); *Stanescu*, Nachlassverwaltung, S. 39.

166 *Jülicher*, AcP 175 (1975), 143 (151), der an dieser Stelle außerdem darauf verweist, es könne nicht davon ausgegangen werden, dass die Mehrheit immer für den Nachlass und damit die Miterben vorteilhafte Maßnahmen ergreifen würde und ebensowenig, dass die Minderheitserben sich stets „querstellen" und die Mitwirkung aus Uneinsichtigkeit verweigern würden.

sein, nachträglich den *status quo ante* wiederherstellen zu müssen.[167] Die Minderheitserben würden andernfalls vor vollendete Tatsachen gestellt und ihnen verblieben lediglich Schadensersatzansprüche gegen die handelnden Erben der Mehrheit.[168]

Auf der anderen Seite ließe sich argumentieren, dass der Anwendungsbereich für das durch § 2038 II 1 BGB zugelassene Mehrheitshandeln zu sehr begrenzt werde, sofern man die Möglichkeit versagt, Verpflichtungsgeschäfte abzuschließen und die Regelung auf das Innenverhältnis beschränkt.[169] Es ergäbe sich eine beträchtliche Verminderung der Handlungsfähigkeit der Erbengemeinschaft, womit eine effektive Nachlassverwaltung behindert werden würde.[170] Eine solche Einschränkung könnte deshalb verfehlt sein, da die überstimmte Erbenminderheit ohnehin gemäß § 2038 I 2 BGB zur Mitwirkung an der Ausführung ordnungsgemäßer Maßnahmen verpflichtet ist. So wäre es nicht unbillig, wenn die Erbenmehrheit ohne erneute Zustimmung beziehungsweise Mitwirkung der Minderheit den bereits getroffenen Mehrheitsbeschluss vollziehen könnte.[171]

Mithin kommen hier auch Praktikabilitätserwägungen zum Tragen, nämlich dass hinauszögernde Zustimmungen nicht mehr unnötig eingeholt werden bräuchten. Letztlich sprechen also gleichfalls prozessökonomische Gründe für diese Ansicht. So sollen zeitaufwendige und kostenträchtige Gerichtsprozesse zur Erzwingung der Mitwirkung beziehungsweise Ersetzung der Zustimmung vermieden werden.[172]

Eben im Hinblick auf die eingeschränkte Handlungsfähigkeit stellt sich die Frage, ob beschränkte Befugnisse der Mehrheit bei der Durchführung von Maßnahmen im Außenverhältnis der Erhaltung des Nachlasses tatsächlich förderlich sind. Denn eine effektive Nachlassverwaltung wird so verhindert.

---

167 Mot. II, S. 876; *v. Lübtow*, Erbrecht, 2. Halbband, S. 803; *Jülicher*, AcP 175 (1975), 143 (155).

168 BGHZ 49, 183 (192) = NJW 1968, 743 (745); *Leverenz*, Gestaltungsrechtsausübungen durch und gegen Miterben, S. 74.

169 Vgl. *Stützel*, NJW 2013, 3543 (3544); *Werkmüller*, ZEV 1999, 218 (219).

170 So auch *Brox/Walker*, Erbrecht, § 30 Rn. 18; *Muscheler*, Erbrecht II, Rn. 3864; *Schlüter/Röthel*, Erbrecht, § 32 Rn. 49.

171 Vgl. BGHZ 56, 47 (51) = NJW 1971, 1265 (1266); OLG Schleswig ZEV 2015, 101 (103); *Brox/Walker*, Erbrecht, § 30 Rn. 18; *Michalski*, Erbrecht, Rn. 854.

172 Siehe auch BGHZ 56, 47 (50 f.) = NJW 1971, 1265 (1266); *Boehmer*, AcP 144 (1938), 32 (70); *Frank/Helms*, Erbrecht, § 19 Rn. 16; *Muscheler*, Erbrecht II, Rn. 3864; *Schlüter/Röthel*, Erbrecht, § 32 Rn. 49.

Müsste die Erbenminderheit im Anschluss an den Mehrheitsbeschluss noch im Rahmen eines langwierigen Prozesses zur Zustimmung beziehungsweise Mitwirkung an den Maßnahmen gezwungen werden, bevor Verwaltungsmaßnahmen vollzogen werden können, käme es – wie soeben bereits angedeutet – zu enormen Zeitverlusten.[173]

In Anbetracht des heutzutage dynamischen Marktgeschehens und der sich fortwährend verändernden Rahmenbedingungen ist eine derart gelähmte Nachlassverwaltung in der Praxis eher mit Werteinbußen verbunden, als dass der Wert des Nachlasses durch ein solches Vorgehen erhalten werden kann; denn die meisten Maßnahmen im Rahmen der Nachlassverwaltung können nicht bis zur Einholung der Zustimmung beziehungsweise bis zum Ende eines Rechtsstreits aufgeschoben werden, ohne dass dadurch Nachteile entstehen.[174] So kann beispielsweise der Abschluss eines Kaufvertrages über einen Nachlassgegenstand, welcher mit der Zeit an Wert verliert, zeitnah erforderlich sein ebenso wie der Abschluss eines Miet- oder Pachtvertrages, ohne welchen Miet- oder Pachteinnahmen eingebüßt würden.

Im Ergebnis ist also die Aussage *Anns* treffend, die Minderheit würde durch die „Stagnationslösung" „zu Tode geschützt" und sie „schütte das Kinde mit dem Bade aus".[175]

Auf der anderen Seite ließe sich argumentieren, dass das Gemeinschaftsprinzip ja die Regel und Mehrheits- oder Einzelhandeln die Ausnahme sei. Die Erbengemeinschaft ist eben nur eine liquidationsorientierte Gemeinschaft von nur vorübergehender Dauer, die keinen werbenden Charakter hat; demnach dürfte es auch nicht primär darum gehen, Handlungsfähigkeit zu erreichen.[176] Der beschränkte Handlungsspielraum der Miterben könnte gerade Wesensmerkmal der Erbengemeinschaft sein und nicht etwas, das korrigiert werden muss.[177]

Selbst wenn es nicht um werbendes Tätigwerden und Mehrung des Nachlasswertes geht, sollte aber zumindest eine Minderung vermieden

---

173 Vgl. auch BGHZ 56, 47 (50) = NJW 1971, 1265 (1266).

174 Dazu schon oben B IV; BGHZ 56, 47 (50) = NJW 1971, 1265 (1266); *Ann*, FS Spiegelberger, S. 953 (957).

175 *Ann*, Die Erbengemeinschaft, S. 53.

176 Vgl. *Ann*, Die Erbengemeinschaft, S. 52 f.; *Bartholomeyczik*, 4. Denkschrift des Erbrechtsausschusses der Akademie für Deutsches Recht, S. 120 (190 f.); *Jülicher*, AcP 175 (1975), 143 (149).

177 Vgl. *Ann*, Die Erbengemeinschaft, S. 53 f.

werden.[178] Denn jede Verminderung des Nachlasswertes wirkt sich auf das aus, was die Erben im Rahmen der Liquidation erlangen. Die Erhaltung des Nachlasswertes ist notwendige Voraussetzung für jedwede Verteilungserwägung.[179] Da eine effektive Nachlassverwaltung nach soeben erfolgten Ausführungen aber notwendig ist, um eine Minderung verhindern zu können, sollte die erhöhte Handlungsfähigkeit grundsätzlich angestrebt werden.

Gegen eine erhöhte Handlungsfähigkeit zum Schutz vor Schädigungen des Nachlasses infolge von Zeitablauf lässt sich wiederum anführen, dass eine Sicherung beziehungsweise eine ausreichende Handlungsfähigkeit durch das Notverwaltungsrecht gemäß § 2038 I 2 Hs. 2 BGB besteht.[180] Dieses greift nämlich, wenn Maßnahmen vollzogen werden sollen, die so dringend sind, dass ein Zeitverlust nicht mehr in Kauf genommen werden kann, da sonst eine Schädigung des Nachlasses droht. Das Notverwaltungsrecht erfasst also grundsätzlich all jene Maßnahmen, bei deren Nichtvornahme ein Schaden für den Nachlass einzutreten droht. Zusätzlich ist jedoch auch die Dringlichkeit der Maßnahme erforderlich, sofern es sich um eine bedeutende Angelegenheit handelt.[181] Maßnahmen, bei denen durch Aufschub eine Schädigung des Nachlasses droht, erfüllen aber genau dieses Erfordernis der Dringlichkeit.

Während es den Erben teilweise um den Nachlass*bestand* geht, ist es den Nachlassgläubigern in der Regel eher an der Sicherung des Nachlass*wertes* und demnach der Haftungsgrundlage gelegen. Damit liegt eine gesteigerte Handlungsfähigkeit, bei der die Erbengemeinschaft auf Marktschwankungen schnell reagieren kann, auch in deren Interesse.

Auch im Übrigen werden schutzwürdige Belange Dritter durch erhöhte Befugnisse der Erbenmehrheit nicht beeinträchtigt. Fehlt es nämlich beispielsweise an einem wirksamen Mehrheitsbeschluss und ist die Mehrheit demnach nicht vertretungsberechtigt, greifen die Vorschriften der §§ 177–179 BGB.[182] So kann der Vertragspartner die als *falsus procurator* handelnden Erben gemäß § 179 I BGB wahlweise auf Erfüllung oder Schadensersatz in Anspruch nehmen beziehungsweise den Vertrag gemäß § 178 BGB

---

178 Dies deckt sich mit der oben bereits getätigten Aussage, dass die Erhaltung des Nachlasswertes notwendige Voraussetzung für jedwede Verteilungserwägung sowie für Befriedigungsinteressen der Nachlassgläubiger ist, siehe oben B IV und *Ann*, FS Spiegelberger, S. 953 (957).

179 *Ann*, FS Spiegelberger, S. 953 (957).

180 So auch *Jülicher*, AcP 175 (1975), 143 (150 f.).

181 Siehe oben C II 2 b.

182 *Stützel*, NJW 2013, 3543 (3544).

widerrufen. Die Erbenminderheit hat die Gelegenheit zur Genehmigung gemäß § 177 I BGB.

Die Nachlassgläubiger werden dadurch also vermeintlich hinreichend geschützt. Nachteilig ist dies aber unter Umständen für die handelnden Erben. Lässt man ein Handeln der Mehrheit im Außenverhältnis nicht zu, käme es naturgemäß viel häufiger dazu, dass ein Miterbe als Vertreter ohne Vertretungsmacht auftritt und damit dem Haftungsrisiko des § 179 BGB ausgesetzt ist.

Der Gleichlauf der Befugnisse im Innen- und Außenverhältnis liegt – als die transparentere Variante – auch im Interesse des Verkehrsschutzes und der Rechtssicherheit; er hält die für den Vertragspartner, der keinen Einblick in interne Vorgänge der Erbengemeinschaft hat, mit dem Geschäft verbundenen Risiken geringer, als wenn der Erbenmehrheit das Recht verwehrt würde, die übrigen Miterben auf Grundlage des Mehrheitsbeschlusses zu verpflichten.[183]

Die Unsicherheit auf Seiten der Vertragspartner ist höher, umso mehr Miterben an der Ausführung mitwirken müssen. Denn sie treten in der Regel nur mit einzelnen Miterben in Kontakt und wissen nicht, ob andere Miterben der Maßnahme zugestimmt beziehungsweise dem handelnden Erben tatsächlich Vertretungsmacht erteilt haben.

Auf der anderen Seite hängt die Zulässigkeit vom Mehrheitshandeln im Außenverhältnis immer noch davon ab, ob die Ordnungsmäßigkeit zu bejahen ist. Sollte dies nicht der Fall sein, wäre Mehrheitshandeln auch im Innenverhältnis schon nicht zulässig, es bliebe generell bei dem Erfordernis der Gemeinschaftlichkeit nach § 2038 I 1 BGB. Dieses Risiko trügen die Vertragspartner nach wie vor. Es würde ihnen obliegen, einzuschätzen, ob es sich um eine ordnungsgemäße Maßnahme handelt, was gleichermaßen mit einer gewissen Rechtsunsicherheit verbunden ist.

Im Ergebnis ist es aber eher tragbar, die Minderheit im Ausnahmefall im Nachhinein auf Schadensersatzansprüche zu verweisen, als andersherum.[184]

Durch die in der Statuierung der Mitwirkungspflicht liegende Grundsatzentscheidung kommt zum Ausdruck, dass das Gericht in der Regel zu-

183 OLG Hamm DB 1969, 300; *Ann*, Die Erbengemeinschaft, S. 54 f.; *Schlüter/Röthel*, Erbrecht, § 32 Rn. 49; *Jülicher*, AcP 175 (1975), 143 (154); *Werkmüller*, ZEV 199, 218 (219).

184 Vgl. nur BGHZ 56, 47 (51) = NJW 1971, 1265 (1266).

gunsten der Mehrheitserben entscheiden wird, wenn es nämlich die Ordnungsmäßigkeit der Maßnahme annimmt.[185]

Bejaht man die Außenwirkung des Mehrheitsbeschlusses, ohne dass Zustimmungen der Minderheit noch eingeholt werden müssen, käme es zudem zu einer doppelten Entlastung der Gerichte und damit einhergehend zur Ersparnis von Gerichtskosten für die Erben. Denn einer Zustimmungsersetzungsklage würde häufig eine Klage zum Ersatz der Schäden, die wegen des durch das Erstverfahren verursachten Zeitverlusts entstanden sind, folgen.[186]

Insgesamt ist es also auch aus teleologischer Sicht zu befürworten, eine effektive Nachlassverwaltung zu gewährleisten und auf Kosten des Minderheitenschutzes ein Handeln der Mehrheit auf Grundlage des Mehrheitsbeschlusses zu ermöglichen. So werden unnötige Zeitverluste durch Zustimmungserzwingung der ohnehin mitwirkungsverpflichteten Minderheitserben vermieden. Eben wegen des diesem Ergebnis nicht entgegenstehenden Wortlautes und der dafür sprechenden Systematik ist daher eine Ausweitung des Mehrheitsprinzips auf das Außenverhältnis anzunehmen.

(5) Zwischenergebnis

Die obigen Ausführungen haben ergeben, dass die Vorschrift des § 2038 BGB sich nicht nur auf das Innenverhältnis beschränkt, sondern jedenfalls auf Verpflichtungsebene auch für das Außenverhältnis gilt. Auf Grundlage eines wirksamen Mehrheitsbeschlusses ist der Mehrheit also gesetzliche Vertretungsmacht eingeräumt; eine erneute Mitwirkung der überstimmten Minderheit ist zum Abschluss des Verpflichtungsgeschäfts nicht erforderlich.

---

185 Siehe auch OLG Schleswig ZEV 2015, 101 (103); FA-Komm.ErbR/*Tschichoflos*, § 2038 Rn. 2; das Gericht prüft also nicht bloß, ob Mehrheitshandeln im Hinblick auf die Ordnungsmäßigkeit der Maßnahme gemäß §§ 2038 II 1, 745 I 1 BGB überhaupt zulässig ist; es muss vielmehr auch prüfen, ob die Maßnahme gemäß § 2038 I 2 BGB zur ordnungsgemäßen Verwaltung erforderlich ist, sodass die Mitwirkungspflicht – welche als Argument für die Außenwirkung des Mehrheitsbeschlusses nämlich gerade herangezogen wird – tatsächlich besteht.

186 *Ann*, Die Erbengemeinschaft, S. 54; vgl. auch *Eberl-Borges*, ErbR 2008, 234 (241).

bb. Gesamtvertretung oder Einzelvertretungsmacht

Nimmt man eine gesetzliche Vertretungsmacht der Mehrheitserben auf Grundlage des Mehrheitsbeschlusses an, ist fraglich, was für eine Art von Vertretungsmacht konkret besteht. Dies wird in der einschlägigen Rechtsprechung oder Literatur kaum explizit thematisiert.

Einerseits könnte angenommen werden, dass jeder einzelne Mehrheitserbe auf Grundlage eines wirksamen Mehrheitsbeschlusses die übrigen Erben verpflichten kann, dass also Einzelvertretungsmacht besteht.[187]

Alternativ könnte man die Erbenmehrheit als lediglich gemeinschaftlich zur Vertretung berechtigt ansehen (Gesamt- oder Kollektivvertretung).[188] Ein einzelner Mehrheitserbe wäre also nicht in der Lage, die mehrheitlich beschlossene Maßnahme auf Verpflichtungsebene auszuführen; vielmehr müssten sämtliche Mehrheitserben zusammenwirken, damit eine Nachlassverbindlichkeit im Sinne des § 2058 BGB entsteht.[189] Für das rechtswirksame Handeln eines einzelnen Mehrheitserben bedürfte es dann einer Bevollmächtigung durch die übrigen Erben der Mehrheit; andernfalls griffe wiederum die Vorschrift des § 179 BGB für den vollmachtslosen Vertreter.

Bezüglich dieser Thematik wird sowohl in Rechtsprechung als auch in der Literatur meist nur wenig konkret von einer gesetzlichen Vertretungsmacht „der Mehrheit" gesprochen.[190] Ob damit die Mehrheit gemeinschaftlich oder auch einzelne Mehrheitserben gemeint sind, bleibt meist unklar.

Zunächst kann argumentiert werden, es wäre unsinnig, bloß Gesamtvertretungsmacht anzunehmen, da die Mehrheitserben ja – wie sich im Zuge der Beschlussfassung gezeigt hat – zwangsläufig gleicher Meinung sind

---

187 So *Ruhwinkel*, Die Erbengemeinschaft, Rn. 28, wonach nur dann eine Ausnahme von dem Grundsatz der Einzelvertretung gemacht wird, wenn der Beschluss eine Einschränkung dahingehend enthält, dass nur die Mehrheit gemeinschaftlich oder bestimmte Erben vertretungsbefugt sein sollen; undeutlich BGHZ 56, 47 (50) = NJW 1971, 1265 (1266).

188 So *Muscheler*, ZEV 1997, 222 (230); *Schlüter/Röthel*, Erbrecht, § 32 Rn. 49; *Zimmermann*, Erbrecht, Rn. 490; undeutlich aber wohl ebenso MüKo-BGB/*Gergen*, § 2038 Rn. 51 („die Mehrheit oder einzelne Beauftragte"); allgemein zur Gesamtvertretung MüKo-BGB/*Schubert*, § 164 Rn. 196 ff.

189 *Muscheler*, ZEV 1997, 222 (230); siehe auch *Flume*, BGB AT II, § 45 I 3.

190 So zum Beispiel BGHZ 56, 47 (50) = NJW 1971, 1265 (1266); BGH NJW 2011, 61 (63); BeckOK-BGB/*Lohmann*, § 2038 Rn. 7; Palandt/*Weidlich*, § 2038 Rn. 5; *Kunte*, Die Erbengemeinschaft mit instandsetzungsbedürftigem Nachlass, S. 175.

und im Gegensatz zu den unterlegenen Minderheitserben einheitlich für eine Maßnahme gestimmt haben. Zudem lässt sich auch hier anführen, dass die Miterben abgesehen davon im Rahmen der Mehrheitsverwaltung ohnehin zur Mitwirkung verpflichtet wären, § 2038 I 2 BGB. Das Verlangen dieser Mitwirkung könnte danach wiederum als unnötiger und nur mit Zeitverlusten verbundener Formalismus eingeordnet werden, unter dem auch der Verkehrsschutz leiden würde.[191]

Demnach wäre es in teleologischer Hinsicht durchaus vertretbar, Einzelvertretungsmacht der Mehrheitserben anzunehmen.

Dies widerspricht jedoch Wortlaut und Systematik des Gesetzes. § 2038 BGB statuiert drei verschiedene Stufen für Handlungsbefugnisse der Erben im Rahmen der Nachlassverwaltung. Es wird differenziert zwischen der Gemeinschaftsverwaltung (§ 2038 I 1 BGB), der Mehrheitsverwaltung (§§ 2038 II, 745 BGB) und der Einzelverwaltung (§ 2038 I 2 BGB). Ließe man auf der Ebene der Mehrheitsverwaltung ohne entsprechende Ermächtigung durch die übrigen Erben der Mehrheit Einzelhandeln zu, wäre dies inkonsequent und würde das Notverwaltungsrecht und dessen Voraussetzungen nach § 2038 I 2 BGB unterlaufen.

Es ist daher anzunehmen, dass die gesetzliche Vertretungsmacht lediglich allen Mehrheitserben gemeinschaftlich zusteht und nicht jedem einzelnen Mehrheitserben. Wird dieser einzeln tätig, wird nur dann eine Nachlassverbindlichkeit im Sinne des § 2058 BGB begründet und keine Haftung des handelnden Miterben nach § 179 BGB ausgelöst, wenn dieser durch die anderen Mehrheitserben dahingehend nach Maßgabe der §§ 167 ff. BGB bevollmächtigt wurde.

2. Verfügungsgeschäfte

Weitaus problematischer und heftiger umstritten ist schließlich die rechtliche Handhabung von Verfügungsgeschäften im Rahmen der Miterbengemeinschaft.

a. Problemstellung

Nachdem soeben mit der herrschenden Meinung eine gesetzliche Gesamtvertretungsmacht der Mehrheit auf Grundlage des Mehrheitsbeschlusses

191 Siehe dazu oben C III 1 c aa (4).

angenommen und demnach der Mehrheit die Möglichkeit eingeräumt wurde, Verpflichtungsgeschäfte abzuschließen, ist zu untersuchen, wie es sich mit der für die Erfüllung der Verpflichtung unter Umständen notwendigen Verfügung verhält.

Denn hinsichtlich der Verfügungsgeschäfte statuiert das Gesetz mit § 2040 BGB eine gesonderte Regelung. Gemäß § 2040 I BGB können die Erben über Nachlassgegenstände nur gemeinschaftlich verfügen. Ausnahmetatbestände sieht § 2040 BGB nicht vor.

Fraglich ist mithin, ob die Regelung des § 2038 BGB auch auf Verfügungen anzuwenden ist und die dort vorgesehenen Ausnahmen die durch § 2040 I BGB vorgeschriebene Gemeinschaftlichkeit bei Verfügungen einschränken oder ob es sich bei § 2040 BGB um eine vorrangige Spezialregelung handelt. Dann wäre eine Anwendung des § 2038 im Rahmen von Verfügungen ausgeschlossen und es bliebe ausnahmslos beim Grundsatz der Gemeinschaftlichkeit.

Entscheidend ist demnach, in welchem Verhältnis § 2040 BGB zu § 2038 BGB steht.

b. Verfügungsbegriff

Um das Problem lösen zu können, muss zunächst geklärt werden, was unter dem Begriff der Verfügung zu verstehen ist und ob dieser grundsätzlich überhaupt unter § 2038 BGB mit dem Zentralbegriff der Nachlassverwaltung subsumiert werden kann.

Eine Verfügung ist nach allgemeingültiger Definition jedes Rechtsgeschäft, durch das ein bestehendes Recht unmittelbar übertragen, belastet, geändert oder aufgehoben wird.[192] Erfasst sind demnach Übereignungen und Abtretungen sowie Belastungen mit beschränkt dinglichen Rechten, wie die Bestellung einer Grundschuld an einem Nachlassgrundstück, und die Ausübung von Gestaltungserklärungen, wie die Erklärung der Anfechtung oder der Aufrechnung.[193] Ebenso erfasst sind Kündigungen, beispielsweise von Miet- oder Pachtverhältnissen oder Darlehen, denn damit ist die

---

192 BGHZ 1, 294 (304) = NJW 1951, 645 (647); *Baur/Stürner*, Sachenrecht; § 5 Rn. 1; *Wolf/Wellenhofer*, Sachenrecht, § 6 Rn. 2; vgl. auch Damrau/*Rißmann*, § 2040 Rn. 2; Erman-BGB/*Bayer*, § 2040 Rn. 1; *Schellhammer*, Erbrecht, Rn. 672.

193 Palandt/*Weidlich*, § 2040 Rn. 2; *Ann*, Die Erbengemeinschaft, S. 62; *Jülicher*, Erbengemeinschaft, S. 25; *Lange*, Erbrecht, § 58 Rn. 68; *Muscheler*, ZEV 1997, 222 (230).

Aufgabe des Zinsanspruchs unmittelbar verbunden; selbstverständlich keine Verfügungen sind dagegen der Abschluss von derartigen Verträgen, da es sich hierbei um rein schuldrechtliche Verpflichtungsgeschäfte handelt, durch die eine Nachlassverpflichtung begründet wird und für die dementsprechend die Regelung des § 2040 BGB nicht gilt.[194]

Verwaltungsmaßnahmen im Sinne des § 2038 BGB sind solche Maßnahmen, die zur Verwahrung, Sicherung, Erhaltung und Vermehrung sowie zur Gewinnung von Nutzungen und Bestreitung der laufenden Verbindlichkeiten erforderlich und geeignet sind.[195] Bei sauberer und wortgenauer Subsumtion können dies also auch Verfügungsgeschäfte wie die Übereignung eines zum Nachlass gehörenden Gegenstandes sein, wobei es insbesondere häufig um die Erfüllung vorab entstandener Nachlassverbindlichkeiten gehen wird.[196] Vor allem im Hinblick auf die gängige Formel der „Maßnahmen im Rahmen der laufenden Verwaltung"[197] liegt es nahe, hiervon auch den Vollzug, also das Verfügungsgeschäft, erfasst zu sehen.[198]

Dies folgt letztlich auch aus der systematischen Stellung des enger gefassten § 2040 BGB („Verfügungen") nach dem weiteren § 2038 BGB („Maßregeln") sowie aus der Entstehungsgeschichte der Norm.[199] So umfasst nach den Motiven des BGB die Verwaltung „die gesammte thatsächliche und rechtliche Verfügung über das verwaltete Gut".[200]

Zudem lässt sich dafür die vergleichbare Regelung in §§ 1450 ff. BGB anführen, bei der die Vorschriften für Verfügungen unter dem Unterkapitel „Gemeinschaftliche Verwaltung des Gesamtguts durch die Ehegatten" verortet sind. Darüber hinaus heißt es in § 1450 I 1 BGB, dass die Erben das Gesamtgut gemeinschaftlich verwalten und insbesondere nur gemeinschaftlich berechtigt sind, darüber zu verfügen.

---

194 BGH NJW 2007, 150; BGHZ 183, 131 (134, 138) = NJW 2010, 765 (766 f.); BGH ZEV 2015, 339; OLG Frankfurt ZEV 2012, 258 (259); OLG Schleswig ZEV 2015, 104; LG Kiel Urt. v. 8.11.2013 – 13 O 228/12 = BeckRS 2014, 23738; MüKo-BGB/*Gergen*, § 2040 Rn. 8; *Jülicher*, Erbengemeinschaft, S. 25.

195 Siehe oben C I.

196 BGHZ 164, 181 (184) = NJW 2006, 439 (440); BGHZ 183, 131 (136) = NJW 2010, 765 (766); OLG Schleswig ZEV 2015, 101 (103); LG Kiel Urt. v. 8.11.2013 – 13 O 228/12 = BeckRS 2014, 23738; jurisPK-BGB/*Schütte*, § 2038 Rn. 16.

197 Siehe oben C I.

198 Vgl. *Wiedemann*, GmbHR 1969, 247.

199 BGHZ 164, 181 (184 f.) = NJW 2006, 439 (440); BGHZ 183, 131 (136) = NJW 2010, 765 (766).

200 *Mugdan*, Die gesammten Materialien zum BGB, 5. Bd., S. 337; siehe auch BGHZ 164, 181 (185) = NJW 2006, 439 (440); BGHZ 183, 131 (136) = NJW 2010, 765 (766).

Dem entspricht auch die Formulierung in § 2205 BGB, in dem die Verfügung ebenfalls als Unterbegriff der Verwaltung behandelt wird.

Nach alldem können Verfügungen also Verwaltungsmaßnahmen im Sinne des § 2038 BGB sein.[201]

Jedoch bringt diese Feststellung noch keine Erkenntnis bezüglich des Verhältnisses von § 2038 BGB und § 2040 BGB. Entscheidend ist nämlich letztlich, ob die Regelung des § 2038 BGB durch § 2040 BGB eingeschränkt wird oder ob § 2038 als vorrangig einzuordnen ist und § 2040 BGB daher nur für solche Verfügungen gilt, die nicht zugleich ordnungsmäßige oder erhaltungsnotwendige Verwaltungsmaßnahmen im Sinne des § 2038 I 2 Hs. 2 BGB oder §§ 2038 II 1, 745 I 1 BGB sind.

c. Meinungsstand

aa. Interessenlage im konkreten Fall

Vereinzelt wird vertreten, § 2040 BGB habe zwar grundsätzlich gegenüber § 2038 BGB Vorrang, Verfügungen über Nachlassgegenstände könnten jedoch dann ausnahmsweise mit Stimmenmehrheit vorgenommen werden, wenn sie eine ordnungsmäßige Verwaltung darstellen und das Interesse der übrigen Miterben und der Nachlassgläubiger an der Erhaltung des Nachlasses nicht wesentlich beeinträchtigt wird.[202]

Begründet wird diese Ansicht damit, dass der Anwendungsbereich des § 2040 BGB bei generellem Vorrang des § 2038 BGB einerseits zu stark begrenzt werde – nämlich auf die Fälle der nicht ordnungsmäßigen Verwaltung.[203] Andererseits sei die Ordnungsmäßigkeit auch kein geeignetes Kriterium, da es vielmehr auf den mit dem Einstimmigkeitserfordernis verfolgten Zweck ankomme, nämlich die Miterben vor einer Entwertung des Nachlasses zu schützen.[204] Somit sei auch eine strikte Anwendung des § 2040 BGB nicht zweckmäßig, da es ebenso Maßnahmen gebe, bei denen

---

201 So auch die herrschende Meinung, BGHZ 164, 181 (184 f.) = NJW 2006, 439 (440); BGHZ 101, 24 (26) = NJW 1987, 3177; MüKo-BGB/*Gergen*, § 2038 Rn. 16; *Lange/Kuchinke*, Erbrecht, § 43 I 3 a; *Muscheler*, Erbrecht II, Rn. 3865, 3870; Rißmann/*Rißmann*, Die Erbengemeinschaft, § 4 Rn. 72 ff.

202 BGH NJW 2007, 150 (151 f.); RGRK-BGB/*Kregel*, § 2040 Rn. 2; *Johannsen*, WM 1970, 573 (576).

203 BGH NJW 2007, 150 (151).

204 BGH NJW 2007, 150 (151).

keine Nachlassentwertung drohe, welche diesen Zweck mithin nicht tangierten.[205]

In der Tat ermöglicht eine derartige Auslegung eine sehr flexible Rechtsanwendung und daher vermeintlich angemessene Einzelfallentscheidungen. Letztlich ist sie aber mit erheblichen Abgrenzungsschwierigkeiten verbunden und kommt einem reinen Billigkeitsrecht gefährlich nahe.[206] Unklar ist, was als Beeinträchtigung zu werten ist, welche Interessen dabei genau zu berücksichtigen sind und wann eine Beeinträchtigung wesentlich ist.[207]

Diese Ansicht muss also schon wegen der damit verbundenen erheblichen Rechtsunsicherheit abgelehnt werden.

bb. Wortlautgetreue Anwendung des § 2040 I BGB

Eine verbreitete Meinung geht davon aus, dass es sich bei § 2040 BGB um eine *lex specialis* im Vergleich zu § 2038 BGB handelt und es mithin ausnahmslos bei dem Erfordernis gemeinschaftlichen Handelns bleibt, ohne dass bei Ordnungsmäßigkeit eine Verfügungsbefugnis der Erbenmehrheit besteht.[208] Lediglich im Rahmen der Notwendigkeit im Sinne des § 2038 I 2 Hs. 2 BGB wird von diesem Grundsatz teilweise abgewichen.[209] Es müssen demnach alle Erben an Verfügungen über Nachlassgegenstände mitwirken. Nichtsdestotrotz bleibt die Möglichkeit der Genehmigung gemäß §§ 185 II 1, 184 I BGB, da § 2040 BGB insoweit weder nach seinem Wortlaut noch nach seinem Zweck vorschreibt, auf welche Weise die Mitwirkung – also die Äußerung des inhaltlich gleichgerichteten Willens – zu erfolgen hat.[210] Rechtliche Gleichartigkeit der Mitwirkung in dem Sinne, dass keine zeitliche Trennung vorliegen darf, ist entgegen der früher durch

---

205 BGH NJW 2007, 150 (151).

206 Vgl. auch MüKo-BGB/*Gergen*, § 2040 Rn. 7; *Leipold*, Erbrecht, Rn. 736 a.

207 So auch die Anmerkung von *Ann*, MittBayNot 2007, 133 (135).

208 BGHZ 56, 47 (50, 55) = NJW 1971, 1265 (1266, 1267 f.); BGHZ 38, 122 (124) = NJW 1963, 244; BGHZ 164, 181 (185) = 2006, 439 (440); LG Köln MDR 1972, 520; BeckOK-BGB/*Lohmann*, § 2038 Rn. 2; Erman-BGB/*Bayer*, § 2040 Rn. 3; Damrau/*Rißmann*, § 2038 Rn. 69, § 2040 Rn. 8; MüKo-BGB/*Gergen*, § 2038 Rn. 53; *Lange/Kuchinke*, Erbrecht, § 43 III 6 c; *Olzen/Looschelders*, Erbrecht, Rn. 1013; *Bonefeld*, ZErb 2017, 121 (126); *Leipold*, ZEV 2013, 82 (83); *Schütte*, NJW 2010, 152 (153); *Stützel*, NJW 2013, 3543 (3544).

209 Dazu sogleich C III 2 c dd.

210 *Olzen/Looschelders*, Erbrecht, Rn. 1013; *Schmoeckel*, Erbrecht, § 34 Rn. 5; *Johannsen*, WM 1970, 573 (577); *Lange*, JuS 1967, 453 (456).

das Reichsgericht vertretenen Auffassung gerade nicht erforderlich.[211] Eine Anwendung der §§ 2038 II 1, 745 I 1 BGB und demnach eine Entbehrlichkeit der Mitwirkung sämtlicher Miterben auf Verfügungsebene ist jedoch dieser Ansicht zufolge ausgeschlossen. Wollen einzelne Erben eine Verfügung entgegen dem Willen anderer Miterben vornehmen, müssen sie deren Zustimmung im Klagewege auf Grundlage der Mitwirkungspflicht gemäß § 2038 I 2 Hs. 1 BGB erzwingen. Argumentiert wird in erster Linie mit dem eindeutigen Wortlaut des § 2040 I BGB, der für Verfügungen explizit und uneingeschränkt gemeinschaftliches Handeln der Miterben verlangt, sowie mit dem Sinn und Zweck der Vorschrift, der es gebiete, den Nachlass durch eine weitgehende Sistierung vor einer Entwertung zu bewahren.[212]

cc. Anwendung der §§ 2038 II 1, 745 I BGB

Eine ebenfalls verbreitete Meinung, die vor allem in jüngerer Zeit Zuwachs erfahren hat, hält auch bei Verfügungen Mehrheitshandeln für möglich: Der Anwendungsbereich des § 2040 I BGB werde danach durch die Regelung des § 2038 II 1 BGB in Verbindung mit § 745 I 1 BGB eingeschränkt, sofern es sich um Maßnahmen der ordnungsmäßigen Verwaltung handelt.[213] § 2040 I BGB erfasse gerade solche Verfügungen nicht, die zugleich ordnungsmäßige Verwaltungsmaßnahmen im Sinne der §§ 2038 II 1, 745 I 1 BGB sind. Um der begrenzten Handlungsfähigkeit, welche durch eine wortlautgetreue Anwendung des § 2040 I BGB entsteht, entgegenzuwirken, solle die Vorschrift eng ausgelegt werden. Im Anwendungsbereich des § 2040 BGB verblieben dann lediglich solche Verfügungen, die nicht Verwaltungsmaßnahmen sind, also solche im Zusammenhang mit

---

211 Früher RGZ 93, 292 (296); RG JW 1925, 604 (605); sodann RGZ 152, 380 (383); BGHZ 19, 138 (139) = NJW 1956, 178; Palandt/*Weidlich*, § 2040 Rn. 4; *Lange*, JuS 1967, 453 (456).

212 MüKo-BGB/*Gergen*, § 2038 Rn. 53; *Olzen/Looschelders*, Erbrecht, Rn. 1013; *Lange*, JuS 1967, 453 (456); *Stützel*, NJW 2013, 3543 (3544); *Werner*, ZEV 2006, 360.

213 OLG Schleswig ZEV 2015, 101; Jauernig-BGB/*Stürner*, § 2040 Rn. 2; Palandt/*Weidlich*, § 2038 Rn. 5, § 2040 Rn. 1; PWW-BGB/*Zimmer*, § 2038 Rn. 9; Soergel/*Wolf*, § 2038 Rn. 5; *Boehmer*, AcP 144 (1938), 32 (74 f.); *Ebenroth*, Erbrecht, Rn. 765; *Harder/Kroppenburg*, Grundzüge des Erbrechts, Rn. 603; *Kipp/Coing*, Erbrecht, § 114 IV 2 c, V; *Leipold*, Erbrecht, Rn. 763a; *Muscheler*, Erbrecht II, Rn. 3865 ff.; *ders.*, ZEV 1997, 222 (230 f.); *v. Lübtow*, Erbrecht, 2. Halbband, S. 806; *Eberl-Borges*, NJW 2006, 1313 (1315); *Presser*, JW 1933, 145 (146 f.); *Schopp*, ZMR 1967, 193 (195); *Wieser*, FS Lange, S. 325 (334 f., 339).

der Auseinandersetzung und der Auflösung des Nachlasses[214] und solche, „die nicht auf die Erhaltung oder Vermehrung des Nachlasses, auf das Ziehen von Nutzungen oder auf die Begleichung laufender Nachlassverbindlichkeiten gerichtet sind".[215] Aus dem Anwendungsbereich des § 2040 BGB ausgenommen wären nach dieser Auslegung folglich Verfügungen, die den Nachlasswert nicht beeinträchtigen, sowie solche, deren Nichtvornahme zu einer Verminderung des Nachlasswertes führt.[216] Eine Verwaltungsmaßnahme, die die Voraussetzungen des § 745 I 1 BGB erfüllt, also ordnungsmäßig ist und damit gemäß § 2038 II 1 BGB mehrheitlich ausgeführt werden kann, unterfiele demnach nicht der Regelung des § 2040 BGB. Entsprechend der Argumentation für eine Vertretungsmacht der Mehrheit auf Grundlage des Mehrheitsbeschlusses auf Verpflichtungsebene werden in erster Linie Praktikabilitätserwägungen vorgebracht.[217] So soll der Erbengemeinschaft eine gesteigerte Verkehrsfähigkeit zugesprochen werden, ohne dass sie durch das ausnahmslose Erfordernis der Gemeinschaftlichkeit bei Verfügungen gelähmt wird; Zeitverluste und unnötige Leistungsklagen sollen vermieden werden.[218] Denn die Erbenmehrheit könnte ansonsten zwar gemäß §§ 2038 II 1, 745 I 1 BGB ein zur ordnungsmäßigen Verwaltung gehörendes Verpflichtungsgeschäft abschließen, nicht jedoch die zu deren Vollziehung unter Umständen erforderliche Verfügung, da diese gemäß § 2040 I BGB wiederum gemeinschaftliches Handeln erforderte.

dd. Notverfügungsrecht gemäß § 2038 I 2 Hs. 2 BGB

Weniger Uneinigkeit herrscht im Bereich der erhaltungsnotwendigen Maßnahmen gemäß § 2038 I 2 Hs. 2 BGB. Zumindest bei dringlichen Maßnahmen soll der einzelne Miterbe, der das Rechtsgeschäft schon auf-

---

214 Soergel/*Wolf*, § 2038 Rn. 5 f.; *Frank/Helms*, Erbrecht, § 19 Rn. 19.

215 RGRK-BGB/*Kregel*, § 2040 Rn. 2; *Ebenroth*, Erbrecht, Rn. 765; *Harder/Kroppenburg*, Grundzüge des Erbrechts, Rn. 603; *Kipp/Coing*, Erbrecht, § 114 IV 2 c; *Muscheler*, Erbrecht II, Rn. 3870.

216 *Greil-Lidl*, Verfügungsverwaltung, S. 112.

217 Siehe oben C III 1 c aa (3), (4); Jauernig-BGB/*Stürner*, § 2038 Rn. 1; Staudinger/*Löhnig*, § 2038 Rn. 34; *Schlüter/Röthel*, Erbrecht, § 32 Rn. 54; *Schopp*, ZMR 1967, 193.

218 MüKo-BGB/*Gergen*, § 2040 Rn. 6; NK-BGB/*Ann*, § 2040 Rn. 13; RGRK-BGB/*Kregel*, § 2040 Rn. 2; *Kipp/Coing*, Erbrecht, § 114 IV 2 c; *Johannsen*, WM 1970, 573 (576); *Muscheler*, ZEV 1997, 222 (231); *Wendt*, Notar 2016, 363 (370).

grund gesetzlicher Vertretungsmacht allein vornehmen durfte, diesbezüglich auch verfügungsbefugt sein (Notverfügungsrecht).[219] Dieses Ergebnis wird überwiegend durch eine teleologische Reduktion des § 2040 BGB erreicht.[220]

Während dies innerhalb der Meinung, die grundsätzlich § 2038 BGB auch auf Verfügungsgeschäfte anwendet, ohnehin selbstverständlich ist, wird im Bereich der Notverwaltung auch von den Vertretern der wortlautgetreuen Anwendung des § 2040 BGB eine Ausnahme gemacht.[221] Diese Lösung sieht sich, wenn man im Übrigen den Vorrang des § 2040 BGB vertritt, zwar dem Vorwurf ausgesetzt, inkonsequent zu sein.[222] Sie hat jedoch ein Wortlautargument auf ihrer Seite. Denn die Formulierung in § 2038 I 2 Hs. 2 BGB, jeder Miterbe könne die zur Erhaltung notwendigen Maßregeln ohne Mitwirkung der anderen *treffen*, deutet auf eine umfassende Handlungsbefugnis hin, von der auch die Durchführung einer Maßnahme auf Verfügungsebene umfasst ist.[223]

d. Sonderfall: Grundstücksgeschäfte

Unabhängig davon, welche der verschiedenen Ansichten befürwortet wird, ist ein Mehrheitshandeln bei der Veräußerung von Grundstücken nicht praktikabel.[224] Denn für den Eigentumsübergang ist nach § 873 I

---

219 BGHZ 108, 21 (30 f.) = NJW 1989, 2694 (2696 f.); OLG Frankfurt Urt. v. 25.6.1998 – 3 U 163/97, Rn. 45 (juris); Erman-BGB/*Bayer*, § 2040 Rn. 3; MüKo-BGB/*Gergen*, § 2038 Rn. 62, § 2040 Rn. 3; NK-BGB/*Ann*, § 2038 Rn. 30; *Brox/Walker*, Erbrecht, § 30 Rn. 20; *Gursky/Lettmaier*, Erbrecht, Rn. 384; *Jülicher*, Erbengemeinschaft, S. 26; *Olzen/Looschelders*, Erbrecht, Rn. 1013; *Schlüter/Röthel*, Erbrecht, § 2 Rn. 53; *Wörlen/Leinhas*, Erbrecht, Rn. 410; *Bartholomeyczik*, FS Reinhardt, S. 13 (27 f.); *Schubert*, JR 2010, 236.

220 *Ann*, Die Erbengemeinschaft, S. 64 f.; *Olzen/Looschelders*, Erbrecht, Rn. 1013; *Johannsen*, WM 1970, 573 (576 f.); dazu allgemein *Larenz*, Methodenlehre der Rechtswissenschaft, S. 375.

221 BGHZ 108, 21 (30 f.) = NJW 1989, 2694 (2697); OLG Schleswig SchlHAnz 1965, 276 (278); Erman-BGB/*Bayer*, § 2040 Rn. 6; MüKo-BGB/*Gergen*, § 2038 Rn. 62; ablehnend und den Vorrang von § 2040 BGB konsequent einhaltend OLG Neustadt MDR 1962, 574; *Kipp/Coing*, Erbrecht, § 114 IV 4 b.

222 So auch *Muscheler*, Erbrecht II, Rn. 3868.

223 Siehe bereits oben C III 1 b.

224 Siehe auch NK-BGB/*Ann*, § 2040 Rn. 13; Staudinger/*Löhnig*, § 2038 Rn. 29; *Kunte*, Die Erbengemeinschaft mit instandsetzungsbedürftigem Nachlass, S. 192; *Ann*, ZEV 2010, 39 (40); *Münch*, FamRZ 2007, 1145 (1150); *Müßig*, JZ 2011, 481 (484); *Schütte*, NJW 2007, 152 (153).

BGB die Eintragung der Rechtsänderung im Grundbuch erforderlich. Für eine solche Eintragung gelten die verfahrensrechtlichen Vorschriften der §§ 19, 20, 29 GBO. § 19 GBO verlangt für die Eintragung, dass sie durch denjenigen bewilligt wird, dessen Recht von ihr betroffen wird. § 20 GBO normiert darüber hinaus, dass die Eintragung erst dann erfolgt, wenn die erforderliche Einigung des Berechtigten und des anderen Teils erklärt ist. Bezüglich dieser Erklärungen gilt § 29 GBO, der den Nachweis durch öffentliche oder öffentlich beglaubigte Urkunden fordert.

Nach mittlerweile herrschender Auffassung handelt es sich bei § 20 GBO um eine Ausnahme von dem Grundsatz des § 19 GBO, dass die Bewilligung durch den Betroffenen für die Eintragung hinreichend ist.[225] Die materiell-rechtliche Einigungserklärung macht die verfahrensrechtliche Bewilligungserklärung also nicht entbehrlich; möglich ist jedoch, eine Bewilligung im Wege der Auslegung der materiellen Einigung gemäß § 873 I BGB zu entnehmen.[226]

Soll also ein Grundstück übereignet werden, ist zunächst einmal die Auflassung nachzuweisen, §§ 20, 29 GBO in Verbindung mit §§ 873 I, 925 I BGB. Erforderlich ist dafür der Nachweis der Einigungserklärung durch den Berechtigten, wofür wiederum Verfügungsbefugnis vorausgesetzt ist.[227] Überdies muss die Bewilligung nach § 19 GBO durch den von der Eintragung Betroffenen erfolgen. Betroffener und damit bewilligungsberechtigt ist dabei derjenige, dessen Recht durch die Eintragung beeinträchtigt wird, also derjenige, der bisher im Grundbuch als Eigentümer einge-

---

225 BGH NJW 1982, 441; 1984, 1959 (1960); BeckOK-GBO/*Holzer*, § 19 Rn. 12; Meikel-GBO/*Böttcher*, § 20 Rn. 6; *Schöner/Stöber*, Grundbuchrecht, Rn. 108; *Demharter*, MittBayNot 2010, 308 (309).

226 BayOblG DNotZ 1975, 685 (686); OLG Stuttgart NJW-RR 2008, 828 (829); BeckOK-GBO/*Holzer*, § 19 Rn. 12; Kuntze/Ertl/Herrmann/Eickmann/*Munzig*, Grundbuchrecht, § 20 Rn. 6; *Schöner/Stöber*, Grundbuchrecht, Rn. 97; ausführlich zu dem (streitigen) Zusammenfallen von Einigungserklärung und Bewilligung *Demharter*, MittBayNot 2010, 308 (309); *Weser*, MittBayNot 1993, 253 (254 f.).

227 BeckOK-GBO/*Hügel*, § 20 Rn. 35; NK-Nachfolgerecht/*Imre*, § 20 GBO Rn. 40.

tragen ist.[228] Maßgeblich ist also auch hier letztlich die Verfügungsberechtigung, aus welcher sich die Bewilligungsberechtigung ergibt.[229]

Bei der Erbengemeinschaft sind demgemäß die in Erbengemeinschaft eingetragenen Beteiligten in ihren Rechten betroffen; wegen § 2040 I BGB ist die Bewilligung durch sämtliche Miterben, also gemeinschaftliches Handeln, erforderlich.[230] Dies muss jedoch nicht gleichzeitig geschehen.[231]

Fraglich ist, inwiefern sich daran etwas ändern würde, wenn materiellrechtlich eine Ausnahme von dem in § 2040 I BGB normierten Gemeinschaftlichkeitsgrundsatz gemacht werden würde.

Mehrheitshandeln wäre dann auch bei Verfügungsgeschäften möglich; Voraussetzung wäre jedoch nach wie vor, dass das Geschäft als ordnungsgemäße Verwaltung einzuordnen ist, §§ 2038 II 1, 745 I 1 BGB. Es bliebe zwar grundsätzlich dabei, dass alle Miterben verfügungs- und bewilligungsberechtigt wären. Bei Anwendung der §§ 2038 II 1, 745 I 1 BGB bestünde aber unter Umständen Verfügungsbefugnis und damit auch Bewilligungsbefugnis der Mehrheit.

Zu beachten ist jedoch die im Grundbuchverkehr geltende Vorschrift des § 29 GBO, nach der die Eintragungsbewilligung nach § 19 GBO sowie die übrigen erforderlichen Erklärungen in öffentlicher oder öffentlich beglaubigter Form nachzuweisen sind.

Da die Verfügungsbefugnis der Mehrheit und damit sowohl die Einigungs- als auch die Bewilligungsbefugnis im Rahmen von §§ 19, 20 GBO von der Ordnungsmäßigkeit nach §§ 2038 II 1, 745 I 1 BGB abhängig sind, wäre eben diese Ordnungsmäßigkeit in entsprechender Form nachzuweisen. Ein solcher § 29 GBO genügender Beweis wird jedoch regelmäßig nicht geführt werden können; erforderlich wäre eine richterliche Entscheidung über die Ordnungsmäßigkeit, ohne die das Grundbuchamt eine le-

---

228 BGHZ 145, 133 (136) = NJW 2000, 3643 (3644); BGHZ 66, 341 (345) = NJW 1976, 962 (963); BGHZ 91, 343 (346) = NJW 1984, 2409 (2410); OLG Hamm FGPrax 2010, 226; Kuntze/Ertl/Herrmann/Eickmann/*Munzig*, Grundbuchrecht, § 19 Rn. 46, 58; NK-Nachfolgerecht/*Imre*, § 19 GBO Rn. 20 ff.; von der Bewilligungsberechtigung zu unterscheiden ist die Bewilligungsbefugnis, siehe dazu *Demharter*, Grundbuchordnung, § 19 Rn. 49; Meikel-GBO/*Böttcher*, § 19 Rn. 35.

229 BeckOK-GBO/*Hügel*, § 20 Rn. 35; Meikel-GBO/*Böttcher*, § 19 Rn. 35, nach § 20 Rn. 2 ff.; *Böttcher*, RPfleger 1983, 49 (50).

230 OLG Hamm Beschl. v. 11.1.2011 – 15 W 629/10 = BeckRS 2011, 05612; BayObLGZ 1988, 229 (230); *Demharter*, Grundbuchordnung, § 19 Rn. 44; Meikel-GBO/*Böttcher*, § 19 Rn. 58.

231 Kuntze/Ertl/Herrmann/Eickmann/*Munzig*, Grundbuchrecht, § 19 Rn. 47; NK-Nachfolgerecht/*Imre*, § 19 GBO Rn. 23; *Demharter*, Grundbuchordnung, § 19 Rn. 44.

diglich durch eine Erbenmehrheit vorgenommene Auflassung nicht vollziehen würde.[232] Demzufolge würde es letztlich eines gerichtlichen Verfahrens bedürfen, welches es aber gerade zu vermeiden gilt. Andernfalls wären eben doch die Erklärungen aller Miterben notwendig, welche durch ihre Eintragung im Grundbuch als öffentliches Register ausgewiesen sind. Daher ist, um den verfahrensrechtlichen Vorschriften zu genügen, die Mitwirkung sämtlicher Miterben unumgänglich, damit die Eintragung in das Grundbuch erfolgen kann, welche wiederum Voraussetzung für den Eigentumsübergang nach § 873 I BGB ist. Selbst wenn prinzipiell Ausnahmen von dem Grundsatz der Gemeinschaftlichkeit gemäß § 2040 I BGB durch Anwendung der §§ 2038 II, 745 I 1 BGB zugelassen werden würden, wäre Mehrheitshandeln bei der Veräußerung von Grundstücken auf Verfügungsebene also impraktikabel.

Entsprechendes gilt für die Bewilligung und Eintragung einer Vormerkung gemäß § 885 I BGB. Zwar ist hier die Vorschrift des § 20 GBO nicht anwendbar, sodass es lediglich der Bewilligung des Betroffenen gemäß § 19 GBO bedarf.

Gleichsam gilt jedoch die Vorschrift des § 29 GBO, nach der eben diese Eintragungsbewilligung in öffentlich beglaubigter Form nachgewiesen werden muss.[233] Ausschlaggebend ist mithin wieder die Problematik, dass die Bewilligungsbefugnis – selbst bei grundsätzlicher Zulassung von Mehrheitshandeln in Ausnahme von § 2040 I BGB – von der Ordnungsmäßigkeit der Vormerkungsbestellung abhängt, die in entsprechender Form ohne richterliche Entscheidung nicht nachgewiesen werden kann. Bewilligung und Eintragung einer Vormerkung können durch Mehrheitshandeln also nicht erreicht werden.

Im Ergebnis würde sich demnach auch bei einem anderen Verständnis des Verhältnisses von § 2038 BGB und § 2040 BGB in der Weise, dass § 2040 BGB durch § 2038 BGB eingeschränkt wird, nichts ändern. Bei Ver-

---

232 Siehe auch OLG Hamm MittBayNot 2014, 447; NK-BGB/*Ann*, § 2040 Rn. 13; *Kunte*, Die Erbengemeinschaft mit instandsetzungsbedürftigem Nachlass, S. 192; *Ann*, ZEV 2010, 39 (40); *Münch*, FamRZ 2007, 1145 (1150); *Müßig*, JZ 2011, 481 (484); *Schütte*, NJW 2007, 152 (153); wenig nachvollziehbar beruft sich *Greil-Lidl*, Die Verfügungsverwaltung, S. 117 auf die Möglichkeit eines Sachverständigengutachtens. Unabhängig von dem Nachteil der damit verbundenen Kosten wäre ein solches aber jedenfalls keine öffentliche Urkunde im Sinne des § 29 GBO und damit kein hinreichender Nachweis; siehe dazu die Legaldefinition des § 415 ZPO sowie die Systematik (Titel 9, §§ 415–444 ZPO: Beweis durch Urkunden; Titel 8, §§ 402–414 ZPO: Beweis durch Sachverständige).

233 Vgl. *Schöner/Stöber*, Grundbuchrecht, Rn. 1507.

fügungen im Geltungsbereich der Grundbuchordnung ist daher in jedem Fall Gemeinschaftlichkeit erforderlich. Eine Flexibilisierung kann hier nicht durch die Möglichkeit von Mehrheitshandeln erreicht werden.

e. Rechtsprechung: Analyse und Bewertung

Die Problematik um Verfügungen im Rahmen der Erbengemeinschaft war schon vermehrt Gegenstand höchstrichterlicher Rechtsprechung. Diese soll im Folgenden dargestellt, analysiert und bewertet werten.

In den ergangenen Entscheidungen ging es in diesem Zusammenhang insbesondere häufig um die Kündigung von Dauerschuldverhältnissen.

Im Jahre 1906 musste sich das RG erstmals mit dem Fall der Kündigung eines Darlehens durch die Erbengemeinschaft auseinandersetzen.[234] Es entschied, dass es sich dabei um eine Verfügung im Sinne des § 2040 BGB handele, die also gemäß § 2040 I BGB nur durch alle Miterben gemeinschaftlich vorgenommen werden könne.[235]

Im Widerspruch dazu ordnete der BGH einige Jahre später die Kündigung eines Pachtverhältnisses nicht als Verfügung ein; § 2040 BGB sei daher unanwendbar und die Kündigung demnach auch gemäß §§ 2038 II 1, 745 I 1 BGB mehrheitlich möglich.[236] Begründet wurde dies wenig nachvollziehbar damit, dass nicht über den Hof als Teil des Nachlasses verfügt werde, sondern lediglich das bezüglich dieses Nachlassgegenstandes bestehende Pachtverhältnis beendet werde.[237] Dass streng genommen auch die Pachtzinsforderung Teil des Nachlasses ist (vgl. § 2041 BGB), welche infolge der Kündigung erlischt, sodass durchaus über einen Teil des Nachlasses verfügt wird, wurde dabei übersehen.

Im Jahre 1962 befasste sich der BGH dann mit der Aufrechnung gegen eine Nachlassforderung.[238] Die Richter erklärten die Aufrechnung durch den beklagten Miterben allein ohne Mitwirkung der übrigen Miterben für unstatthaft.[239] Denn es würde an der Gegenseitigkeit mangeln, wenn dieser allein die Aufrechnung mit Gegenforderungen erklärt, die nicht ihm allein, sondern der Erbengemeinschaft zustehen.[240] Der BGH ordnete die

234 RGZ 65, 5.
235 RGZ 65, 5 (6).
236 BGH Urt. v. 30.1.1951 – V BLw 36/50 = RdL 1951, 87.
237 BGH Urt. v. 30.1.1951 – V BLw 36/50 = RdL 1951, 87.
238 BGHZ 38, 122 = NJW 1963, 244.
239 BGHZ 38, 122 (124) = NJW 1963, 244.
240 BGHZ 38, 122 (124) = NJW 1963, 244.

Aufrechnung mit einer Nachlassforderung als Verfügung über einen Nachlassgegenstand ein und verwies somit auf das gemäß § 2040 I BGB geltende Erfordernis der Gemeinschaftlichkeit; § 2038 BGB beziehe sich dahingegen insgesamt nicht auf Verfügungen, da § 2040 I BGB insofern eine Sonderregelung darstelle.[241]

Auch 1965, als es um die Veräußerung eines zum Nachlass gehörenden Grundstücks ging, hielt der BGH im Ergebnis am Erfordernis der Gemeinschaftlichkeit für Verfügungen fest, wich aber im Einzelnen von den vorherigen Darlegungen ab.[242] So wurde konstatiert, dass von § 2038 I BGB auch Verfügungshandlungen erfasst sein könnten. Eine Ausnahme vom Grundsatz des § 2040 BGB werde deswegen jedoch nicht gemacht, sodass die Vornahme der Verfügung im Außenverhältnis weiterhin nur gemeinschaftlich erfolgen könne; allerdings beziehe sich die Mitwirkungspflicht der Miterben auf Verfügungshandlungen, soweit diese zur Verwaltung erforderlich sind, sodass die Minderheit auf Zustimmung verklagt werden könne.[243]

Diese Entscheidung zeigt die Tendenz, dass es der Mehrheit erleichtert werden soll, entgegen dem Willen einzelner widerstrebender Miterben Verfügungen vorzunehmen.

Dennoch lässt sich auch einer Entscheidung aus dem Jahre 1971[244] noch entnehmen, dass Verfügungen nur gemeinschaftlich erfolgen sollen. Zwar ging es konkret gar nicht um ein Verfügungsgeschäft, sondern um den Abschluss eines Pachtvertrages auf Verpflichtungsebene; der Senat betonte jedoch, dass „die Mehrheit einen – ordnungsgemäß gefaßten – Mehrheitsbeschluß mit Wirkung für und gegen die Erbengemeinschaft jedenfalls dann auszuführen berechtigt ist, wenn er Verwaltungsmaßnahmen, nicht Verfügungen betrifft".[245] Weiterhin wurde formuliert, der Abschluss des Pachtvertrages enthielte „keine Verfügung über einen Nachlaßgegenstand, die von den Miterben nur gemeinschaftlich, also nicht ohne Mitwirkung der Klägerin hätte vorgenommen werden können [...]".[246]

---

241 BGHZ 38, 122 (124) = NJW 1963, 244.

242 BGH Urt. v. 22.2.1965 – III ZR 208/ 63 = BeckRS 1965, 31176041.

243 BGH Urt. v. 22.2.1965 – III ZR 208/ 63 = BeckRS 1965, 31176041; die Verfügung wurde vorliegend deswegen als erforderlich eingeordnet, weil das Grundstück wegen des erstrebten, im öffentlichen Interesse liegenden Baus einer Schule enteignet zu werden drohte, falls nicht alsbald der Abschluss eines Kaufvertrages zustande komme.

244 BGHZ 56, 47 = NJW 1971, 1265.

245 BGHZ 56, 47 (50) = NJW 1971, 1265 (1266).

246 BGHZ 56, 47 (55) = NJW 1971, 1265 (1267 f.).

Hieraus lässt sich folgern, dass Mehrheitshandeln auf Verfügungsebene noch ablehnend betrachtet oder zumindest nicht ohne Weiteres befürwortet wurde. Denn ansonsten wären Verfügungen aus der bereits im amtlichen Leitsatz enthaltenen Formulierung nicht explizit ausgenommen worden. Zudem wurde ebenfalls ausdrücklich deklariert, dass Verfügungen nur gemeinschaftlich, also nicht ohne Mitwirkung der übrigen Miterben vorgenommen werden könnten.

Auch 2005 wurde vorerst nur das bestätigt, was bereits aus der Entscheidung des Jahres 1965 folgte, nämlich dass Verfügungen über einzelne Nachlassgegenstände auch mitwirkungspflichtige Verwaltungsmaßnahmen sein könnten.[247] Eine Ausnahme vom ungeachtet dessen geltenden Gemeinschaftlichkeitsgrundsatz gemäß § 2040 I BGB wurde jedoch nicht diskutiert.

Zu einer Weichenstellung kam es schließlich im Jahre 2006, als sich der Landwirtschaftssenat des BGH mit der Kündigung eines Pachtverhältnisses auseinandersetzte.[248] In Einklang mit der späteren Rechtsprechung wurde die Ausübung von Gestaltungsrechten und damit die Kündigung von Dauerschuldverhältnissen als Verfügung eingestuft.[249] Die in der Entscheidung aus dem Jahre 1951 vertretene Auffassung wurde ausdrücklich abgelehnt, da es sich zwar – wie in jener Entscheidung konstatiert – in der Tat nicht um eine Verfügung über das verpachtete Grundstück handele,[250] wohl aber um eine Verfügung über Rechte aus dem Pachtvertrag, namentlich die zum Nachlass gehörende Pachtzinsforderung.[251] Durch die Kündigung werde nämlich ein Recht aufgehoben, da dadurch der Anspruch der Erbengemeinschaft auf Zahlung des Pachtzinses erlösche.[252]

Trotz der Kategorisierung der Kündigung als Verfügung im Sinne des § 2040 BGB entschied der BGH hier aber erstmals, dass sie dennoch mehrheitlich vorgenommen werden könne, „wenn dadurch die auf Erhalt des Nachlassbestandes gerichteten Interessen der anderen Miterben nicht beeinträchtigt werden".[253] Hiermit nahm der BGH eine Art Kompromissstellung ein, da es dem Sinn und Zweck des § 2040 I BGB einerseits widersprä-

247 BGHZ 164, 181 = NJW 2006, 439; konkret ging es um die Veräußerung eines zum Nachlass gehörenden Grundstücks.

248 BGH NJW 2007, 150.

249 BGH NJW 2007, 150 (150 f.).

250 BGH Urt. v. 30.1.1951 – V BLw 36/50 = RdL 1951, 87.

251 BGH NJW 2007, 150 (151).

252 BGH NJW 2007, 150 (151).

253 Siehe der oben unter C III 2 c aa dargestellte Lösungsansatz; BGH NJW 2007, 150 (151); ähnlich schon RGRK-BGB/*Kregel*, § 2040 Rn. 2.

che, das Einstimmigkeitsprinzip vollends – auch für entwertende Maßnahmen – aufzugeben, aber ebenso, für jede Verfügung Einstimmigkeit zu verlangen.[254] Mit dieser Auffassung orientierte sich der BGH also in Richtung eines Gleichlaufs von Verwaltungs- und Verfügungsbefugnis.[255]

Problematisch ist bereits hier, dass die Richter sich damit gegen den ausdrücklichen Wortlaut des § 2040 I BGB wendeten und mithin die Vorgaben des Gesetzgebers missachteten. So lässt sich auch der Entscheidungsanmerkung von *Schütte* zufolge eben diese durch grundlegende systematische Strukturen begründete Vorgabe nicht punktuell teleologisch reduzieren.[256] Auch *Werner* sieht darin ein Überschreitung der gesetzlich vorgeschriebenen Grenzen, da nur solche Ausnahmen von dem geregelten Einstimmigkeitsprinzip in Betracht kämen, die vom Gesetzgeber ausdrücklich vorgesehen seien.[257]

In der Tat findet das Erfordernis eines Interessenwiderspruchs weder in den gesetzlichen Vorschriften zur Erbengemeinschaft noch im allgemeinen Prinzip der Gesamthand eine Grundlage.[258] Gleichwohl muss aber auch zugestanden werden, dass im Hinblick auf die durch das Einstimmigkeitsprinzip gelähmte Nachlassverwaltung und die daraus resultierenden zeitbedingten Entwertungsrisiken tatsächlich Bedürfnis für eine handlungsfähigere Erbengemeinschaft besteht und daher eine teleologische Reduktion durchaus ihre Rechtfertigung hätte. Letztlich liegt die fundamentale Schwäche dieser Entscheidung aber darin, dass sie keine klaren Vorgaben setzt und mithin für den Rechtsanwender mit Problemen verbunden ist. So ist nicht klar, unter welchen Voraussetzungen eine Beeinträchtigung der auf Erhalt des Nachlassbestandes gerichteten Interessen der anderen Miterben gegeben ist und welche Interessen insofern überhaupt berücksichtigt werden.[259]

Im Jahre 2009 nahm der BGH dann schließlich eine Position ein, welche nicht nur tendenziell eine größere Handlungsfähigkeit anstrebte, sondern diese entschieden bevorzugte. In der Entscheidung ging es wiederum um die Kündigung eines Mietverhältnisses.[260] Der Erblasser hatte ein Grundstück, welches der Unterbringung einer Puppentheatersammlung diente, an die Beklagte (Freistaat Sachsen) zu einem aus DDR-Zeiten her-

254 BGH NJW 2007, 150 (151 f.).
255 Siehe auch *Ann*, MittBayNot 2007, 133 (134).
256 *Schütte*, NJW 2007, 152.
257 *Werner*, ZEV 2006, 360.
258 So *Werner*, ZEV 2006, 360.
259 Siehe dazu bereits oben C III 2 c aa; vgl. auch *Ann*, MittBayNot 2007, 133 (135).
260 BGHZ 183, 131 = BGH NJW 2010, 765.

rührenden Niedrigstmietzins vermietet.[261] Nach Scheitern der Verhandlungen über eine Mietpreiserhöhung kündigten zwei von drei Miterben mit Anteilen von drei Viertel des Nachlasses im Namen der Erbengemeinschaft das Mietverhältnis.[262] Das Grundstück wurde schließlich veräußert und die Kläger begehrten die Zahlung einer Nutzungsentschädigung in Höhe der Differenz zwischen ortsüblicher und tatsächlich gezahlter Miete; die Beklagte berief sich dahingegen auf die Unwirksamkeit der Kündigung, da ihr entgegen § 2040 BGB nicht alle Miterben zugestimmt hatten.[263]

Während das OLG Dresden als Vorinstanz die Klage noch mit der Begründung abwies, die Kündigung sei in der Tat unwirksam, da sie wegen § 2040 BGB durch alle drei Miterben gemeinschaftlich hätte erklärt werden müssen,[264] hob der BGH diese Entscheidung auf und gab der Klägerin recht.[265] Begründet wurde dies – nach einer ausführlichen Auseinandersetzung mit den zu dem Streitstand um das Verhältnis zwischen § 2038 BGB und § 2040 BGB vertretenen Meinungen – in erster Linie mit Praktikabilitätserwägungen. Wenn die Erben mehrheitlich Verträge mit Dritten abschließen und damit obligatorische Rechtspositionen begründen könnten, sei nicht ersichtlich, „wieso es ihnen verwehrt sein sollte, diese Rechte – ebenfalls mehrheitlich – wieder aufzuheben".[266] Es liege nahe, dem Recht, einen Vertrag zu begründen, auch das Recht folgen zu lassen, diesen wieder zu kündigen, und zwar unabhängig davon, ob der Vertrag durch den Erblasser geschlossen worden war oder durch die Erbengemeinschaft selbst.[267] Mit diesem *actus-contrarius*-Argument stieß der BGH auf viel Zustimmung.[268] So wurde vielfach angenommen, es sei in der Tat nicht nachvollziehbar, dass der Vertragsschluss als solcher zwar mehrheitlich möglich wäre, Inhaltsänderungen dahingegen nur gemeinschaftlich vorgenommen werden könnten.[269] Argumentiert wurde also mit einem

261 BGHZ 183, 131 (132) = BGH NJW 2010, 765 (766).
262 BGHZ 183, 131 (132) = BGH NJW 2010, 765 (766).
263 BGHZ 183, 131 (132 f.) = BGH NJW 2010, 765 (765 f.); siehe auch die Anmerkung von *Ann*, ZEV 2010, 39.
264 OLG Dresden Urt. v. 13.5.2005 – 10 O 2351/04 = BeckRS 2009, 87697.
265 BGHZ 183, 131 (133) = BGH NJW 2010, 765 (766); vgl. auch *Müßig*, JZ 2011, 481.
266 BGHZ 183, 131 (138) = BGH NJW 2010, 765 (767).
267 BGHZ 183, 131 (138) = BGH NJW 2010, 765 (767).
268 *Ann*, ZEV 2010, 39; *Muscheler*, LMK 2009, 295205; *Wendt*, Notar 2016, 363 (371); *Wellenhofer*, JuS 2010, 543 (545).
269 *Muscheler*, Erbrecht II, Rn. 3867; *ders.*, ZEV 1997, 222 (230 f.); *Stützel*, NJW 2013, 3543 (3544).

‚Erst-Recht-Schluss' beziehungsweise einem *argumentum a maiore ad minus*. Dabei sollten Inhaltsänderungen das *minus* darstellen, für welche Mehrheitshandeln erst recht möglich sein soll, wenn dies selbst bei einem gewichtigen Vertragsschluss – dem *maior* – der Fall ist.

Näher betrachtet ist dieses Argument aber nicht tragfähig, da es sich bei Inhaltsänderungen wie der Kündigung gerade nicht um ein *minus* im Vergleich zum Vertragsschluss handelt, sondern um ein *aliud*. Denn Inhaltsänderungen wie die Kündigung sind nicht im Vertragsschluss inbegriffen und im Hinblick auf die Auswirkungen unter Umständen sogar folgeträchtiger. Während die Vermietung eines Grundstücks grundsätzlich den Nachlasswert zu erhöhen vermag und mithin ordnungsgemäß im Sinne des §§ 2038 II 1, 745 I 1 BGB ist, ist dies bei der Kündigung nicht der Fall. Diese kann sich nur dann positiv auf den Wert des Nachlasses auswirken, wenn eine baldige Neuvermietung erfolgt und hierbei ein höherer Mietzins erzielt werden kann.[270] Auch eine etwaige Differenzierung danach, ob der Vertrag durch den Erblasser oder eben durch die Miterben für die Erbengemeinschaft selbst begründet wurde, würde daran nichts ändern.

Zudem handelt es sich bei der Kündigung auch deswegen um eine völlig andere Sachlage als bei dem Abschluss eines Vertrages, weil der Vertragspartner bei Letzterem im Gegensatz zur Kündigung als einseitige Gestaltungserklärung eine Einflussnahmemöglichkeit hat, denn für den Vertragsschluss bedarf es einer Willenserklärung seinerseits; da er diese Handlungsfähigkeit bei der ihm gegenüber erklärten Kündigung gerade nicht besitzt, sondern er die Kündigung – sollte sie wirksam sein – gegen sich gelten lassen muss, ist er zwangsläufig auch eher auf Rechtssicherheit angewiesen.[271]

Eben diese Sicherheit des Rechtsverkehrs lässt sich gegen die Entscheidung des BGH anführen. Denn ließe man die Mehrheitskündigung zu, würde es dem Mieter auferlegt werden, einzuschätzen, ob es sich bei der Kündigung um eine Maßnahme der ordnungsgemäßen Nachlassverwaltung gemäß §§ 2038 II 1, 745 I 1 BGB handelt oder ob die Wirksamkeit der Kündigung ansonsten doch wieder von der Mitwirkung sämtlicher Miterben abhängt. Ob die Voraussetzungen der ordnungsgemäßen oder der notwendigen Verwaltung vorliegen, wird der Gestaltungsgegner jedoch als Außenstehender regelmäßig nicht beurteilen können.[272]

---

270 So auch *Litzenburger*, FD-ErbR 2009, 294984; *Müßig*, JZ 2011, 483 (484).

271 *Schopp*, ZMR 1967, 193 (195); *Stützel*, NJW 2013, 3543 (3544).

272 Siehe auch *Leverenz*, Gestaltungsrechtsausübungen durch und gegen Personenmehrheiten, S. 66.

Wird aber die Möglichkeit einer Kündigung durch die Erbenmehrheit abgelehnt und grundsätzlich Gemeinschaftlichkeit gefordert, treten die Mehrheitserben häufig als Nichtberechtigte auf und gleichwohl erklärte Kündigungen sind unwirksam. Gerade im Mietrecht kann dies beträchtliche Auswirkungen haben. Hier besteht nämlich die Gefahr, dass der Mieter, dem die Kündigung erklärt worden ist, im Glauben an deren Wirksamkeit die Wohnung räumt oder andere Dispositionen tätigt und mithin nicht nur großen Aufwand, sondern vor allem auch hohe Umzugskosten auf sich nimmt.[273] Insbesondere kann auch ein etwaiges Vertrauen des Gestaltungsgegners nicht berücksichtigt werden, da der gute Glaube an die Gestaltungsberechtigung die unberechtigte Gestaltung nicht heilen kann; ein den §§ 932, 892 BGB entsprechender Schutz existiert gerade nicht.[274] Im Übrigen besteht bei einseitigen Gestaltungserklärungen wie der Kündigung auch keine nachträgliche Genehmigungsmöglichkeit der anderen Miterben, sodass die Kündigung unwirksam ist, wenn die Zustimmung der Miterben nicht gemäß § 182 III BGB im Voraus erteilt worden ist.[275] Dieser Aspekt wird vor allem auch angeführt, um das Bedürfnis für eine Auflockerung der schwerfälligen Nachlassverwaltung bei einseitigen Gestaltungserklärungen zu verdeutlichen.

Das Problem der Rechtsunsicherheit auf Seiten des Vertragspartners bei einseitigen Rechtsgeschäften ließe sich indes dadurch beheben, dass dem Gestaltungsgegner bei Ungewissheit über die Gestaltungsberechtigung des oder der handelnden Miterben ein Zurückweisungsrecht gewährt wird. Dies könnte durch eine analoge Anwendung der §§ 174, 182 III, 111 S. 2, 3 BGB realisiert werden.[276] Die Vorschrift des § 174 BGB normiert das Zurückweisungsrecht zwar grundsätzlich nur für vertragliche, nicht für gesetzliche Vertreter.[277] Der Sinn und Zweck der Vorschrift ist jedoch auch bei der aus § 2038 BGB abgeleiteten gesetzlichen Vertretungsmacht einschlägig, da die Legitimation des Handelnden nichtsdestotrotz nicht ohne Weiteres erkennbar ist, indem sie beispielsweise in öffentlichen Registern

---

273 So auch *Siegelmann*, ZMR 1966, 293.

274 *Leverenz*, Gestaltungsrechtsausübungen durch und gegen Personenmehrheiten, S. 66.

275 *Olzen/Looschelders*, Erbrecht, Rn. 986; *Schellhammer*, Erbrecht, Rn. 673; *Müßig*, JZ 2011, 481 (482).

276 Siehe dazu *Leverenz*, Gestaltungsrechtsausübungen durch und gegen Personenmehrheiten, S. 67 ff.

277 Dies ergibt sich schon aus dem Wortlaut der Norm („Bevollmächtigter"); siehe aber auch Palandt/*Ellenberger*, § 174 Rn. 3; *Molitor*, Die Kündigung, S. 79.

dokumentiert ist oder sich aus dem sozialen Umfeld ableiten lässt.[278] Die Vorschriften der §§ 174, 182 III, 111 S. 2, 3 BGB suggerieren, dass der Empfänger einer einseitigen Willenserklärung nach dem Willen des Gesetzgebers nicht der Ungewissheit über deren Wirksamkeit ausgesetzt sein soll.[279] Diese Zielsetzung sollte auch bei Geschäftspartnern einer Erbengemeinschaft berücksichtigt werden, sodass eine analoge Anwendung gerechtfertigt ist. Dem Gestaltungsgegner steht daher bei einseitigen Rechtsgeschäften grundsätzlich ein Zurückweisungsrecht zu, sofern Ungewissheit über die Legitimation des handelnden Miterben besteht und die Ausübung nicht ausnahmsweise als unzulässige Rechtsausübung einzuordnen ist, § 242 BGB.[280]

Unabhängig davon, ob die Kündigung als ein *minus* im Verhältnis zum Vertragsschluss gesehen werden kann, wäre das vom BGH angeführte *argumentum a maiore ad minus* ohnehin fehl am Platz, da ein solches unzulänglich ist, wenn es sich wie hier gegen den eindeutigen Wortlaut des Gesetztes richtet. Denn das Gesetz lässt in diesem Fall für das vermeintliche *maior* eine Ausnahme zu (§§ 2038 I 2, II, 745 I 1 BGB), für das vermeintliche *minus* aber ausdrücklich nicht (§ 2040 I BGB). Dementsprechend ist die Entscheidung des BGH – mag sie auch möglicherweise der Zweckmäßigkeit entsprechen[281] – jedenfalls durch dieses Argument nicht tragbar.

In Bezug auf diese Entscheidung lässt sich im Ergebnis festhalten, dass zumindest ihre Begründung nicht zufriedenstellend ist und sie einige Aspekte unberücksichtigt lässt.

Die Entscheidung des BGH aus dem Jahre 2009 im Hinblick auf die Kündigung eines Mietverhältnisses wurde 2012 auf die Einziehung einer Nachlassforderung übertragen.[282] Diese Entscheidung behandelte die Erfüllungswirkung einer Zahlung auf die Forderung einer Erbengemeinschaft und in dem Zusammenhang die Zulässigkeit der Zwangsvollstre-

278 *Leverenz*, Gestaltungsrechtsausübungen durch und gegen Personenmehrheiten, S. 67.

279 Mot. I S. 240 = *Mugdan*, Die gesammten Materialien zum BGB, 1. Bd., S. 485; BAGE 137, 347 (351 f.) = NZA 2011, 683 (684 f.); MüKo-BGB/*Schubert*, § 174 Rn. 1; *Leverenz*, Gestaltungsrechtsausübungen durch und gegen Personenmehrheiten, S. 68.

280 So im Ergebnis auch *Lange/Kuchinke*, Erbrecht, § 43 IV 3; letzteres könnte beispielsweise bei einer willkürlichen Ausübung des Zurückweisungsrechts angenommen werden, *Leverenz*, Gestaltungsrechtsausübungen durch und gegen Personenmehrheiten, S. 69.

281 Dazu ausführlich unten D IV.

282 BGH NJW 2013, 166.

ckung. Die Erbengemeinschaft bestand aus zwei Miterben (Beklagte zu 1 und 2), wobei der Beklagte zu 1 ¾ der Erbanteile innehatte.[283]

Für die Einziehung von nachlasszugehörigen Forderungen gilt zwar grundsätzlich die Vorschrift des § 2039 S. 1 BGB. Diese Norm ermöglicht jedoch lediglich die Leistung an alle Erben. Dahingegen tritt die Erfüllungswirkung grundsätzlich nicht ein, wenn nur an einen Miterben geleistet wird.[284] Vorliegend erfolgte die Zahlung auf ein Konto, das ungeachtet der Kontobezeichnung „Erbengemeinschaft AG" einem Miterben allein zustand, welcher mithin gegenüber der Bank alleiniger Forderungsinhaber wurde.[285] Die Voraussetzungen des § 2039 S. 1 BGB lagen folglich nicht vor.

Fraglich ist, ob es in dem Fall zu einer Anwendung der §§ 2038, 2040 BGB kommt. Denn die Geltendmachung von zum Nachlass gehörigen Ansprüchen stellt grundsätzlich eine Verwaltungsmaßnahme im Sinne des § 2038 BGB dar.[286]

Teilweise wird vertreten, es handele sich bei § 2039 S. 1 BGB um eine abschließende Sonderregelung zu § 2038 BGB sowie zu § 2040 BGB.[287] Häufig jedoch wird das Verhältnis der Vorschriften zueinander gar nicht thematisiert.

§ 2039 S. 1 BGB ermöglicht das Einzelhandeln eines Miterben; dieser kann die Ansprüche sowohl prozessual als auch außergerichtlich unabhängig von den anderen Miterben geltend machen.[288] Zweck dieser Regelung ist es, die Anspruchsdurchsetzung zu erleichtern und die Funktions- beziehungswese Handlungsfähigkeit innerhalb der Erbengemeinschaft zu erhöhen.[289] Es soll verhindert werden, dass die Anspruchsdurchsetzung wegen des Erfordernisses der Gemeinschaftlichkeit durch die Untätigkeit einzelner Erben gefährdet oder vereitelt wird und diese erst auf Erteilung ihrer

283 BGH NJW 2013, 166.

284 OLG Koblenz NJW-RR 2005, 1678; HK-BGB/*Hoeren*, § 2039 Rn. 3; Palandt/*Weidlich*, § 2039 Rn. 1.

285 BGH NJW 2013, 166.

286 Erman-BGB/*Bayer*, § 2038 Rn. 1; HK-BGB/*Hoeren*, § 2039 Rn. 1; Staudinger/*Löhnig*, § 2038 Rn. 6; siehe auch bereits oben C I.

287 HK-BGB/*Hoeren*, § 2039 Rn. 1, 3; *Stützel*, NJW 2013, 3543 (3547).

288 Erman-BGB/*Bayer*, § 2039 Rn. 2; HK-BGB/*Hoeren*, § 2039 Rn. 4; Palandt/*Weidlich*, § 2039 Rn. 1.

289 Burandt/Rojahn/*Flechtner*, § 2039 Rn. 1; MüKo-BGB/*Gergen*, § 2039 Rn. 1; HK-BGB/*Hoeren*, § 2039 Rn. 1.

Zustimmung verklagt werden müssen.[290] Hintergrund ist der Gedanke, dass die Einziehung von Forderungen jedenfalls im Interesse des Nachlasses liegt und den Erben dadurch kein Nachteil entsteht, da dem Gesamthandsprinzip entsprochen wird, indem befreiend nur an alle Erben geleistet werden kann.[291] Diesen Erwägungen zufolge handelt es sich bei § 2039 S. 1 BGB um eine Erleichterung und nicht um eine Einschränkung, sodass eine Anwendung des Mehrheitsprinzips nach § 2038 II BGB gerechtfertigt sein könnte, die eine zusätzliche Erleichterung bewirken würde.

Auf der anderen Seite nimmt jedoch – wie soeben erläutert – § 2039 S. 1 BGB im Interesse der gesamthänderischen Gebundenheit eine Einschränkung insofern vor, dass nur an alle Miterben gemeinsam geleistet werden kann. Es soll verhindert werden, dass durch einen einzelnen Miterben, der Rechtshandlungen gegenüber einem Nachlassgläubiger vornimmt, in die Auseinandersetzung eingegriffen wird.[292] Eben diese Zielsetzung könnte konterkariert werden, wenn unter Anwendung von §§ 2038 II 1, 745 I 1 BGB entgegen § 2039 S. 1 BGB doch zugelassen werden würde, dass mit Erfüllungswirkung an einen einzelnen (oder eine Mehrheit von) Miterben geleistet werden kann.

Unter Würdigung dessen entspricht es jedoch auch dem § 2039 S. 1 BGB, wenn ein Miterbe durch die übrigen zur Einziehung der Nachlassforderung ermächtigt wird; die Leistung an den bevollmächtigten oder empfangsberechtigten Miterben (§§ 362 II, 185 I BGB) ist gleichbedeutend mit der Leistung an alle Miterben.[293] Sofern die Ordnungsmäßigkeit zu bejahen wäre, würde es nach Maßgabe der §§ 2038 II 1, 745 BGB genügen, dass diese Ermächtigung auf einem Mehrheitsbeschluss beruht.[294] Richtigerweise handelt es sich bei der Einziehung einer Forderung jedoch nicht bloß um eine Verwaltungsmaßnahme im Sinne des § 2038 BGB, sondern auch um eine Verfügung über einen Nachlassgegenstand im Sinne des

---

290 BGHZ 167, 150 (153) = NJW 2006, 1969 (1970); Prot. V, S. 864 f.; BeckOK-BGB/*Lohmann*, § 2039 Rn. 1; Burandt/Rojahn/*Flechtner*, § 2039 Rn. 1; Staudinger/*Löhnig*, § 2039 Rn. 1.

291 Prot. V, S. 864; BeckOK-BGB/*Lohmann*, § 2039 Rn. 1; MüKo-BGB/*Gergen*, § 2039 Rn. 1.

292 OLG Koblenz NJW-RR 2005, 1678 (1679); MüKo-BGB/*Gergen*, § 2039 Rn. 1, 10.

293 So auch BGH NJW 2005, 955; BeckOK-BGB/*Lohmann*, § 2039 Rn. 1; Burandt/Rojahn/*Flechtner*, § 2039 Rn. 12; Erman-BGB/*Bayer*, § 2039 Rn. 3; HK-BGB/*Hoeren*, § 2039 Rn. 3; MüKo-BGB/*Gergen*, § 2039 Rn. 10.

294 So nämlich BGH NJW 2013, 166 (166 f.); BeckOK-BGB/*Lohmann*, § 2039 Rn. 1; a.A.: HK-BGB/*Hoeren*, § 2039 Rn. 3; *Stützel*, NJW 2013, 3543 (3547).

§ 2040 I BGB,[295] da sie das Erlöschen der Forderung bewirkt, § 362 I BGB. In dem vom BGH entschiedenen Fall hätte die Einziehung daher grundsätzlich der Gemeinschaftlichkeit, also auch der Mitwirkung des anderen Miterben (Beklagter zu 2) bedurft, sofern § 2040 BGB für vorrangig gehalten wird. Eine entsprechende Einziehungsermächtigung müsste dann durch sämtliche Miterben erteilt werden, ein Mehrheitsbeschluss wäre nicht ausreichend. Entscheidend ist demnach letztlich auch hier das Verhältnis von § 2038 BGB und § 2040 BGB.

Dem BGH zufolge könne hingegen dahinstehen, ob die Einziehung eine Verfügung über einen Nachlassgegenstand darstellt, da es sich trotz der etwaigen Einschlägigkeit des § 2040 BGB gleichsam um eine Maßnahme der ordnungsgemäßen Verwaltung im Sinne des § 2038 I 2 handeln könne.[296] Die als ordnungsgemäß einzustufende Einziehung unterliege demnach der vorrangigen Mehrheitsverwaltung gemäß §§ 2038 II 1, 745 I 1 BGB, weshalb der Beklagte zu 1, der aufgrund seines ¾ Anteils die Stimmenmehrheit innehatte (vgl. § 745 I 2 BGB), zur betreffenden Maßnahme allein berechtigt gewesen sei.[297] Ohne nähere Begründung wurde lediglich auf die Entscheidungen in Bezug auf die Kündigung eines Mietverhältnisses verwiesen und festgestellt, dass für die Einziehung einer Forderung aus dem Mietverhältnis das Gleiche gelten müsse.[298] Im Ergebnis wurde demnach die Erfüllungswirkung der Zahlung gemäß §§ 185 II, 362 I BGB bejaht.

Auch diese Entscheidung lässt letztlich eine ausführliche und argumentativ begründete Auseinandersetzung mit dem maßgeblichen Verhältnis von § 2038 BGB und § 2040 BGB missen und liefert keine hinreichende Begründung für den vertretenen Vorrang des § 2038 BGB.

Neben der Einziehung einer Nachlassforderung wurde die Rechtsprechung zu der Kündigung eines Mietverhältnisses durch das OLG Frankfurt[299] auf den Fall der Kündigung eines Darlehens und durch das OLG Brandenburg[300] auf die Kündigung eines Giro-/ Sparkontovertrages übertragen, welche beide mehrheitlich möglich sein sollen.

---

295 MüKo-BGB/*Gergen*, § 2040 Rn. 9; Palandt/*Weidlich*, § 2040 Rn. 2; a.A. Erman-BGB/*Bayer*, § 2039 Rn. 3.
296 BGH NJW 2013, 166 (167).
297 BGH NJW 2013, 166 (167).
298 BGH NJW 2013, 166 (167).
299 OLG Frankfurt ZEV 2012, 258.
300 OLG Brandenburg NJW-RR 2012, 336.

2014 entschied der BGH dann abermals zugunsten der Möglichkeit des Mehrheitshandelns bei der Kündigung eines Mietverhältnisses.[301] Jedenfalls in Fällen der Ausübung von Gestaltungsrechten im Rahmen eines bestehenden Vertragsverhältnisses sei „eine Mehrheitsentscheidung der Erbengemeinschaft zulässig, wenn es sich um eine Maßnahme der ordnungsgemäßen Verwaltung nach § 2038 I 2 Hs. 1 BGB handelt".[302] Der BGH schloss sich damit den Vorinstanzen, namentlich dem LG Kiel und dem OLG Schleswig, an, welche ebenfalls entschieden hatten, die Kündigung könne mehrheitlich erklärt werden.[303]

Ungeachtet ihrer unzureichenden Begründung ist fraglich, inwiefern sich diese Rechtsprechung, die nur an die Ausübung von Gestaltungsrechten im Rahmen schuldrechtlicher Beziehungen anknüpft, auch auf andere Fälle übertragen ließe. Denn eine allgemeine Entscheidung hat der BGH bisher nicht getroffen, sondern jeweils nur formuliert, dass Mehrheitshandeln jedenfalls für den Fall der Kündigung möglich sei. Wie dies bei anderen Verfügungen außerhalb schuldrechtlicher Beziehungen ist, wurde damit nicht entschieden. Nichtsdestotrotz könnte ein entsprechender Standpunkt des BGH den Entscheidungen zu entnehmen sein. Möglicherweise ergibt sich aus ihnen, dass Mehrheitshandeln bei Verfügungen nach Meinung des BGH generell zulässig sein soll.

Muscheler plädiert für eine Generalisierbarkeit dieses Leitsatzes und beruft sich dabei auf das auch vom BGH angeführte Argument, die Mehrheit sei ausreichend dadurch geschützt, dass eine Mehrheitsverfügung ohne nach § 745 BGB wirksamen Mehrheitsbeschluss nichtig sei.[304] Andere wiederum erkennen keine klare Position des BGH und werfen ihm vor, es sei kein roter Faden vorhanden und er schlingere „mittlerweile völlig orientierungslos zwischen beiden Auffassungen herum".[305] Dieser Vorwurf ist nachvollziehbar. Denn der BGH lässt eine klar formulierte und bestimmte Entscheidung missen. Wie die soeben dargestellte Rechtsprechungsentwicklung zeigt, wurde früher noch erst der Verfügungscharakter bejaht, häufig aber abgelehnt, sodann zwar die Kündigung als Verfügung einge-

301 BGH ZEV 2015, 339; so außerdem in Bezug auf die Bruchteilsgemeinschaft auch BGH NJW-RR 2010, 1312 und BGH NJW 2011, 61.

302 BGH ZEV 2015, 339.

303 LG Kiel, Urt. v. 8.11.2013 – 13 O 228/12 = BeckRS 2014, 23738; OLG Schleswig ZEV 2015, 101.

304 *Ann*, ZEV 2010, 39 (40); *Muscheler*, Erbrecht II, Rn. 3876; *ders.*, LMK 2009, 295205.

305 So wörtlich *Stützel*, NJW 2013, 3543 (3544); siehe auch Staudinger/*Löhnig*, § 2038 Rn. 34a; *Löhnig*, Erbrecht, Rn. 530.

ordnet, jedoch dem Gemeinschaftlichkeitsprinzip des § 2040 I BGB unterworfen und schließlich eine vermittelnde Position eingenommen. Auch in den letzten Jahren wurde nur der Fall der Gestaltungsrechtsausübung zugunsten des Mehrheitshandelns entschieden. Die wiederholt zurückhaltende Formulierung „jedenfalls für den Fall der […]" spricht dafür, dass der BGH diese Auffassung so nur für Verfügungen im Rahmen schuldrechtlicher Beziehungen vertritt, bezüglich der anderen Fälle aber nicht unbedingt für tragbar hält und anerkennen will.[306] Andernfalls wäre eine bestimmtere Formulierung erfolgt und nicht eine Begrenzung auf eben jenen Fall. Zudem ist die Hauptbegründung der Entscheidungen das *actus-contrarius*-Argument, dass Rechtspositionen, die mehrheitlich begründet werden können, auch durch die Mehrheit wieder aufgehoben werden können. Diese Begründung passt eben nur für Gestaltungsrechtsausübungen im Rahmen schuldrechtlicher Verträge, nicht aber für sämtliche Verfügungen.[307] Für eine Generalisierbarkeit dieser Rechtsprechung ist also, mag auch das Ergebnis möglicherweise sachgerecht sein, allein schon die Begründung unzureichend.

Im Ergebnis ist damit festzuhalten, dass sich der höchstrichterlichen Rechtsprechung abseits der Gestaltungsrechtsausübungen keine klare Linie und mithin keine Vorgabe für die Gesetzesanwendung entnehmen lässt.

Bezüglich Gestaltungsrechtsausübungen durch Miterben wurde zugunsten von Mehrheitshandeln entschieden, was so auch vertretbar, nicht aber unangreifbar ist, zumindest aber noch einer stichhaltigeren Begründung bedürfte. Eine solche Begründung kann nur auf Grundlage einer ausführlichen Auseinandersetzung im Rahmen einer umfassenden Auslegung der §§ 2038, 2040 BGB erfolgen, die im Folgenden durchgeführt werden soll. In dem Zusammenhang soll geklärt werden, ob es sich in der Tat um ein vertretbares Ergebnis handelt oder ob eine abweichende Anwendung des Gesetzes geboten ist.

---

306 So im Ergebnis auch *Leipold*, ZEV 2013, 82 (83) und *Walker*, FamRZ 2010, 204 (205); für eine Generalisierbarkeit aber *Ann*, ZEV 2010, 39 (40); *Muscheler*, Erbrecht II, Rn. 3876; *ders.*, LMK 2009, 295205; vermittelnd *Schubert*, JR 2010, 536, der die Generalisierbarkeit zwar grundsätzlich verneint, jedoch eine Ausnahme für erhaltungsnotwendige Maßregeln macht.

307 Vgl. *Walker*, FamRZ 2010, 204 (205).

D. Auslegungsorientierte Erörterung: Zulässigkeit von Mehrheitsverfügungen?

Aufgrund der besonderen Bedeutung der angesprochenen Erörterung, die das Ziel verfolgt, ein Ergebnis bezüglich der Zulässigkeit von Mehrheitsverfügungen treffen zu können, verdient diese ein gesondertes Kapitel. Um die einzelnen Ansätze bewerten und möglicherweise eine Entscheidung zugunsten einer Variante treffen zu können, sind die maßgeblichen Vorschriften einer genaueren Analyse zu unterziehen und mittels einer grammatischen, systematischen, historischen und teleologischen Auslegung zu untersuchen.

I. Wortlaut

Zunächst ist dabei der Wortlaut der Vorschriften zu analysieren. Die Regelung des § 2040 BGB schreibt vor, dass Erben über einen Nachlassgegenstand nur gemeinschaftlich verfügen können. Ausnahmen sind an dieser Stelle gerade nicht vorgesehen, ebenso wenig ein Verweis auf die Geltung der Ausnahmetatbestände der §§ 2038 I 2 Hs. 2, II 1, 745 I 1 BGB. Vielmehr hat sich der Gesetzgeber für die Formulierung „nur" entschieden und damit zum Ausdruck gebracht, dass es wirklich ausnahmslos dabei bleiben soll, dass sämtliche Verfügungen über Nachlassgegenstände der Mitwirkung aller Miterben bedürfen. Für eine enge Auslegung des Verfügungsbegriffs unter Abweichung vom allgemeinen Verfügungsbegriff, der nämlich gerade solche Maßnahmen nicht erfasst, die zugleich Maßnahmen der ordnungsgemäßen Verwaltung sind, gibt es keinerlei Anhaltspunkte. Der Verfügungsbegriff wird ohne nähere Erläuterung und vor allem ohne Einschränkung verwendet. Orientiert man sich also lediglich am Wortlaut, muss davon ausgegangen werden, dass der Gesetzgeber hier den allgemeinen – weiten – Verfügungsbegriff zugrunde legt.[308] Vom Verfügungsbegriff trotz dessen ordnungsgemäße Verwaltungsmaßnahmen auszunehmen, erscheint gekünstelt und dogmatisch unsauber. Die gesonderte Regelung der Verfügungen in § 2040 BGB mit ihrer eindeutigen Formulierung

308 Siehe bereits C III 2 b.

deutet darauf hin, dass der Gesetzgeber bewusst zwischen Verfügungen und sonstigen Verwaltungsmaßnahmen differenzieren und diese gerade unterschiedlich behandeln wollte.[309] Diese gesetzgeberische Entscheidung darf grundsätzlich nicht allein deshalb übergangen werden, weil das Ergebnis als unangemessen eingeordnet wird.[310] Andernfalls werden die durch das Gesetz gesteckten Grenzen und damit die Kompetenzen des Richterrechts überschritten.[311]

Lediglich bei erhaltungsnotwendigen Maßnahmen scheint der Wortlaut des § 2038 BGB eine andere Auslegung nahezulegen. Das Gesetz spricht hier davon, dass jeder Miterbe solche Maßnahmen ohne die Mitwirkung der anderen „treffen" kann. Dies spricht tatsächlich, wie schon oben im Rahmen der Verpflichtungsgeschäfte erläutert, für eine umfassende Handlungsbefugnis des einzelnen Miterben.[312] Im Hinblick auf den für einen Vorrang des § 2040 BGB sprechenden Wortlaut dieser Norm könnte die Formulierung „treffen" zwar auch so verstanden werden, dass der Miterbe die Maßnahme auf schuldrechtlicher Ebene treffen, also einen entsprechenden Vertrag abschließen kann. Naheliegender ist aber eine umfassende, auch Maßnahmen auf Verfügungsebene betreffende Handlungsbefugnis, sodass der Wortlaut an dieser Stelle einen Vorrang des § 2038 I 2 Hs. 2 BGB impliziert.

II. Historie

Weiterhin kann die historische Entwicklung des Rechts der Erbengemeinschaft als Mittel zur Auslegung dienen. Sie kann darüber Aufschluss geben, welche Regelungsabsicht der Gesetzgeber hatte und welche Wertentscheidungen zur Verfolgung dieser Absichten getroffen wurden.[313] Diese müssen auch bei der heutigen Auslegung beziehungsweise Rechtsfortbil-

---

309 So auch Erman-BGB/*Bayer*, § 2044 Rn. 3; MüKo-BGB/*Gergen*, § 2038 Rn. 53; *Stützel*, NJW 2013, 3543 (3545).

310 Vgl. *Olzen/Looschelders*, Erbrecht, Rn. 1013.

311 Angedeutet bei *Wendt*, Notar 2016, 363 (371); siehe dazu auch *Müller/Christensen*, Juristische Methodik I, Rn. 308 ff.; oben C III 2 c bb.

312 Siehe oben C III 1 c aa (4); vgl. auch NK-BGB/*Ann*, § 2040 Rn. 12; *Wellenhofer*, JuS 2010, 543 (545).

313 *Larenz*, Methodenlehre der Rechtswissenschaft, S. 328; *Rüthers/Fischer/Dirk*, Rechtstheorie, S. 481; vgl. auch *Plaumann*, Auslegungshirarchie, S. 41.

dung noch berücksichtigt werden.[314] Unter Umständen kann der Regelungszweck einer Norm anhand der Entstehungsgeschichte verlässlicher als bloß auf Grundlage von deren Wortlaut und Systematik – aus sich selbst heraus – ermittelt werden.[315] So gibt es Fälle, in denen die Eigenschaft einer Norm als Produkt historischer Entwicklung in den Mittelpunkt gerückt werden muss, um das Gesetz vollumfänglich zu verstehen und den tatsächlichen Normzweck bestimmen zu können.[316]

Es gilt also, die rechtsgeschichtliche Entwicklung zu betrachten und so die Wertentscheidungen, Absichten und den Willen des Gesetzgebers herauszuarbeiten.

Im altrömischen Recht handelte es sich bei der Erbengemeinschaft um eine Fortsetzung des familiären Verbandes (*consortium ercto non cito*).[317] Die Erbengemeinschaft stellte nicht nur einen erbrechtlichen, sondern auch einen familienrechtlichen Verband dar.[318] Sie war gesamthänderisch ausgestaltet; die Rechte aus dem Nachlass standen den Miterben nicht nach Bruchteilen, sondern insgesamt zu und jeder von ihnen war allein zur Verfügung über Nachlassgegenstände befugt.[319] Diese Regelung ist auf den familienrechtlichen Ursprung und das dadurch begründete gegenseitige Vertrauen sowie das Interesse an einer möglichst einfachen Verwaltung zurückzuführen.[320]

Das spätere römische Recht entwickelte sich jedoch fort von der gesamthänderischen Ausgestaltung und hin zu einer Art Bruchteilsgemeinschaft, die eine reine Vermögensgemeinschaft war und in der der einzelne Miterbe einen quotenmäßigen Anteil an den einzelnen Nachlassgegenständen

---

314 *Larenz*, Methodenlehre der Rechtswissenschaft, S. 328; *Rüthers/Fischer/Dirk*, Rechtstheorie, S. 439.

315 *Rüthers/Fischer/Dirk*, Rechtstheorie, S. 486; *Klippel*, Juristische Zeitgeschichte, S. 18, vgl. auch *Otte*, Der praktische Nutzen der Rechtsgeschichte, S. 385 (395): „Es gibt Fälle, in denen sich der Gesetzgeber als der beste Interpret seines eigenen Werkes erweist".

316 *Rüthers/Fischer/Dirk*, Rechtstheorie, S. 486; *Klippel*, Juristische Zeitgeschichte, S. 18; vgl. auch *Böckenförde*, Staat, Gesellschaft, Freiheit, S. 10.

317 *Kaser/Knütel/Lohsse*, Römisches Privatrecht, § 73 Rn. 1; *Lange/Kuchinke*, Erbrecht, § 42 I 2 a; *v. Lübtow*, Erbrecht, 2. Halbband, S. 797; *Hoffmann*, Jura 1995, 125.

318 *Kaser/Knütel/Lohsse*, Römisches Privatrecht, § 73 Rn. 1; *Lange/Kuchinke*, Erbrecht, § 42 I 2 a; *v. Lübtow*, Erbrecht, 2. Halbband, S. 797; *Hoffmann*, Jura 1995, 125.

319 *Honsell*, Römisches Recht, § 52 I; *Kaser/Knütel/Lohsse*, Römisches Privatrecht, § 73 Rn. 2; *Lange/Kuchinke*, Erbrecht, § 42 I 2 a.

320 *V. Lübtow*, Erbrecht, 2. Halbband, S. 797; *Hoffmann*, Jura 1995, 125.

hatte.[321] Auch in Bezug auf Schulden und Forderungen kam es folglich zu einer Teilung, sodass diese gar nicht in den Nachlass fielen.[322] Ein Miterbe konnte zwar über seinen jeweiligen Anteil allein, nicht jedoch über einen einzelnen Nachlassgegenstand verfügen; hierzu bedurfte es der Mitwirkung aller Miterben.[323] Somit blieb der Nachlass also nicht als Sondervermögen erhalten, sondern zerfiel und blieb nur insoweit gemeinsam, als es sich um unteilbare Forderungen oder Gegenstände handelte.[324]

Das gemeine Recht folgte schließlich dem im späteren römischen Recht geltenden System der Bruchteilsgemeinschaft, sodass auch hier an körperlichen Gegenständen Bruchteilseigentum entstand und Forderungen und Verbindlichkeiten in – der Anzahl von Miterben entsprechende – Teile zerfielen.[325]

Im preußischen Recht war indes die Anwendbarkeit der Vorschriften über das Miteigentum[326] vorgeschrieben, dennoch handelte es sich aber um eine gesamthandorientierte Lösung.[327] Die Miterben waren nur gemeinsam und nicht einzeln zur Verfügung über einzelne Nachlassgegenstände befugt; Schulden waren Bestandteil des Nachlasses und die Miterben waren solidarisch zur Tragung dieser verpflichtet.[328]

Der Gesetzgeber des BGB war im Zuge der Vereinheitlichung des Rechts schließlich dazu aufgerufen, sich für ein Modell zu entscheiden.[329]

---

321 Staudinger/*Löhnig*, Vorbem. §§ 2032 ff. Rn. 4; *Kaser/Knütel/Lohsse*, Römisches Privatrecht, § 73 Rn. 5; Rißmann/*Kurze*, Die Erbengemeinschaft, § 1 Rn. 17; *Hoffmann*, Jura 1995, 125.

322 *Kaser/Knütel/Lohsse*, Römisches Privatrecht, § 73 Rn. 5; *Lange/Kuchinke*, Erbrecht, § 42 I 2 a; *v. Lübtow*, Erbrecht, 2. Halbband, S. 797.

323 *Kaser/Knütel/Lohsse*, Römisches Privatrecht, § 73 Rn. 5; *Lange/Kuchinke*, Erbrecht, § 42 I 2 a; *v. Lübtow*, Erbrecht, 2. Halbband, S. 797.

324 *Lange/Kuchinke*, Erbrecht, § 42 I 2 a; *Hoffmann*, Jura 1995, 125 Fn. 10.

325 *Kretzschmar*, Das Erbrecht des deutschen Bürgerlichen Gesetzbuches, § 84 I; *Hoffmann*, Jura 1995, 125 (126).

326 PrALR § 382 I 9, PrALR § 115 I 17, PrALR § 36 ff. I 17; vgl. auch PrALR § 151 I 17, wonach Nachlassforderungen nur gemeinschaftlich eingezogen werden können.

327 RGZ 9, 272 (273 f.); *Bartholomeyczik*, 4. Denkschrift des Erbrechtsausschusses der Akademie für Deutsches Recht, S. 120 (126); *Hoffmann*, Jura 1995, 125 (126).

328 PrALR § 127 I 17; vgl. *Kretzschmar*, Das Erbrecht des deutschen Bürgerlichen Gesetzbuches, § 84 I; *Bartholomeyczik*, 4. Denkschrift des Erbrechtsausschusses der Akademie für Deutsches Recht, S. 120 (126); *Hoffmann*, Jura 1995, 125 (126).

329 *Kipp/Coing*, Erbrecht, § 1 IV 2; Rißmann/*Kurze*, Die Erbengemeinschaft, § 1 Rn. 18.

Im ersten Entwurf fiel die Entscheidung zugunsten einer Bruchteilslösung nach römisch-rechtlichem Vorbild; Anlass dafür waren vor allem die dadurch bedingte Vereinfachung der Rechtsverhältnisse und die Schaffung einer klaren Rechtslage.[330] Dennoch wurden die damit verbundenen Nachteile erkannt. So kam es insbesondere zu einer Zersplitterung des Nachlasses, womit Forderungen für Nachlassgläubiger schwerer realisierbar und damit gegebenenfalls weniger werthaltig waren; ebenso war die Geltendmachung von Ersatzansprüchen für gemachte Verwendungen und Ausgleichsansprüchen für Miterben unsicher.[331]

Im zweiten Entwurf orientierte sich der Gesetzgeber des BGB daher am gesamthänderischen Modell des allgemeinen preußischen Landrechts. Zwar war man sich der dadurch bedingten Schwerfälligkeit bewusst – insbesondere wurde diesbezüglich auch auf die erschwerte Geltendmachung von erbschaftlichen Ansprüchen verwiesen – das Interesse der Nachlassgläubiger war indes aber vorzugswürdig.[332] Wegen dieser Schwerfälligkeit näherte sich die Kommission jedoch im Hinblick auf die Leistung an die Erbengemeinschaft dem preußischen Modell und ließ in § 2039 BGB die Einzelklage im Hinblick auf die Geltendmachung von Nachlassansprüchen zu. In § 2038 II BGB und § 2042 II BGB wurden die Verweise auf das Recht der Bruchteilsgemeinschaft eingefügt. Bei der heutigen Regelung handelt es sich demnach um eine „Mischkonzeption aus historisch gewachsenen Rechtsinstituten".[333]

Die Betrachtung der historischen Entwicklung zeigt, dass es dem Gesetzgeber bei Ausgestaltung der heutigen Gesetzesfassung in erster Linie darum ging, ein Auseinanderfallen des Nachlasses zu verhindern. Es sollte – nicht zuletzt im Interesse der Nachlassgläubiger – der Nachlass als Einheit zusammengehalten werden.

Diese Beweggründe stehen der Zulassung von Mehrheitshandeln auf Verfügungsebene zunächst nicht entgegen. Denn die Modalitäten der Verwaltung berühren nicht die Vermögenszuordnung zwischen den Miterben innerhalb der Erbengemeinschaft. Selbst wenn in Ausnahme von § 2040 I BGB Mehrheitshandeln zugelassen werden würde, würde keine Zersplitte-

330 Mot. V, S. 528; Prot. V, S. 836; *v. Lübtow*, Erbrecht, 2. Halbband, S. 798 f.; *Blomeyer*, AcP 159 (1960), 385 (390); *Hoffmann*, Jura 1995, 125 (126).

331 Mot. V, S. 528; Prot. V, S. 836; Staudinger/*Löhnig*, Vorbem. § 2032 ff., Rn. 11; *Hoffmann*, Jura 1995, 125 (126).

332 Prot. V, S. 836; Mot. V, S. 529; *Kretzschmar*, Das Erbrecht des deutschen Bürgerlichen Gesetzbuches, § 84 I; *Hoffmann*, Jura 1995, 125 (126).

333 So *Hoffmann*, Jura 1995, 125 (126); siehe auch *Blomeyer*, AcP 159 (1960), 385 (390).

rung des Nachlasses bewirkt werden, welche den grundsätzlichen Leitgedanken des historischen Gesetzgebers widerspräche.[334]

Indes wurde die mit der Gesamthandslösung und dem damit einhergehenden Gemeinschaftlichkeitsprinzip verbundene Schwerfälligkeit erkannt. So ist den Motiven zum BGB zu entnehmen, die Lösung des PrALR sei mit schwerwiegenden Nachteilen verbunden, da sie den einzelnen Erben daran hindere, auch nur in Höhe seines Anteils über die einzelnen Nachlassgegenstände zu verfügen.[335] Die Verfügungsgewalt eines einzelnen Miterben bliebe „auf kürzere oder längere Zeit gänzlich gelähmt".[336] Insbesondere wurde noch die erschwerte Geltendmachung erbschaftlicher Ansprüche verwiesen; die dafür erforderliche „volle Übereinstimmung unter allen Miterben" fehle nur zu oft.[337]

Gleichzeitig wurde aber auch verdeutlicht, dass die Erbengemeinschaft eine bloß vorübergehende und nicht auf Dauer angelegte Verbindung darstelle.[338] Im Hinblick auf die „Härten der Erbengemeinschaft" wurde auf die Möglichkeit des einzelnen Erben verwiesen, seinen Anteil zu übertragen beziehungsweise zu verwerten.[339]

Letztlich sollte die mit der Gesamthandslösung verbundene Schwerfälligkeit durch die in § 2039 BGB normierte gesetzliche Prozessstandschaft[340] sowie durch den Verweis in § 2038 II 1 BGB auf das Recht der Bruchteilsgemeinschaft, mit welchem Mehrheitshandeln ermöglicht wurde, eingedämmt werden.

In Bezug auf die in der heutigen Fassung des § 2039 BGB enthaltene Regelung wurde damals eingewandt, es sei „ein innerer Widerspruch, wenn man dem einzelnen Erben selbständige Klagerechte auf Erfüllung an die sämmtlichen Erben gewähre, dagegen ihnen das weit weniger intensive Recht der Kündigung versage und nur von den Erben gemeinschaftlich ausüben lasse".[341] Dem lässt sich im Gegenschluss entnehmen, dass andere Verfügungen – wie die Kündigung – nach dem Verständnis des historischen Gesetzgebers tatsächlich und ausnahmslos der Gemeinschaftlichkeit unterliegen.

---

334 Vgl. auch *Stanescu*, Nachlassverwaltung, S. 38.

335 Mot. V, S. 529.

336 Mot. V, S. 529.

337 Mot. V, S. 529.

338 Prot. V, S. 838, vgl. auch Prot. V, S. 836 „[...], weil der Nachlass nicht gemeinschaftlich zu bleiben bestimmt sei".

339 Prot. V. S. 838.

340 Vgl. *Leipold*, Erbrecht, Rn. 737.

341 Prot. V, S. 863.

Schlussendlich wurde die Regelung des § 2039 BGB ungeachtet dieses Einwandes übernommen. Dies wurde damit gerechtfertigt, dass die Klageerhebung durch alle Gemeinschafter häufig nahezu unausführbar sei; es sollte verhindert werden, dass die Anspruchsdurchsetzung wegen des Erfordernisses der Gemeinschaftlichkeit durch die Untätigkeit einzelner Erben gefährdet oder vereitelt wird.[342] Weiterhin wurde angeführt, die Interessen der nicht zugezogenen Erben würden dadurch gewahrt werden, dass lediglich die Leistung „an die gemeinschaftliche Erbmasse" beansprucht werden könne.[343]

Da sich der Gesetzgeber der Schwerfälligkeit auch im Hinblick auf Verfügungen bewusst war und aber anders als bei der Geltendmachung von Forderungen in § 2039 BGB zur Vermeidung dieser Schwerfälligkeit keine Ausnahme vorsah, ist es schlussendlich nicht fernliegend, diese Entscheidung als Wertentscheidung einzuordnen. Eine solche muss, wie eingangs gesagt, in der heutigen Auslegung oder Rechtsfortbildung berücksichtigt werden.[344]

Verfügungen wurden ohne einen § 2038 II 1 BGB entsprechenden Verweis separat in § 2040 BGB geregelt, welcher statuiert, dass Erben über Nachlassgegenstände nur gemeinschaftlich verfügen können. Dies lässt den Schluss zu, dass die verbleibende Schwerfälligkeit bewusst aufrechterhalten oder zumindest in Kauf genommen wurde, um andernfalls gegebene Nachteile zu vermeiden. Es scheint also, als solle es nach Ansicht des historischen Gesetzgebers für Verfügungen gerade bei der Gesamthandslösung und dem Grundsatz der Gemeinschaftlichkeit bleiben. Schon bei der damaligen Rechtsentwicklung wurde erkannt, dass es im Hinblick auf die verschiedenen, sich gegenüberstehenden Interessen nicht möglich sein würde, eine Regelung zu finden, die allen Interessen vollumfänglich gerecht wird. Vielmehr müssten gewisse Interessen in unterschiedlichen Konstellationen teilweise bevorzugt, teilweise zurückgedrängt werden. Die bestehende Regelung war jedoch das Ergebnis einer langen Entwicklungsphase und schien dem Gesetzgeber die interessengerechteste Lösung zu sein.[345]

Eine historische Auslegung kommt also zu dem Ergebnis, dass es für Verfügungen bei dem Erfordernis der Gemeinschaftlichkeit bleiben und

---

342 Prot. V, S. 864; siehe außerdem bereits oben C III 2 e.

343 Prot. V, S. 864.

344 *Larenz*, Methodenlehre der Rechtswissenschaft, S. 313.

345 Siehe auch Prot. V, S. 861 „Die Regelung, welche der § c hinsichtlich der Verwaltung des Nachlasses treffe, erscheine angemessen".

die Möglichkeit des Mehrheitshandelns durch §§ 2038 II 1, 745 I 1 BGB nicht auf Verfügungen übertragen werden soll. Ausnahmen vom Gemeinschaftlichkeitsgrundsatz dürfen bei Verfügungen dieser Auslegung zufolge nicht gemacht werden. Im Ergebnis wäre nach einer historischen Auslegung also der § 2040 BGB als im Vergleich zu § 2038 BGB vorrangig einzuordnen.

III. Systematik

Im Rahmen der systematischen Auslegung wird eine Norm in den gesetzlichen Gesamtzusammenhang eingeordnet; Ziel dabei ist in erster Linie, die „Einheit des Rechts" zu wahren.[346] In diesem Sinne ist insbesondere davon auszugehen, dass der Gesetzgeber einen einheitlichen Sprachgebrauch verwendet und demnach dem gleichen Wort in verschiedenen Normen unabhängig von ihrer systematischen Stellung auch die gleiche Bedeutung beimisst, dass die Terminologie mithin einheitlich ist.[347] Der Grundsatz der Einheit der Rechtsordnung gebietet also grundsätzlich, gleichlautende Gesetzesbegriffe – sei es auch in verschiedenen Gesetzen – gleichartig auszulegen.[348]

Demzufolge müsste auch an dieser Stelle die Auslegung bevorzugt werden, dass der Verfügungsbegriff im Rahmen von § 2040 BGB nicht anders zu verstehen ist als an anderen Stellen im BGB und dass daher auch solche Verfügungen erfasst und nicht ausgenommen sind, die zugleich zur ordnungsgemäßen Verwaltung im Sinne der §§ 2038 II 1, 745 I 1 BGB gehören.

Die Vorgabe der einheitlichen Auslegung gilt jedoch gewiss nicht uneingeschränkt. Vielmehr sind gleichartige Begriffe nicht generell einheitlich auszulegen.[349] Zwar ist die systematische Stellung lediglich nachrangig; im Hinblick auf abweichende Interessenlagen kann jedoch die Auslegung gleichartiger Begriffe innerhalb verschiedener Normen variieren.[350] Obgleich das grundlegende Ziel einer innerhalb der Rechtsordnung einheitli-

---

346 MüKo-BGB/*Säcker*, Einl. BGB Bd. 1, Buch 1, Rn. 140; *Larenz*, Methodenlehre der Rechtswissenschaft, S. 311 ff.; *Zippelius*, Juristische Methodenlehre, S. 43.

347 *Baldus*, Die Einheit der Rechtsordnung, S. 13; *Zippelius*, Juristische Methodenlehre, S. 43.

348 BGHZ 39, 333 (339) = NJW 1963, 2272; *Baldus*, Die Einheit der Rechtsordnung, S. 13.

349 BVerfGE 25, 309 = BeckRS 1969, 30702001.

350 BAG NJW 1968, 1740; NZA 2004, 319.

chen Auslegung besteht, müssen Begriffe einzelfallabhängig unterschiedlich definiert werden, wenn durch die allgemeingültige Auslegung der Sinn und Zweck einer anderen Vorschrift verfehlt wird.

Die besonderen Interessenlagen im Zusammenhang mit der Erbengemeinschaft könnten also eine abweichende Begriffsbestimmung, bei welcher Maßnahmen, die den Nachlasswert nicht beeinträchtigen, von § 2040 BGB ausgenommen sind, rechtfertigen. Im Rahmen der Erbengemeinschaft besteht, wie bereits erläutert, unter Umständen durchaus ein Bedürfnis zur Flexibilisierung und Anpassung an das Marktgeschehen. Eine handlungsfähige Erbengemeinschaft könnte zwingende Voraussetzung sein, um eine Nachlassentwertung zu vermeiden. Ist es den Erben aufgrund einzelner widerwilliger Miterben nicht möglich, Einstimmigkeit zu erlangen und mithin Verfügungsgeschäfte zu tätigen, obgleich diese zur ordnungsgemäßen Verwaltung gehören, wird der mit § 2040 BGB verfolgte Zweck, eine Nachlassentwertung zu vermeiden, möglicherweise vereitelt.[351] Insofern könnte eine vom allgemeingültigen Verfügungsbegriff abweichende Auslegung aus teleologischen Gründen durchaus gerechtfertigt sein. Der Grundsatz der Einheit der Rechtsordnung steht einer abweichenden Verfügungsdefinition also nicht zwangsläufig entgegen.

Unter dem Gesichtspunkt der Systematik kann in diesem Zusammenhang außerdem die Stellung der Norm als Anhaltspunkt herangezogen werden. So steht § 2040 BGB im Gesetz hinter der Norm des § 2038 BGB. Dies spricht eher dafür, § 2040 BGB als Ausnahme für die durch § 2038 BGB aufgestellte Regel aufzufassen. Denn es wäre untypisch und wenig nachvollziehbar, die Ausnahme (in diesem Fall §§ 2038 I 2 Hs. 2, II 1, 745 I 1 BGB) vor der Regel (§ 2040 I BGB) zu platzieren. Eben dieses Verständnis wird jedoch von der Ansicht, die die Ausnahmetatbestände des § 2038 BGB auf Verfügungen anwendet, zugrunde gelegt. Indes ist aber auch in § 2038 I 1 BGB zunächst die Grundregel (Gemeinschaftlichkeit) aufgestellt und daraufhin in §§ 2038 II 1, 745 I 1 BGB (Mehrheitshandeln) und § 2038 I 2 Hs. 2 BGB (Einzelhandeln) die restriktiv auszulegenden Ausnahmetatbestände. Nach seiner systematischen Stellung ist es also fernliegend, dass § 2040 BGB den gleichen Regelungen unterworfen sein soll. Denn er wurde gerade separat und erst im Anschluss an diese Ausnahmetatbestände geregelt. Sollte die Norm nach dem Willen des Gesetzgebers so angewendet werden, dass die Ausnahmetatbestände auch für Verfügungen gelten, wäre eine Einfügung des Normtextes des § 2040 I BGB zwischen § 2038 I 1 BGB

---

351 Eine ausführliche Auseinandersetzung mit diesen teleologischen Aspekten erfolgt sogleich unter D IV.

und § 2038 I 2 und II BGB weitaus sinnvoller gewesen. Dann wäre klargestellt, dass die nachfolgenden Ausnahmen nicht nur für den vorher formulierten Grundsatz in § 2038 I 1 BGB gelten würden, sondern auch für die ebenfalls dann vorher aufgeführten Verfügungen. In diesem Fall wäre aber evident, dass mit einem derartigen Verständnis die Regelung des § 2040 I BGB überflüssig sein würde.[352]

Dies ist ein weiterer Aspekt, der in systematischer Hinsicht zum Tragen kommt. Grundsätzlich gilt es, Normen im Zweifel so zu interpretieren, dass andere Normen nicht obsolet werden.[353]

Mit jener Auffassung wäre in § 2038 I 1 BGB aber geregelt, dass die Nachlassverwaltung den Erben gemeinschaftlich zusteht sowie in § 2040 I BGB abermals, dass Verfügungen nur gemeinschaftlich vorgenommen werden können. Sind Verfügungen aber auch vom Begriff der Nachlassverwaltung erfasst und sollen für sie die gleichen Ausnahmen gelten, sofern es sich um ordnungsgemäße oder erhaltungsnotwendige Maßnahmen handelt, wäre eine gesonderte Regelung obsolet.

Eine solche ist nur sinnvoll und hat einen Anwendungsbereich, wenn man Verfügungen einerseits nicht unter den Begriff der Nachlassverwaltung subsumiert oder andererseits eben von einer ausnahmslosen Geltung des Gemeinschaftlichkeitsgrundsatzes ausgeht. Die Nachlassverwaltung erfasst jedoch grundsätzlich auch Maßnahmen auf Verfügungsebene.[354] Gerade in dem zweitgenannten Fall, wenn also bei Verfügungen wortlautgetreu gemeinschaftliche Vornahme möglich sein soll, ohne dass die Ausnahmen in § 2038 I 2 Hs. 2, II 1 BGB gelten, ist eine systematisch auf die Vorschrift des § 2038 BGB folgende Regelung der Verfügungen sinnvoll. Dass § 2040 I BGB allerdings für Verfügungen nur das wiederholen will, was schon § 2038 I 1 BGB regelt, ist eher fernliegend.[355] Im Anwendungsbereich des § 2040 BGB verblieben dann lediglich solche Maßnahmen, die nicht ordnungsgemäß sind und demnach nicht dem Mehrheitshandeln gemäß §§ 2038 II 1, 745 BGB zugänglich sind. Für solche Maßnahmen würde jedoch der Grundsatz nach § 2038 I 1 BGB ausreichen, ohne dass eine gesonderte, wiederholende Regelung des Gemeinschaftlichkeitsgrundsatzes

352 Denn mit jener Auffassung wäre in § 2038 I 1 BGB der Gemeinschaftlichkeitsgrundsatz statuiert sowie in einem unmittelbar darauffolgenden Satz der Gemeinschaftlichkeitsgrundsatz in Bezug auf Verfügungen; dazu sogleich.

353 *Kramer*, Juristische Methodenlehre, S. 109.

354 Siehe oben C III 2 b.

355 So aber Jauernig-BGB/*Stürner*, § 2038 Rn. 1.

in § 2040 I BGB erforderlich wäre.[356] Warum der Gesetzgeber eine Norm erlassen sollte, die keinen Anwendungsbereich hat, ist schwer nachvollziehbar. Wird daraufhin eingewendet, dass andersherum bei Nichtanwendung auf Verfügungen der Anwendungsbereich der §§ 2038 II 1, 745 I 1 BGB so beschränkt würde, dass die Norm praktisch überflüssig werde,[357] ist dies unzutreffend. Denn sowohl im Innenverhältnis als auch im Außenverhältnis auf Verpflichtungsebene wäre das Mehrheitshandeln nach wie vor von Bedeutung. All dies spricht also für einen Vorrang des § 2040 BGB.

Für eine solche Auslegung sprechen auch die vergleichbaren Regelungen der § 1450 BGB und § 1454 BGB im Recht der Gütergemeinschaft. Bei der Gütergemeinschaft handelt es sich, ebenso wie bei der Erbengemeinschaft, um eine Gesamthandsgemeinschaft ohne eigene Rechtspersönlichkeit, § 1419 BGB.[358] Für die Verwaltung des Gesamtguts gelten die Vorschriften der §§ 1450 ff. BGB; die Ehegatten verwalten das Gesamtgut danach gemeinschaftlich, sofern keine anderweitige Regelung im Ehevertrag getroffen wurde, § 1421 BGB. Ähnlich den Motiven bei der Erbengemeinschaft steht auch hinter diesen Normen der Zweck, den Bestand und die wirtschaftliche Grundlage der Ehe zu sichern und vor eigenmächtigen Handlungen durch einen Ehegatten zu schützen.[359] In diesem Sinne normiert § 1450 I 1 BGB, dass die Ehegatten insbesondere nur gemeinschaftlich berechtigt sind, über das Gesamtgut zu verfügen. Hiermit wird also geregelt, dass Verwaltungsmaßnahmen nur mit beiderseitiger Mitwirkung

---

356 Siehe oben C III 2 b; siehe auch *Leverenz*; Gestaltungsrechtsausübungen durch und gegen Personenmehrheiten, S. 62; *Müßig*, JZ 2011, 481 (484); unabhängig von § 2038 I 1 BGB ergäbe sich der Gemeinschaftlichkeitsgrundsatz im Übrigen aus der Gesamthandseigenschaft der Erbengemeinschaft, siehe oben C III 1 a; dies könnte für Maßnahmen, die keine Verwaltungshandlungen sind, also solche im Zusammenhang mit der Auseinandersetzung und Auflösung der Erbengemeinschaft von Bedeutung sein, für die § 2040 BGB ebenfalls keinen eigenständigen Anwendungsbereich hätte, vgl. *Eberl-Borges*, Die Erbauseinandersetzung, S. 57.

357 Soergel/*Wolf*, § 2038 Rn. 5; RGRK-BGB/*Kregel*, § 2040 Rn. 2; *Mangold*, Verwaltungsmaßnahmen in der Miterbengemeinschaft, S. 133, 64 f.; *v. Lübtow*, Erbrecht, 2. Halbband, S. 806; *Johannsen*, WM 1970, 573 (576 f.); *Stützel*, NJW 2013, 3543 (3544).

358 MüKo-BGB/*Schäfer*, § 705 Rn. 289; HK-BGB/*Kemper*, § 1416 Rn. 3; *Dethloff*, Familienrecht, § 5 Rn. 157; *Ruby*, ZEV 2017, 72 (73).

359 MüKo-BGB/*Schäfer*, § 705 Rn. 290; MüKo-BGB/*Koch*, § 1365 Rn. 1.

vorgenommen werden können.[360] Im Anschluss an diese Grundregel sieht § 1454 S. 1 BGB ein Notverwaltungsrecht und damit eine Ausnahme vom Erfordernis gemeinschaftlichen Handelns vor, wenn ein Ehegatte durch Krankheit oder Abwesenheit verhindert ist, bei einem Rechtsgeschäft mitzuwirken. Der andere Ehegatte kann dann das Rechtsgeschäft vornehmen, wenn mit dem Aufschub Gefahr verbunden ist. Der Umfang dieses Notverwaltungsrechts ist dabei umfassend und bezieht sich demnach auch auf die Vornahme von Verfügungen.[361] Ähnlich wie § 2038 I 2 BGB regelt § 1451 BGB, dass jeder Ehegatte dem anderen gegenüber verpflichtet ist, an Maßregeln mitzuwirken, die zur ordnungsmäßigen Verwaltung des Gesamtguts erforderlich sind. Demgemäß kann eine Verpflichtung zur Vornahme bestimmter Rechtgeschäfte bestehen. Die Mitwirkungspflicht ist jedoch – im Unterschied zu der Mitwirkungspflicht nach § 2038 I 1 BGB – grundsätzlich nicht einklagbar.[362]

Die Art und Weise und insbesondere die Reihenfolge, in der Regel- und Ausnahmetatbestände hier gesetzlich geregelt wurden, sprechen dafür, dass es sich bei § 2038 BGB und § 2040 BGB nicht um ein derartiges Regel-Ausnahme-System handelt. Denn auch in den §§ 1450 ff. BGB wird zunächst der Grundsatz vorangestellt und erst anschließend werden Ausnahmetatbestände formuliert. Sollte § 2038 BGB Ausnahmen von § 2040 BGB aufstellen, wäre eine den §§ 1450 ff. BGB entsprechende Regelung sachdienlicher gewesen. Warum bei der Nachlassverwaltung aber die Regel der Gemeinschaftlichkeit hinter den Ausnahmen in § 2038 BGB verortet sein soll, leuchtet nicht ein.

---

360 Die Formulierung „insbesondere“ deutet augenscheinlich darauf hin, dass es sich nur um eine beispielhafte Aufzählung handelt; insbesondere erfordert auch der Abschluss des Verpflichtungsgeschäftes schon gemeinschaftliches Handeln der Ehegatten, MüKo-BGB/*Kanzleiter*, § 1450 Rn. 4; Staudinger/*Thiele*, § 1450 Rn. 6.

361 MüKo-BGB/*Kanzleiter*, § 1454 Rn. 3; Staudinger/*Thiele*, § 1454 Rn. 8; *Dethloff*, Familienrecht, § 5 Rn. 172.

362 HK-BGB/*Kemper*, § 1450 Rn. 4; Palandt/*Brudermüller*, § 1451 Rn. 1; Soergel/*Gaul/Althammer*, § 1451 Rn. 5; dies gilt wegen § 120 III FamFG jedenfalls, wenn das personale Element überwiegt und daher eine nicht vollstreckbare Klage auf Herstellung des ehelichen Lebens vorliegt; eine andere Beurteilung kann sich jedoch ergeben, wenn es sich um einen rein vermögensrechtlichen Anspruch handelt oder wenn zumindest das vermögensrechtliche Element überwiegt, BGHZ 111, 248 (255) = NJW 1990, 2252 (2254); BeckOK-BGB/*Siede*, § 1451 Rn. 4; MüKo-BGB/*Kanzleiter*, § 1451 Rn. 9; die Zustimmung kann aber auf Antrag nach § 1452 BGB durch das Familiengericht ersetzt werden, sofern sie ohne ausreichenden Grund verweigert wird.

Insgesamt muss *de lege lata* nach der systematischen Stellung also davon ausgegangen werden, dass es sich bei § 2040 BGB in der Tat um eine gegenüber § 2038 BGB vorrangige Sonderregelung handelt und Verfügungen mithin ausnahmslos der Gemeinschaftlichkeit unterliegen.

IV. Teleologie

Letztlich ist eine schwerpunktmäßige Bedeutung der teleologischen Auslegung beizumessen, deren Ziel es ist, den Zweck eines Gesetzes zu ermitteln. Stets zu beachten ist, dass grundsätzlich jedes Gesetzes eine gerechte und sachgemäße Regelung, insbesondere einen angemessenen Interessenausgleich hervorbringen soll.[363] Es ist demnach zu ermitteln, was vernünftigerweise mit der Regelung bezweckt sein kann.[364] Mittels einer umfassenden Analyse und Abwägung der sich gegenüberstehenden Interessen ist also herausfinden, welche Lösung ein interessengerechtes Ergebnis herbeizuführen vermag.

Zweck des § 2040 BGB ist es in erster Linie, eine Entwertung des Nachlasses zu verhindern.[365] Damit sollen zunächst die Miterben geschützt werden, in deren Interesse das gesamthänderisch gebundene Sondervermögen in seinem Bestand zu sichern ist.[366] Darüber hinaus dient die Vorschrift, wie bereits erläutert, dem Interesse der Nachlassgläubiger, denen der Nachlass als Haftungsgrundlage erhalten bleiben soll.[367]

Diese grundlegenden Schutzzwecke sollen nun tiefgreifender diskutiert und gegeneinander abgewogen werden. Dabei soll vermehrt nach verschiedenen Argumentationsansätzen gegliedert werden.

---

363 *Köhler*, BGB AT, § 4 Rn. 18, *Larenz*, Methodenlehre der Rechtswissenschaft, S. 333.

364 *Köhler*, BGB AT, § 4 Rn. 18, *Larenz*, Methodenlehre der Rechtswissenschaft, S. 333; siehe auch *Bydlinski*, Grundzüge der juristischen Methodenlehre, S. 42 ff.

365 BGHZ 183, 131 (140) = NJW 2010, 765 (768); BGH NJW 2007, 150 (151); NK-BGB/*Ann*, § 2040 Rn. 1; MüKo-BGB/*Gergen*, § 2040 Rn. 1; PWW-BGB/*Zimmer*, § 2040 Rn. 1.

366 BeckOK-BGB/*Lohmann*, § 2040 Rn. 1; NK-BGB/*Ann*, § 2040 Rn. 1; HK-BGB/*Hoeren*, § 2040 Rn. 1.

367 BGH NJW 2007, 150 (151); BeckOK-BGB/*Lohmann*, § 2040 Rn. 1; NK-BGB/*Ann*, § 2040 Rn. 1.

1. Schutz der Miterben

Wird von einem Schutz der Miterben gesprochen, so ist naturgemäß vor allem der Schutz der Minderheitserben gemeint. Diese sollen vor einer durch die Mehrheitserben beherrschten Nachlassverwaltung geschützt werden, die den Nachlassbestand zu schmälern droht, ohne dass sie daran mitwirken.[368]

Die Gefahr, dass der Wille von Minderheitserben unterlaufen wird, wird dadurch eingedämmt, dass es der Mehrheit auf Verfügungsebene versagt wird, für den Nachlass wirksam Verwaltungsmaßnahmen ohne Mitwirkung der Minderheitserben vorzunehmen. Bleibt man bei einer strikten Anwendung des durch § 2040 I BGB vorgeschriebenen Gemeinschaftlichkeitsprinzips, bedarf es der Zustimmung eines jeden (Minderheits-)Erben für die wirksame Vornahme von Verfügungen. Die mehrheitliche Vornahme ohne die Zustimmung und damit möglicherweise gegen den Willen der Minderheitserben, bevor geklärt ist, ob es sich um eine Maßnahme der ordnungsmäßigen Verwaltung handelt, wäre dann ausgeschlossen. Eben diese Frage der Ordnungsmäßigkeit wird durch das Gericht überprüft, wenn die Zustimmung der Miterben auf Grundlage ihrer Mitwirkungspflicht gemäß § 2038 I 2 Hs. 1 BGB zur Vornahme der Verfügung erzwungen werden muss. Wegen ihrer gesamtschuldnerischen Haftung sind die Miterben daran interessiert, dass die Frage der Ordnungsmäßigkeit vorab geklärt wird und der Nachlass bis dahin nicht durch Handlungen der Mehrheit beeinträchtigt wird.[369] Nur im Falle der Ordnungsmäßigkeit wären die Miterben nämlich auch gemäß § 2038 I 2 BGB zur Mitwirkung verpflichtet. Nur dann könnte jedoch auch eine Verfügung wirksam vorgenommen werden, da selbst bei Zulassung von Mehrheitsverfügungen eine mehrheitlich vorgenommene, die Grenzen der Ordnungsmäßigkeit nicht wahrende Verfügung, mangels Verfügungsberechtigung (schwebend) unwirksam wäre.

---

368 Staudinger/*Löhnig*, § 2038 Rn. 34 a; *Lange/Kuchinke*, Erbrecht, § 43 IV 1 a.

369 Vgl. Erman-BGB/*Bayer*, § 2040 Rn. 3; zu beachten ist jedoch, dass eine Maßnahme, die sich nicht im Rahmen der Ordnungsmäßigkeit bewegt, mangels Vertretungsmacht der handelnden Mehrheit (schwebend) unwirksam wäre; die Unwirksamkeit könnte im Rahmen einer Feststellungsklage, bei der Gegenstand die Ordnungsmäßigkeit wäre, festgestellt werden. Die faktische Vornahme der Verfügung ist jedoch gleichsam möglich, eingehend dazu unten D IV 7, 8.

a. Mehrheitsbeschluss

Außerdem ließe sich vorbringen, es bestehe hinreichender Schutz dadurch, dass eine Mehrheitsverfügung, die nicht auf einem wirksamen Beschluss beruht, nichtig ist.[370] Zwar scheint der Mehrheitsbeschluss nichts über die Interessen der Minderheitserben auszusagen, da diese sich ja gerade nicht durchgesetzt haben; Sinn des Mehrheitsbeschlusses ist es aber gerade, die Entscheidung einer bindenden Willensbildung aller Miterben darzustellen.[371] Es liegt in der Natur der Sache, dass der Mehrheitsbeschluss auch für die überstimmten Beteiligten Bindungswirkung entfaltet.[372] Wird trotz eines wirksamen, mit Bindungswirkung ausgestatteten Mehrheitsbeschlusses für die Durchführung auf Verfügungsebene noch mehrheitliches Handeln verlangt, entspräche dies zwar dem strengen Wortlaut des § 2040 I BGB; ordnungsgemäße Beschlüsse würden aber zu „besseren Meinungsumfragen“ herabgestuft.[373]

Die Umstände sollten eher so bewertet werden, dass durch die Beschlussausführung die beachtlichen Interessen der überstimmten Miterben aufgrund der Bindungswirkung des wirksamen Mehrheitsbeschlusses gerade nicht mehr beeinträchtigt werden. Infolge des wirksamen Mehrheitsbeschlusses sind die Miterben ohnehin zur Mitwirkung auch an der Ausführung verpflichtet, sofern es sich um eine ordnungsgemäße Maßnahme handelt.[374] Der Bindungswirkung des Mehrheitsbeschlusses entspräche es letztlich also eher, der Mehrheit nicht nur Vertretungsmacht auf Verpflichtungsebene, sondern infolge eines Beschlusses, der die Vornahme der Verfügung erfasst, ebenso Verfügungsbefugnis zuzusprechen.

b. Mitwirkungspflicht

Einen maßgeblichen Faktor stellt schließlich die Pflicht der Miterben nach § 2038 I 2 BGB dar, an Maßregeln mitzuwirken, die zur ordnungsgemäßen

370 *Muscheler*, Erbrecht II, Rn. 3876; siehe auch *Leverenz*, Gestaltungsrechtsausübungen durch und gegen Miterben, S. 75.

371 *Wiedemann*, GmbHR 1969, 247 (248); siehe auch *Stützel*, NJW 2013, 3543 (3544).

372 *Eberl-Borges*, NJW 2006, 1313 (1314); *Muscheler*, ZEV 1997, 222 (228); *Stützel*, NJW 2013, 3543.

373 *Leverenz*, Gestaltungsrechtsausübungen durch und gegen Miterben, S. 73 f.; *Ann*, MittBayNot 207, 133 (134); *Wiedemann*, GmbHR 1969, 247 (248).

374 Dazu auch sogleich D IV 1 b.

Verwaltung erforderlich sind. Diese Mitwirkungspflicht gilt auch auf Verfügungsebene und zwar unabhängig davon, wie das Verhältnis von § 2038 BGB und § 2040 BGB beurteilt wird. Denn auch wenn § 2040 BGB als vorrangig einordnet wird, handelt es sich bei Verfügungen nach wir vor um Verwaltungsmaßnahmen im Sinne des § 2038 BGB, sodass ein Miterbe auf Grundlage dessen einer Verfügung zustimmen muss, wenn sie ordnungsmäßig ist.[375] Dies gilt umso mehr, wenn § 2038 BGB der Vorrang zugesprochen wird.

Einerseits könnte die Pflicht der Miterben zur Mitwirkung an der Vornahme ordnungsgemäßer Verfügungen dem strengen Fordern der Gemeinschaftlichkeit nach Maßgabe des § 2040 BGB entgegengehalten werden. Grund dafür ist, dass es sinnlos erscheint, den Minderheitserben erhöhte Mitwirkungsbefugnisse zuzusprechen, wenn sie der Maßnahme aufgrund der Mitwirkungspflicht am Ende ohnehin zustimmen müssen. Ist eine Verfügung ordnungsgemäß, können Miterben deren Vornahme trotz der anfänglichen Zustimmungsverweigerung im Ergebnis ohnehin nicht dauerhaft verhindern. Ihre Zustimmung könnte im Zweifel gerichtlich erzwungen werden. Die Zulassung von Mehrheitsverfügungen beeinträchtigt die Interessen der Minderheitserben insofern nicht, wenn es sich um ordnungsgemäße Maßnahmen handelt. Von der Erforderlichkeit ihrer Zustimmung kann die Minderheit hier nicht profitieren. Außerhalb der Ordnungsmäßigkeit ist eine Argumentation mit der Mitwirkungspflicht unzulänglich.

Andererseits könnte argumentiert werden, dass die Mitwirkungspflicht gerade erforderlich ist, um der durch § 2040 I BGB geforderten Gemeinschaftlichkeit gerecht werden zu können. Würde die Mitwirkung der Minderheitserben ohnehin nicht notwendig sein, um eine Maßnahme wirksam vorzunehmen, wäre die Statuierung einer Mitwirkungspflicht obsolet. Vielmehr wird die immense Bedeutung des § 2038 I 2 Hs. 1 BGB erst dadurch begründet, dass die einklagbare Mitwirkung auch notwendig ist. Die Existenz des § 2038 I 2 BGB würde also dafür sprechen, die Zustimmungserfordernisse im Außenverhältnis auszuweiten, um den Bedarf für die Mitwirkung der Miterben zu begründen.

---

375 Siehe oben C III 2 b; BGH Urt. v. 22.2.1965 – III ZR 208/63 = BeckRS 1965, 31176041; *Kunte*, Die Erbengemeinschaft mit instandsetzungsbedürftigem Nachlass, S. 92 f.; Rißmann/*Rißmann*, Die Erbengemeinschaft, § 4 Rn. 72 ff.

c. Rechtsschutz

Mit dem Erfordernis der Zustimmung auch der überstimmten Miterben auf Verfügungsebene ungeachtet des bindenden Mehrheitsbeschlusses und des wirksam abgeschlossenen Verpflichtungsgeschäfts würde gewissermaßen die gerichtliche Kontrollfunktion ins Gegenteil verkehrt werden. Denn Eigenart der gerichtlichen Kontrolle ist es, die Maßnahmen im Nachhinein auf ihre Ordnungsmäßigkeit zu untersuchen. Sachgemäß wäre dementsprechend, es der Mehrheit zu ermöglichen, Verfügungsgeschäfte vorzunehmen und die Minderheit darauf zu verweisen, im Nachhinein auf Feststellung der Unwirksamkeit zu klagen, wenn Zweifel an der Ordnungsmäßigkeit und somit an der Befugnis der Erbenmehrheit bestehen. Sachwidrig wäre es dahingegen unter diesem Gesichtspunkt, es der Erbenmehrheit aufzubürden, vor dem Vollzug der Verfügung Leistungsklage gegen die Erbenminderheit zu erheben und diese auf Zustimmungserteilung zur betreffenden Maßnahme – oder unter Umständen auf Erteilung der nachträglichen Genehmigung – zu verklagen. Aufgrund der Mitwirkungspflicht gemäß § 2038 I 2 BGB wären diese Klagen in der Regel ohnehin erfolgreich.

Durch die daher häufig überflüssigen Klagen würde die Erbengemeinschaft also auch mit unnötigen und unter Umständen hohen Gerichtskosten belastet werden, die den Nachlass zusätzlich schmälern könnten. Zu beachten ist jedoch, dass bei Verletzung der Mitwirkungspflicht der betreffende Miterbe den Schaden ersetzen muss, den der Nachlass durch seine Untätigkeit erleidet.[376]

Die Gerichte müssten jeweils im Vorfeld prüfen, ob die Maßnahme sich im Rahmen der Ordnungsmäßigkeit bewegt. Ist dies der Fall, würde die Pflicht der übrigen Erben, der Verfügung zuzustimmen, auf Grundlage ihrer Mitwirkungspflicht gemäß § 2038 I 2 Hs. 1 BGB bejaht werden; diese erfasst auch die Erfüllung von im Rahmen der Mehrheitsverwaltung geschlossenen Verträgen.[377] Die Zustimmung galte mit dem stattgebenden Urteil als erteilt, § 894 S. 1 ZPO. Mit dieser Vorgehensweise entstünde eine wenig praktikable, vorbeugende gerichtliche Kontrolle als Wirksamkeitsvoraussetzung des Mehrheitshandelns und damit einhergehend eine unnötige Belastung der Gerichte.[378]

376 Vgl. *Eberl-Borges*, ErbR 2008, 234 (241).
377 *Deubner*, JuS 1990, 753 (754).
378 Siehe auch NK-BGB/*Ann*, § 20440 Rn. 13; *Wiedemann*, GmbHR 1969, 247 (248).

d. Dingliche Surrogation

Schließlich ließe sich vorbringen, dass die Erbenminderheit ausreichend durch die Vorschrift des § 2041 BGB geschützt ist.[379] Denn diese ordnet die dingliche Surrogation an, wonach alles, was aufgrund eines zum Nachlass gehörenden Rechts, als Ersatz oder durch ein auf den Nachlass bezogenes Rechtsgeschäft erworben wird, zum Nachlass gehört. Mit dieser Vorschrift wird der Gefahr von Wertminderungen etwa durch Veräußerung oder Zerstörung von Nachlassgegenständen begegnet.[380] Der Nachlass soll also in seinem wirtschaftlichen Wert erhalten werden, indem verhindert wird, dass das Vermögen durch Verwaltungshandlungen ausgehöhlt wird.[381]

Geregelt wird zum einen die Rechtssurrogation (§ 2041 S. 1 Var. 1 BGB), dass etwas aufgrund eines zum Nachlass gehörenden Anspruchs erworben wird, wenn dieser erfüllt wird; zum anderen wird die Ersatzsurrogation normiert (§ 2041 S. 1 Var. 2 BGB), von der zum Beispiel Schadensersatz- oder Bereicherungsansprüche beziehungsweise aufgrund dessen erlangte Gegenstände erfasst sind.[382] Zudem ordnet § 2041 S. 1 Var. 3 BGB die sogenannte Beziehungssurrogation an, der insbesondere die Mittelsurrogation zuzuordnen ist, wenn nämlich etwas mit oder aus Mitteln des Nachlasses erworben wird.[383] Wird also beispielsweise ein zum Nachlass gehörender Gewerbebetrieb verpachtet, steht der Pachtzinsanspruch über § 2041 S. 1

---

379 BGHZ 183, 131 (138 f.) = NJW 2010, 765 (767); NK-BGB/*Ann*, § 2040 Rn. 12; *Ebenroth*, Erbrecht, Rn. 765; *Lange*, Erbrecht, § 58 Rn. 75; *Ann*, FS Spiegelberger, S. 953 (957); *Boehmer*, AcP 144 (1938), 32 (65 ff.); siehe auch HK-BGB/*Hoeren*, § 2041 Rn. 1.

380 Damrau/*Rißmann*, § 2041 Rn. 1; Erman-BGB/*Bayer*, § 2041 Rn. 1; MüKo-BGB/*Gergen*, § 2041 Rn. 1.

381 Burandt/Rojahn/*Flechtner*, § 2041 Rn. 2; MüKo-BGB/*Gergen*, § 2041 Rn. 1; *Krug*, ZEV 1999, 381.

382 HK-BGB/*Hoeren*, § 2041 Rn. 3 f.; Jauernig-BGB/*Stürner*, § 2041 Rn. 1 f.; *Gursky/Lettmaier*, Erbrecht, Rn. 385; *Krug*, ZEV 1999, 381.

383 HK-BGB/*Hoeren*, § 2041 Rn. 5; MüKo-BGB/*Gergen*, § 2041 Rn. 12 ff.; *Gursky/Lettmaier*, Erbrecht, Rn. 385; *Krug*, ZEV 1999, 381.

Var. 3 BGB der Erbengemeinschaft zu.[384] Denn die Verpachtung des Gewerbebetriebs beruht auf Nachlassmitteln.[385]

Gerade die weitreichende Beziehungssurrogation kann im Sinne der Miterben, aber auch der Nachlassgläubiger vor nachlassauszehrenden Miterbenverfügungen schützen.[386]

Der Surrogation gemäß § 2041 S. 1 BGB kommt eine dingliche Wirkung zu; Vermögensgegenstände aus oben genannten Vorgängen fallen mithin unmittelbar und, ohne dass es eines rechtsgeschäftlichen Übertragungsaktes bedarf, in den Nachlass.[387] Schlussendlich wird über § 2041 BGB also jeder „Abfluss realer Werte" durch „rechtliche Neuzuordnung der Ersatzgegenstände" ausgeglichen.[388]

Dabei ist jedoch nicht sichergestellt, dass der Wert des Surrogats dem des „abfließenden" Nachlassgegenstandes entspricht. Vielmehr sind auch Situationen vorstellbar, in denen der Wertverlust durch die unmittelbare Ersetzung gemäß § 2041 S. 1 BGB zumindest nicht gänzlich ausgeglichen werden kann. Bei dem Beispiel des verpachteten Gewerbebetriebs wäre etwa möglich, dass der vereinbarte Pachtzins im Hinblick auf den Wert des Betriebs nicht angemessen ist beziehungsweise wirtschaftlich besser ausgenutzt werden könnte und der entsprechende Anspruch daher keinen adäquaten Ausgleich schafft. Unsicher ist indes, ob in diesem Fall nicht auch die Ordnungsmäßigkeit abzulehnen wäre und Mehrheitshandeln daher ohnehin unzulässig. Nichtsdestotrotz ist davon auszugehen, dass die dingliche Surrogation nur unzureichenden Schutz für die Miterben bietet.[389]

---

384 Umstritten ist der Fall, dass der handelnde Miterbe den Pachtvertrag in eigenem Namen und mit der Absicht abschließt, den Pachtzins für sich einzuziehen; nach herrschender Meinung genügt jedoch ein objektiver Bezug zum Nachlass, BGH NJW 1968, 1824; OLG München NJW 1956, 1880; MüKo-BGB/*Gergen*, § 2041 Rn. 13 ff.; *Krug*, ZEV 1999, 381 (382).

385 Burandt/Rojahn/*Flechtner*, § 2041 Rn. 13; Soergel/*Wolf*, § 2041 Rn. 9; wird dahingegen auf eine bereits bestehende Pachtzinsforderung gezahlt, greift § 2041 S. 1 Var. 1 BGB, MüKo-BGB/*Gergen*, § 2041 Rn. 7; HK-BGB/*Hoeren*, § 2041 Rn. 5; Soergel/*Wolf*, § 2041 Rn. 14; Staudinger/*Löhnig*, § 2041 Rn. 3.

386 *Ann*, FS Spiegelberger, S. 953 (957); bei unwirksamen Verfügungen, wenn also keine hinreichende Beteiligung der übrigen Miterben vorliegt, tritt keine dingliche Surrogation ein, da nach dem Sinn und Zweck des § 2041 S. 1 BGB keine ausgleichende Ersetzung erforderlich ist; sie greift erst dann ein, wenn die übrigen Miterben die Verfügung genehmigen, siehe dazu *Boehm*, Surrogation trotz Unwirksamkeit einer Verfügung, S. 50 f.

387 Burandt/Rojahn/*Flechtner*, § 2041 Rn. 2; HK-BGB/*Hoeren*, § 2041 Rn. 7.

388 BGHZ 109, 214 (217) = NJW 1990, 514 (515); BeckOK-BGB/*Lohmann*, § 2041 Rn. 1.

389 So auch Erman-BGB/*Bayer*, § 2040 Rn. 3.

e. Bestandsschutz

Zudem gewährt die dingliche Surrogation nur Schutz des Nachlasswertes. Der aktuelle Bestand des Nachlasses kann dadurch aber nicht geschützt beziehungsweise erhalten werden.

Eben daran sind einzelne Miterben jedoch oftmals interessiert. Denn die Erbengemeinschaft ist nicht immer nur als eine vermögensverwaltende Gemeinschaft zu verstehen. Vielmehr muss auch berücksichtigt werden, dass es sich bei den Erben des Verstorbenen insbesondere im Hinblick auf die gesetzliche Erbfolge gemäß §§ 1924 ff. BGB häufig um Familienangehörige des Erblassers handelt.[390] Auch im Übrigen wird in der Regel eine enge persönliche Verbundenheit zum Erblasser bestanden haben. Insofern werden oft nicht nur finanzielle, sondern auch ideelle Interessen der Miterben an einzelnen Nachlassgegenständen gegeben sein, die nicht völlig außer Acht gelassen werden sollten. Verfügt ein Miterbe oder eine Mehrheit von Miterben über einen Nachlassgegenstand, ist dem Interesse des nicht beteiligten Minderheitserben nicht dadurch Genüge getan, dass der auf Grundlage des Kaufvertrages erlangte Kaufpreis aufgrund dinglicher Surrogation in das Nachlassvermögen fällt. Dieses ideelle Interesse kann bestenfalls durch eine Sistierung des Nachlasses befriedigt werden, was durch eine strenge Anwendung von § 2040 I BGB begünstigt wird.

Eben diesen Aspekt des Bestandsschutzes berücksichtigen solche Autoren nicht, die anführen, eine Entwertung des Nachlasses drohe wegen der Grenzen des § 2038 BGB nicht, da entwertende Maßnahmen grundsätzlich nicht der ordnungsgemäßen Verwaltung entsprechen.[391]

Warum ideelle Interessen keine Berücksichtigung finden sollten,[392] ist indes nicht ersichtlich.

2. Schutz der Nachlassgläubiger – Verkehrsschutz

Einzig um Werterhalt und nicht um Bestandsschutz geht es dahingegen in der Regel den Nachlassgläubigern. Auch in ihrem Interesse besteht der Surrogationsgrundsatz sowie die Regelung des § 2040 I BGB.

Ungewiss ist, ob Verkehrsschutzaspekte dafür sprechen, § 2038 BGB als ein im Verhältnis zu § 2040 BGB spezielleres Gesetz anzusehen und mithin

390 Siehe dazu auch Rißmann/*Kurze*, Die Erbengemeinschaft, § 2 Rn. 13.

391 So Soergel/*Wolf*, § 2040 Rn. 1; *Ann*, FS Spiegelberger, S. 953 (958).

392 So *Walker*, FamRZ 2010, 204 (205).

Ausnahmen vom Erfordernis des gemeinschaftlichen Handelns der Miterben für Verfügungen im Bereich der ordnungsgemäßen Verwaltung zuzulassen.

Zunächst wäre mit der Möglichkeit von Mehrheitsverfügungen eine gewisse Rechtsunsicherheit für den Vertragspartner verbunden.[393] Denn in diesem Fall käme es gerade nicht dazu, dass die von der Erbenmehrheit durchgeführten Maßnahmen unabhängig von ihrer rechtlichen Qualifizierung wirksam wären.[394] Die Wirksamkeit der Verfügung hinge vielmehr davon ab, ob es sich um eine Maßnahme der ordnungsgemäßen Verwaltung im Sinne von §§ 2038 II 1, 745 I 1 BGB handelt. Es obläge demnach dem Vertragspartner, zu beurteilen, ob die Maßnahme ordnungsgemäß ist, um zu wissen, ob die Verfügung wirksam ist. Dies ist für den Vertragspartner jedoch nur schwer zu beurteilen und mit Ungewissheit verbunden.[395]

Fraglich ist, ob die Überprüfung der Zustimmung aller Miterben zur Verfügung, wenn man grundsätzlich gemeinschaftliches Handeln bei Verfügungen fordert, dagegen weniger unsicher ist.[396] Denn es ließe sich anführen, dass die Rechtsunsicherheit auf Seiten des Vertragspartners umso größer ist, je mehr Erben der Maßnahme zustimmen müssen. Wird ausnahmslos gemeinschaftliches Tätigwerden der Erben bei Verfügungen verlangt, trüge der Vertragspartner zwar nicht mehr das Risiko, dass das Rechtsgeschäft nicht zur ordnungsgemäßen Verwaltung gehört und daher doch sämtliche Miterben zustimmen müssen. Allerdings wäre dann ausnahmslos bei jeder Verfügung die Zustimmung aller Miterben erforderlich. Je mehr Zustimmungen aber notwendig sind, desto öfter muss der Vertragspartner auf das Vorliegen derselben vertrauen beziehungsweise dieses kontrollieren, wenn die Vertragsverhandlungen lediglich mit einzelnen Miterben erfolgen.[397]

---

393 BeckOK-BGB/*Lohmann*, § 2040 Rn. 2; MüKo-BGB/*Gergen*, § 2040 Rn. 6a; PWW-BGB/*Zimmer*, § 2038 Rn. 10; *Lange*, Erbrecht, § 58 Rn. 75; *Lange/Kuchinke*, Erbrecht, § 43 III 6c; *Michalski*, Erbrecht, Rn. 856; *Wieser*, FS Lange, S. 325 (S. 335); *Leipold*, ZEV 2013, 82 (83); *Litzenburger*, FD-ErbR 2009, 294984; *Müßig*, JZ 2011, 481 (483).

394 So aber *Muscheler*, Erbrecht II, Rn. 3870.

395 Vgl. auch BeckOK-BGB/*Lohmann*, § 2040 Rn. 2; MüKo-BGB/*Gergen*, § 2040 Rn. 6a; PWW-BGB/*Zimmer*, § 2038 Rn. 10; *Lange*, Erbrecht, § 58 Rn. 75; *Lange/Kuchinke*, Erbrecht, § 43 III 6c; *Michalski*, Erbrecht, Rn. 856; *Leipold*, ZEV 2013, 82 (83); *Müßig*, JZ 2011, 481 (483 f.).

396 Bejahend *Wieser*, FS Lange, S. 325 (335).

397 So schon oben C III 1 c aa (4).

Die Ungewissheit bezüglich der Ordnungsmäßigkeit wäre zwar bei vertraglichen Verfügungen vermeidbar, indem auf einen Vertragsschluss mit allen Miterben bestanden wird; nicht aber wäre dies der Fall bei einseitigen Verfügungen, bei denen der Vertragspartner also der Rechtsunsicherheit ausgesetzt ist, wenn es beispielsweise um die Kündigung eines Mietverhältnisses geht und der Mieter nicht weiß, ob er die Immobilie nun räumen muss oder nicht.[398] Diese Rechtsunsicherheit ließe sich indes vermeiden, wenn dem Vertragspartner bei Zweifeln an der Legitimation des handelnden Miterben ein Zurückweisungsrecht analog §§ 174, 182 III, 111 S. 2, 3 BGB gewährt wird.[399]

Der Rechtsunsicherheit bei vertraglichen Verfügungen ließe sich entgegenhalten, dass zum Schutz des Geschäftsgegners § 179 I BGB greift.[400] Danach kann der Vertragspartner wahlweise Erfüllung oder Schadensersatz von den oder dem handelnden Miterben verlangen, wenn die Ordnungsmäßigkeit zu verneinen und die Verfügung mithin unwirksam ist, sofern die übergangenen Erben die Verfügung nicht ohnehin nachträglich genehmigen.

Scheitert die Verfügung aber daran, dass sie gemäß § 2040 I BGB der Mitwirkung sämtlicher Miterben bedarf, welche diese gerade verweigern, ist die Erfüllung für die oder den handelnden Miterben aufgrund von Unmöglichkeit ausgeschlossen. Dies gilt jedoch nur im Rahmen einer nicht ordnungsgemäßen Verwaltung, bei welcher dann auch ein entsprechendes Verpflichtungsgeschäft nicht wirksam mehrheitlich vorgenommen werden könnte. Die trotz dessen tätigen Miterben haften für ihr Handeln gegenüber dem Vertragspartner – sei es auf Verpflichtungs- oder Verfügungsebene – eben nach § 179 I BGB, sind aber nicht zur Erfüllung imstande, sondern können lediglich Schadensersatz leisten. Handelt es sich dahingegen um eine ordnungsgemäße Maßnahme, kann die Zustimmung auf Grundlage der Mitwirkungspflicht nach § 2038 I 1 BGB klageweise erzwungen und die Verfügung mithin wirksam vorgenommen werden.

Ohne diese Mitwirkungspflicht könnte angeführt werden, dass durch den fehlenden Gleichlauf der Befugnisse auf Verpflichtungs- und Verfügungsebene häufig Verträge über anfänglich unmögliche Leistungen zu-

---

398 MüKo-BGB/*Gergen*, § 2040 Rn. 6a; *Wieser*, FS Lange, S. 325 (335); a.A. *Schopp*, ZMR 1967, 193 (195), der für das Beispiel der Kündigung eines Mietverhältnisses anführt, dass eine etwaige Unsicherheit keine unzumutbaren Schwierigkeiten mit sich bringe, da der Vertragspartner ohne Weiteres prüfen könne, ob die Kündigung unter § 2038 II BGB falle.

399 Siehe dazu schon oben C III 2 e.

400 So auch *Muscheler*, Erbrecht II, Rn. 3872; *Eberl-Borges*, NJW 2006, 1313 (1315).

stande kommen würden. Denn die (Minderheits-)Erben, die schon im Innenverhältnis bei der Beschlussfassung gegen eine Maßnahme gestimmt und auch auf Verpflichtungsebene nicht mitgewirkt haben, werden auch auf Verfügungsebene ihre Zustimmung verweigern. Da es bei fehlender Ordnungsmäßigkeit jedoch mangels wirksamen (Mehrheits-)Vertrages überhaupt an einer Verpflichtung fehlen würde und im Rahmen der Ordnungsmäßigkeit die Zustimmung gerichtlich ersetzt werden könnte, ist dies gerade nicht der Fall. Eine Schadensersatzpflicht gemäß § 311 a BGB droht der Erbengemeinschaft also nicht. Sollte die Zustimmung im Klagewege erzwungen werden müssen, käme es aber jedenfalls zu einer Verzögerung und dementsprechend zu einer Schadensersatzpflicht gemäß §§ 280 I, II, 286 I BGB. Pflichtwidrig untätige (Minderheits-)Erben würden dafür gegenüber der Erbengemeinschaft mittelbar einstehen, §§ 280 I, 2038 I 2 BGB. Solche Ansprüche vermögen das Interesse der Nachlassgläubiger aber unter Umständen nicht gleichermaßen zu befriedigen wie die Erfüllung der eigentlichen Verpflichtung.[401]

Überdies ist die zeitgerechte Erfüllung für Vertragspartner häufig von hoher Relevanz, sodass sie, wenn dafür Zivilprozesse der Erbenmehrheit gegen die Erbenminderheit notwendig sind, vom Vertragsschluss häufig sogar ganz absehen werden.[402] Die drohenden Zeitverluste sowie das Risiko und die sonstigen Komplikationen könnten potentielle Vertragspartner abschrecken.

Wendet man § 2040 BGB ausnahmslos an, wäre darüber hinaus die Befriedigung der Nachlassgläubiger erheblich erschwert. Verweigert nämlich nur ein Miterbe die Zustimmung zur Tilgung einer Nachlassverbindlichkeit, müsste der Gläubiger gegen alle Erben klagen, um in den Nachlass vollstrecken zu können.[403]

In Bezug auf die Rechtsunsicherheit bei bestehender Verfügungsbefugnis der Mehrheit lässt sich anführen, dass derartige Abgrenzungsschwierigkeiten – hier hinsichtlich der Ordnungsmäßigkeit – beziehungsweise eine solche Intransparenz bei sämtlichen Personenmehrheiten existieren.[404] Sind auf einer Seite eines Rechtsgeschäfts mehrere Personen beteiligt, ist

---

401 So auch *Wiedemann*, GmbHR 1969, 247 (248 f.); siehe außerdem *Muscheler*, ZEV 1997, 222 (231), demzufolge die Nachlassgläubiger durch Schadensersatzansprüche hinreichend geschützt seien.

402 Siehe *Ann*, Die Erbengemeinschaft, S. 59.

403 Vgl. *Wieser*, FS Lange S. 325 (334 f.).

404 *Eberl-Borges*, NJW 2006, 1313 (1314); *dies.*, ErbR 2008, 234 (243); zu den Abgrenzungsschwierigkeiten *Lange/Kuchinke*, Erbrecht, § 43 III 6 c; siehe auch *Ann*, Die Erbengemeinschaft, S. 59.

stets unklar, inwiefern einzelne vertretungs- oder verfügungsbefugt sind oder ob alle einer Maßnahme zugestimmt haben. Ob ein solcher Vergleich die Rechtsunsicherheit bei der Erbengemeinschaft rechtfertigen kann, ist jedoch zweifelhaft.

Schlagkräftiger ist dagegen der Einwand, es sei nicht akzeptabel, warum jene Abgrenzungsschwierigkeiten auf Verpflichtungsebene akzeptiert werden, bei Verfügungen dagegen nicht.[405]

Im Ergebnis führen Rechtsicherheits- beziehungsweise Verkehrsschutzargumente zu keinem eindeutigen Ergebnis. Vielmehr kommt es sowohl zu Rechtsicherheitseinbußen, wenn Mehrheitshandeln auf Verfügungsebene unter der Voraussetzung der Ordnungsmäßigkeit zugelassen wird, als auch, wenn dies verwehrt und generell Gemeinschaftlichkeit gefordert wird.

3. Die Erbengemeinschaft als Abwicklungsgemeinschaft

Gegen die sich aus der strengen Einstimmigkeit ergebende Schwerfälligkeit lässt sich anführen, dass Schwierigkeiten bei der Einigungsfindung durch die Möglichkeit ausgeglichen werden, die Auseinandersetzung der Erbengemeinschaft zu verlangen (§§ 2042 II, 753 BGB).[406] Da ein einzelner Miterbe die Erbengemeinschaft aus wichtigem Grund jederzeit auflösen kann, dürfte er zudem in der Regel keine unzumutbaren Verwaltungsmaßnahmen gegen sich gelten lassen müssen.[407] Darüber hinaus besteht die Möglichkeit der Abschichtung.[408] Ungewiss ist jedoch, ob dies dem Interesse des betroffenen Miterben entspricht.

Bei der Erbengemeinschaft handelt es sich gerade um eine auf Abwicklung ausgerichtete Gemeinschaft. Wird die Gemeinschaftspflichtigkeit von Verfügungen abgelehnt und der Erbengemeinschaft im Hinblick auf die Nachlassverwaltung eine größere Handlungsfähigkeit gewährt, erfolgt nur eine unnötige Hinauszögerung der Auseinandersetzung und damit der finalen und bezweckten Vollendung der Abwicklungsgemeinschaft.[409]

---

405 So *Lange/Kuchinke*, Erbrecht, § 43 III 6 c; siehe außerdem oben C III 1 c aa (4).

406 Erman-BGB/*Bayer*, § 2040 Rn. 3; MüKo-BGB/*Gergen*, § 2040 Rn. 6a.

407 So auch *Wiedemann*, GmbHR 1969, 247 (248).

408 Dazu oben B I.

409 *Brox/Walker*, Erbrecht, § 31 Rn. 2; *Wendt*, Notar 2017, 363 (368, 370); vgl. auch Erman-BGB/*Bayer*, § 2040 Rn. 3; *Bartholomeyczik*, 4. Denkschrift des Erbrechtsausschusses der Akademie für Deutsches Recht, S. 120 (190 f.); *Jülicher*, AcP 175 (1975), 143 (149).

Streng genommen ist es sogar sinnwidrig, die Erbengemeinschaft als Abwicklungsgemeinschaft verkehrsfähig gestalten zu wollen.

Lehnt man außerdem die Rechtsfähigkeit der Erbengemeinschaft mit der Begründung ab, die Erbengemeinschaft sei nicht auf Dauer angelegt, sondern auf Liquidation gerichtet und werbendes Handeln sei ihr fremd,[410] sollte auch dem Bestandsschutz der Vorrang vor bloßem Werterhalt gegeben und eine Erschwerung der Nachlassverwaltung in Kauf genommen werden. Auch diesbezüglich ist es also streng genommen widersprüchlich, eine Flexibilisierung der Handlungsbefugnisse zu fordern.

Auf der anderen Seite wäre es dann aber auch schon widersprüchlich, Mehrheitshandeln auf Verpflichtungsebene zuzulassen. Eben in dem Verweis des § 2038 II 1 BGB auf § 745 I 1 BGB ist bereits eine richtungsweisende Entscheidung des Gesetzgebers zu sehen.

Zudem ergibt sich schon aus der Definition der Nachlassverwaltung, die auch „Vermehrung" erfasst, dass werbendes Handeln der Erbengemeinschaft zumindest nicht wesensfremd sein kann.[411] Auch wenn es bei Verwaltungsmaßnahmen in erster Linie um die Erhaltung des Nachlasses geht, erschöpfen sie sich nicht darin.[412]

4. Schutz des Nachlasses vor Entwertung

Fundamental und grundlegend für sämtliche Interessen ist letztlich, dass der Nachlass erhalten und vor einer Entwertung geschützt wird.

Denn einerseits ist das Vorhandensein von Nachlasswert Voraussetzung für jedwede Verteilungserwägung der Miterben.[413] Die Erben können nur das im Rahmen der Auseinandersetzung ihrem eigenen Vermögen einverleiben, was zu dem Zeitpunkt noch vorhanden ist. Andererseits ist Grundlage für die Befriedigung der Nachlassgläubiger auch die Existenz einer Haftungsgrundlage.

Das Mittel, welches sich § 2040 I BGB bedient, um die oben genannten Zwecke des Schutzes der Miterben und der Nachlassgläubiger zu erreichen, ist eine Erschwerung von Verwaltungsmaßnahmen durch erweiterte Zustimmungserfordernisse. Dies kann faktisch zu einer Stilllegung des Nachlasses führen. Fraglich ist jedoch, inwieweit diese eingeschränkten

410 Siehe oben B III.
411 Oben C I; Hausmann/Hohloch/*Ann*, Handbuch des Erbrechts, Kap. 20 Rn. 14.
412 Hausmann/Hohloch/*Ann*, Handbuch des Erbrechts, Kap. 20 Rn. 14.
413 So schon oben B IV.

Handlungsbefugnisse praktiziert werden müssen, wie also die Vorschrift des § 2040 I BGB ausgelegt werden muss, um deren Schutzzwecke bestenfalls zu erreichen. Unklar ist, ob ein Stillstand diesbezüglich zweckmäßig ist. Es ist zu untersuchen, ob die mit einer strengen Anwendung des Gemeinschaftlichkeitsprinzips des § 2040 I BGB verbundene, maximierte Einflussnahmemöglichkeit den Minderheitserben am Ende wirklich zugutekommt und auch in wirtschaftlicher Hinsicht positive Auswirkungen zeitigt oder ob dies nur ihr Beteiligungsinteresse befriedigt.

An dieser Stelle kommen Erwägungen zum Tragen, die bereits oben im Rahmen der Verpflichtungsgeschäfte diskutiert wurden.[414]

Eine durch das generelle Fordern von gemeinschaftlichem Handeln bedingte Sistierung des Nachlasses zum Schutz der Miterben und Nachlassgläubiger kann auch gegenteilige Auswirkungen haben. Denn häufig liegt nicht der Idealfall einer harmonischen Erbengemeinschaft vor, in welcher Einigkeit zwischen sämtlichen Miterben herrscht. Vielmehr gibt es oft Einzelne, denen beispielsweise der Bestandsschutz wichtiger ist als der Werterhalt des Nachlasses und die aus diesem Grund Verwaltungsmaßnahmen blockieren, indem sie ihre Zustimmung verweigern. Je höher die Anzahl der Beteiligten in einer Erbengemeinschaft ist, desto höher ist auch das Konfliktpotenzial und das Risiko der Existenz einzelner Quertreiber. Unter anderem die gestiegene Lebenserwartung führt dazu, dass immer mehr potenzielle Erben existieren, sodass Erbengemeinschaften tendenziell eine höhere Anzahl von Mitgliedern haben.[415] Zudem steigt auch das Erbvolumen im Laufe der Zeit stetig an, was ebenfalls erhöhtes Konfliktpotenzial mit sich bringt.[416]

Querulanten bietet eine strenge Anwendung des § 2040 I BGB eine Blockademöglichkeit.[417] Verträge über anfänglich unmögliche Leistungen und darauf beruhende Schadensersatzansprüche drohen dadurch zwar nicht. Denn sofern es sich um eine nicht ordnungsgemäße Maßnahme handelt, ist auch der mehrheitlich abgeschlossene Vertrag unwirksam und eine Verpflichtung, deren Erfüllung unmöglich ist, entsteht gar nicht erst. Liegt eine ordnungsgemäße Maßnahme vor, ist die Erfüllung des Verpflichtungsgeschäfts durch Vornahme der Verfügung trotz der erforderli-

---

414 Oben C III 1.

415 Siehe Rißmann/*Kurze*, Die Erbengemeinschaft, § 2 Rn. 19.

416 Dazu *Meyer*, Die Bank 08/2011, 28 (28, 30 f.) – nach der Prognose der Postbank Erbschaftsstudie sollte das Erbvolumen zwischen 2010 und 2020 um fast 1 Bio. € oder rund 50 Prozent höher liegen als im Zeitraum von 2000 bis 2010.

417 Siehe *Ann*, Die Erbengemeinschaft, S. 65.

chen Zustimmung der anderen Miterben nicht ausgeschlossen, weil diese gemäß § 2038 I 2 BGB zur Mitwirkung verpflichtet sind. Die Zustimmung der übrigen Miterben kann also klageweise erzwungen werden.

Nichtsdestotrotz drohen aber Zeitverluste, wenn einzelne Miterben ihre Zustimmung zu Verfügungen zunächst verweigern und diese mithin gerichtlich ersetzt werden müssen. Infolgedessen kann es auch zu Schadensersatzansprüchen wegen Verzögerung der Leistung gegenüber der Erbengemeinschaft kommen.[418]

Eben diese Schadensersatzansprüche treffen jedoch nicht den Nachlass, sondern sind am Ende durch die Minderheitserben zu tragen, die gemäß §§ 280 I, 2038 I 2 BGB für den auf ihrer pflichtwidrigen Untätigkeit beruhenden Schaden haften. Probleme bereitet dann lediglich der Fall, dass die Minderheitserben insolvent sind und den Schaden somit nicht zu ersetzen vermögen.

Insbesondere auch zum Nachteil der Nachlassgläubiger droht eine Entwertung der betroffenen Nachlassgegenstände durch Veränderungen des Marktes. Das aufgrund von Marktveränderungen drohende Entwertungsrisiko könnte gravierender sein als die durch Miterbenverfügungen drohende Schmälerung.[419] Besonders eingängig ist das Beispiel eines in den Nachlass fallenden Unternehmens, das effektiv fortgeführt oder zu einem günstigen Zeitpunkt veräußert werden muss. Beispielhaft sind auch Kraftfahrzeuge, die mit der Zeit an Wert verlieren.

Auch derartige Entwertungen wären grundsätzlich Posten, die im Rahmen eines Schadensersatzanspruchs gegen pflichtwidrig untätige Minderheitserben nach §§ 280 I, 2038 I 2 BGB geltend gemacht werden könnten.[420] Insbesondere in der Konstellation eines sehr werthaltigen Nachlasses ist jedoch nicht fernliegend, dass die Minderheitserben derartige Schäden nicht tragen können und der oben angedeutete Insolvenzfall ausgelöst wird. Ausreichender Schutz vor Entwertung des Nachlasses durch haftende Minderheitserben wäre dann nicht mehr gewährleistet, wenn Schadensersatzansprüche nicht erfolgreich durchgesetzt werden können.

Zeitverluste und unnötige Leistungsklagen vermöge die Möglichkeit des Mehrheitshandelns auf Verfügungsebene zu vermeiden.[421] Wird diese je-

---

418 Siehe auch *Eberl-Borges*, ErbR 2008, 234 (241).

419 Vgl. BGH NJW 2007, 150 (151); NK-BGB/*Ann*, § 2040 Rn. 1; BeckOK-BGB/*Lohmann*, § 2040 Rn. 1; MüKo-BGB/*Gergen*, § 2040 Rn. 1; *Ann*, MittBayNot 2007, 133 (135).

420 Nachlassgläubiger könnten einen entsprechenden Schaden über §§ 280 I, II, 286 BGB liquidieren.

421 Siehe auch MüKo-BGB/*Gergen*, § 2040 Rn. 6; NK-BGB/*Ann*, § 2040 Rn. 13.

doch abgelehnt, könnte es als eine unnötige Erschwerung der Verwaltung bezeichnet werden,[422] die den Zweck, Miterben und Nachlassgläubiger vor einer Entwertung des Nachlasses zu schützen, nicht erreichen kann, sondern vereitelt.[423] Letztlich steht einer Entwertung aber entscheidend entgegen, dass die Minderheitserben – abseits der möglichen Zahlungsunfähigkeit – für die Schäden haften, die dadurch eintreten, dass sie ihrer Pflicht zur Mitwirkung an ordnungsmäßigen Verwaltungsmaßnahmen gemäß § 2038 I 2 BGB nicht erfüllen.

5. Handlungsfähigkeit der Erbengemeinschaft

In die teleologischen Erwägungen einzubeziehen ist, ob es abseits des problematischen Verhältnisses von § 2038 BGB und § 2040 BGB andere Möglichkeiten gäbe, eine handlungsfähige Erbengemeinschaft herzustellen, ohne die mit einem Vorrang des § 2038 BGB vor § 2040 BGB verbundenen Nachteile in Kauf nehmen zu müssen. Es ist zu untersuchen, ob erhöhte Handlungsfähigkeit der Erbengemeinschaft auf Verfügungsebene auch erreicht werden könnte, ohne dass Ausnahmen von § 2040 I BGB zugelassen werden.

a. Stimmrechtsausschluss einzelner Miterben

Möglicherweise könnte bei konfliktbelasteten Erbengemeinschaften der Ausschluss einzelner Miterben vom Stimmrecht förderlich sein.[424] So wäre es unter Umständen hilfreich, einem widerstrebenden Miterben sein Stimmrecht zu versagen, um damit eine Mehrheit oder sogar Einstimmigkeit zu erzielen.

Vor der Auseinandersetzung mit den Voraussetzungen für einen etwaigen Stimmrechtsausschluss eines Miterben muss jedoch zunächst untersucht werden, ob ein solcher überhaupt zielführend wäre.

Fraglich und bisher nicht behandelt ist nämlich, inwieweit ein Stimmrechtsausschluss das auf Verfügungsebene bestehende Problem einer

422 So RGRK-BGB/*Kregel*, § 2040 Rn. 2; *Kipp/Coing*, Erbrecht, § 114 IV 2 c; *Wieser*, FS Lange, S. 325 (334); *Johannsen*, WM 1970, 573 (576).

423 Siehe dazu oben C III 1 c dd; BGH NJW 2007 150 (151); NK-BGB/*Ann*, § 2040 Rn. 1; BeckOK-BGB/*Lohmann*, § 2040 Rn. 1; MüKo-BGB/*Gergen*, § 2040 Rn. 1.

424 Kurz von *Greil Lidl*, Verfügungsverwaltung, S. 114 ff. erwogen.

schwerfälligen Verwaltung beheben könnte, welches auf das Einstimmigkeitserfordernis des § 2040 I BGB zurückzuführen ist.

Ein Stimmrechtsausschluss wirkt naturgemäß im Innenverhältnis und beeinflusst lediglich die Beschlussfassung innerhalb der Erbengemeinschaft. Die Verfügungsproblematik dahingegen besteht im Außenverhältnis, da nach dem Grundsatz des § 2040 I BGB nur alle Miterben gemeinschaftlich verfügen können. Es bedarf also der Mitwirkung sämtlicher Miterben.[425]

Ein Stimmrechtsausschluss hätte grundsätzlich zur Folge, dass der oder die Betroffene nicht mitstimmen dürfte und seine Stimme bei der Berechnung der Mehrheit nicht einkalkuliert werden würde.[426] Außerhalb der Mehrheitsverwaltung würde dies spiegelbildlich bedeuten, dass Einstimmigkeit trotz Widerspruch des ausgeschlossenen Miterben bei Übereinstimmung aller übrigen Miterben bestünde, da eben jener Miterbe nicht zu berücksichtigen wäre.

Eine Stimme, die trotz eines bestehenden Stimmverbots abgegeben wird, ist unwirksam, was sich bei Kausalität für das Beschlussergebnis auf den gesamten Beschluss auswirkt.[427] Fraglich ist, was die Konsequenz eines solchen unwirksamen Beschlusses ist. Zwar müssen im Sinne der Rechtssicherheit Dritte, die keinen Einblick in die internen Verhältnisse und die Beschlussfassung haben, grundsätzlich geschützt werden.[428] Daher könnte anzunehmen sein, dass unwirksame Beschlüsse sich nicht auf das Außenverhältnis auswirken, sondern nur interne Schadensersatzansprüche zur Folge haben. Dies kann aber keineswegs für sämtliche Verfahrensfehler gelten; vielmehr müssen sich Verstöße in bestimmten Konstellationen zwangsläufig unter Inkaufnahme von Rechtsunsicherheit auf das Außenverhältnis auswirken. Häufig entfällt zudem ohnehin bei Unwirksamkeit des Beschlusses auch die Grundlage für die Vertretungsmacht der handelnden Miterben. Nach *Muscheler* entfaltet ein unwirksamer Beschluss weder Bindungswirkung im Innenverhältnis noch verleiht er Vertretungs- oder Verfügungsmacht im Außenverhältnis.[429] Die aufgrund eines unwirksamen Mehrheitsbeschlusses abgeschlossenen Verträge würden die Minder-

---

425 Die Erteilung einer Zustimmung oder Genehmigung ist aber ausreichend, §§ 182 I, 185 II 1, 184 I BGB, siehe oben C III 2 c bb.

426 *Ruhwinkel*, Die Erbengemeinschaft, Rn. 18; *Ann*, ZEV 2007, 487 (488); *Muscheler*, ZEV 1997, 169 (175).

427 Krug/Daragan/*Krug*, Immobilie im Erbrecht, § 5 Rn. 19; *Löhnig*, FamRZ 2007, 1600 (1602); *Muscheler*, ZEV 1997, 222 (232).

428 *Stützel*, NJW 2013, 3543 (3548).

429 *Muscheler*, ZEV 1997, 222 (231).

heitserben nicht verpflichten und keine gemeinschaftlichen Nachlassverbindlichkeiten begründen. Vorgenommene Verfügungen über Nachlassgegenstände seien unwirksam.[430]

Eine unmittelbare, auf dem Mehrheitsbeschluss beruhende Verfügungsbefugnis ist allerdings ohnehin abzulehnen.[431] So entfällt bei unwirksamen Beschlüssen zwar, wie soeben erläutert, in der Tat die Vertretungsmacht. Auf Verfügungsebene bedarf es wegen § 2040 I BGB aber dennoch der Mitwirkung sämtlicher Miterben, sodass sich diesbezüglich nichts durch den unwirksamen Mehrheitsbeschluss ändert. Fehlt es an einem wirksamen Mehrheitsbeschluss zur Vornahme einer Verwaltungsmaßnahme, weil ein stimmberechtigter Miterbe seine Zustimmung nicht erteilt hat und mithin eine Mehrheit nicht vorlag, könnte auf Grundlage dessen die Erbengemeinschaft weder wirksam verpflichtet noch könnte wirksam verfügt werden. Ist der widersprechende Miterbe von der Stimmberechtigung ausgeschlossen, kommt möglicherweise doch eine Mehrheit zustande und ein wirksamer Mehrheitsbeschluss kann insofern gefasst werden. Zwar ist es dann der Mehrheit aufgrund der aus §§ 2038 II 1, 745 I 1 BGB folgenden gesetzlichen Vertretungsmacht ermöglicht, die Erbengemeinschaft wirksam zu verpflichten. Verfügungsbefugt ist die Mehrheit aber dennoch aufgrund von § 2040 I BGB nicht, da dieser ja – wendet man ihn wortlautgetreu an – gemeinschaftliches Handeln aller Miterben erfordert. Unabhängig von den Auswirkungen des Stimmrechtsausschlusses und der Wirksamkeit des Mehrheitsbeschlusses hätte eine Verfügung also ohnehin nicht wirksam vorgenommen werden können, da ihr der sich weigernde, potenziell von seinem Stimmrecht ausgeschlossene Miterbe nicht zustimmt. Die auf Verfügungsebene bestehende Schwerfälligkeit bestünde also ungeachtet des Stimmrechtsausschlusses nach wie vor. Um ihr zu begeg-

430 *Muscheler*, ZEV 1997, 222 (231).

431 So auch BGHZ 140, 63 (68) = NJW 1999, 781 (782); *Bonefeld*, ZErb 2017, 121 (126); *Kunte*, Die Erbengemeinschaft mit instandsetzungsbedürftigem Nachlass, S. 92 f.; a.A. *Boehmer*, AcP 144 (1938), 32 (73); *Strohal*, Deutsches Erbrecht II, S. 90 f.; auch *Muscheler*, ZEV 1997, 222 (231) nimmt eine durch einen wirksamen Mehrheitsbeschluss vermittelte Verfügungsmacht an. Dies folgt aber als Konsequenz daraus, dass er § 2038 BGB als vorrangig betrachtet und von § 2040 BGB eine Ausnahme machen will. Vorliegend wird jedoch nach einem Ergebnis gesucht, dass unabhängig von dem Verhältnis des § 2040 BGB und § 2038 BGB und mithin ohne die durch Zulassung von Ausnahmen bewirkte Durchbrechung des Grundsatzes des § 2040 I BGB, Handlungsfähigkeit gewährleisten kann. Eben deshalb ist an dieser Stelle eine Verfügungsbefugnis unmittelbar auf Grundlage des Mehrheitsbeschlusses abzulehnen.

nen, müsste dem Stimmrechtsausschluss eine umfassendere Wirkung zugesprochen werden.

Dass sich der Ausschluss eines Miterben vom Stimmrecht prinzipiell nur im Innenverhältnis auswirkt, indem der Miterbe nicht an der internen Willensbildung teilhaben darf, kann indes angesichts der damit verbundenen Konsequenzen kein sachgemäßes Ergebnis sein. Denn wer schon von der Beschlussfassung aus triftigen Gründen ausgeschlossen war, dessen Zustimmung kann nicht für die Verfügung erforderlich sein. Andernfalls würde der Stimmrechtsausschluss ausgehöhlt und seinem Sinn und Zweck beraubt werden. Dem vom Stimmrecht ausgeschlossenen Miterben würde auf Verfügungsebene eine Blockademöglichkeit gegeben werden und damit eine Gelegenheit, das Ergebnis letztendlich doch noch treuwidrig zu beeinflussen.[432] Richtigerweise ist daher eine Auswirkung des Ausschlusses auf die Verwaltungsbefugnis insgesamt anzunehmen, welche das Stimmrecht beinhaltet.[433]

Mangels Verwaltungsbefugnis ist demnach bei Vorliegen der Voraussetzungen für einen Stimmrechtsausschluss auch im Rahmen von Verfügungen die Mitwirkung des betroffenen Miterben nach § 2040 BGB nicht erforderlich. Vielmehr genügt die gemeinschaftliche Vornahme durch die übrigen, zur Verwaltung befugten Miterben.

Zu klären bleibt aber noch, was die bereits erwähnten Voraussetzungen für einen Ausschluss von dem Stimmrecht beziehungsweise der Verwaltungsbefugnis eines Miterben sind. Fraglich ist, in welchen Fällen ein solcher Ausschluss angenommen werden kann. Selbstverständlich ist ein Stimmrechtsausschluss nicht ohne Grundlage lediglich zum Zwecke der Verwaltungsflexibilisierung möglich.

Im Recht der Erbengemeinschaft fehlt es diesbezüglich an einer gesetzlichen Grundlage. Taugliche Anknüpfungspunkte könnten jedoch vergleichbare Normen des Körperschaftsrecht sein, namentlich § 34 BGB, § 47 IV GmbHG und § 136 I AktG, bei denen es sich um Ausprägungen des Be-

432 Zwar wäre der Miterbe auf Grundlage seiner Mitwirkungspflicht gemäß § 2038 I 2 BGB ohnehin zur Zustimmung verpflichtet (siehe dazu bereits oben C II 2 a cc und D IV 1 c) und könnte darauf von den übrigen Miterben verklagt werden und sich unter Umständen schadensersatzpflichtig machen; dies ändert jedoch nichts an der bestehenden Blockademöglichkeit beziehungsweise der Möglichkeit, Verwaltungsmaßnahmen zumindest zu hemmen und möglicherweise folgeträchtige Zeitverluste herbeizuführen.

433 Soergel/*Wolf*, § 2038 Rn. 17.

fangenheitsgrundsatzes handelt.[434] Grundlegende Voraussetzung für einen Stimmrechtsausschluss ist jeweils das Vorliegen einer Interessenkollision.[435] Erfasst werden einerseits Fälle, in denen die Betroffenen vom Gegenstand eines Beschlusses selbst tangiert werden, und andererseits solche, die auf den Abschluss eines Insichgeschäfts hinauslaufen würden.[436]

In Betracht kommt eine analoge Anwendung dieser Vorschriften auf vergleichbare Interessenwiderstreite bei der Erbengemeinschaft. Gegen eine solche Analogie spricht aber bereits die Vergleichbarkeit der Interessenlagen. Denn bei der Erbengemeinschaft fehlt es im Gegensatz zum Verein, der GmbH und der Aktiengesellschaft an einer privatautonomen Entstehung und einer gemeinsamen Zweckrichtung.[437] Zudem ist auch das Bestehen einer planwidrigen Regelungslücke bedenklich.[438] Die Regelungen zum Stimmrechtsausschluss sind grundsätzlich abschließend, wofür bereits die kasuistische und nicht beispielhafte Formulierung spricht.[439]

Ungeachtet der Möglichkeit einer Analogie sind aber jedenfalls die Rechtsgedanken der jeweiligen Normen übertragbar. Denn auch bei der Erbengemeinschaft sind vergleichbare Situationen denkbar, in denen Miterben von Beschlüssen selbst betroffen sind oder auf beiden Seiten ei-

---

434 Erman-BGB/*Bayer*, § 2038 Rn. 5; Hüffer/Koch-AktG/*Koch*, § 136 Rn. 3; Michalski-GmbHG/*Römermann*, § 47 Rn. 75; Palandt/*Weidlich*, § 2038 Rn. 9; Staudinger/*Löhnig*, § 2038 Rn. 31; Staudinger/*Weick*, § 34 Rn. 4; *Ann*, ZEV 2007, 486 (488).

435 Baumbach/Hueck-GmbHG/*Zöllner/Noack*, § 47 Rn. 76; Henssler/Strohn/*Liebscher*, Gesellschaftsrecht, § 136 AktG Rn. 1; Hüffer/Koch-AktG/*Koch*, § 136 Rn. 3; Scholz-GmbHG/*K. Schmidt*, § 47 Rn. 100, 104.

436 Vgl. auch die allgemeine Regelung des § 181 BGB; dazu *Wilhelm*, JZ 1976, 674; Michalski-GmbHG/*Römermann*, § 47 Rn. 75; Hausmann/Hohloch/*Ann*, Handbuch des Erbrechts, Kap. 20 Rn. 32; *Ann*, ZEV 2007, 486 (488); *Bonefeld*, ZErb 2017, 121 (123).

437 Siehe dazu bereits oben B III.

438 Dies könnte explizit bei der Erbengemeinschaft wegen der bestehenden Mitwirkungspflicht nach § 2038 I 2 BGB erwogen werden.

439 Gegen eine Analogiefähigkeit Burandt/Rojahn/*Flechtner*, § 2038 Rn. 23; Münch. Hdb. Gesellschaftsrecht IV/*Hoffmann-Becking*, § 39 Rn. 41; *Ann*, ZEV 2007, 486 (488); *Kunte*, Die Erbengemeinschaft mit instandsetzungsbedürftigem Nachlass, S. 60; siehe auch Henssler/Strohn/*Liebscher*, Gesellschaftsrecht, § 136 AktG Rn. 1; Michalski-GmbHG/*Römermann*, § 47 Rn. 80 f.; Spindler/Stilz-AktG/*Rieckers*, § 136 Rn. 15; *Zöllner*, Die Schranken mitgliedschaftlicher Stimmrechtsmacht bei den privatrechtlichen Personenverbänden, S. 263; eine analoge Anwendung befürwortend außerdem *Muscheler*, ZEV 1997, 169 (175); *Nipperdey*, AcP 143 (1937), 315 (317); siehe zudem *Lieder*, WuB II C. § 47 GmbHG 1.12; nach *Löhnig*, FamRZ 2007, 1600 sind zumindest die § 34 BGB und § 47 IV GmbHG analog anwendbar; trotz dogmatischer Unterschiede im Ergebnis aber jeweils übereinstimmend.

nes Rechtsgeschäfts auftreten. Die Eigeninteressen eines Miterben können mit dem allgemeinen Interesse der Erbengemeinschaft, den Nachlass zu erhalten, und der darauf gerichteten Mitwirkungspflicht an ordnungsgemäßen Verwaltungsmaßnahmen kollidieren.

Unabhängig von der dogmatischen Herleitung, sei es Analogie oder Übertragung des Rechtsgedankens, ist anerkannt, dass ein Stimmrechtsausschluss eines Miterben besteht, wenn eine Interessenkollision in eigenen Angelegenheiten vorliegt.[440] Insbesondere wäre ein solcher, das Stimmrecht ausschließender Interessenwiderstreit anzunehmen, wenn der Miterbe „Richter in eigener Sache" werden würde, wenn ihm also beispielsweise der Vorwurf nicht ordnungsgemäßer Verwaltung gemacht wird oder eine gegen ihn gerichtete Nachlassforderung eingezogen werden soll.[441] Abzulehnen ist ein Interessenwiderstreit dahingegen, wenn einem Miterben die Verwaltung übertragen werden soll, oder bei Abstimmungen in Bezug auf Rechtsgeschäfte mit einer GmbH, bei denen ein Mitglied der Erbengemeinschaft Gesellschafter ist.[442]

Mit Blick auf die eigentliche Problematik, die es zu lösen gilt, muss jedoch festgestellt werden, dass ein Stimmrechtausschluss in den wenigsten Fällen einschlägig ist. In den meisten Fällen führen ganz andere Gründe dazu, dass Miterben widerwillig sind und ihre Zustimmung zu Verwaltungsmaßnahmen verweigern. Teilweise sind ideelle Interessen am Nachlass Grund hierfür. Auch können die Miterben schlicht anderer Meinung in Bezug auf die Zweckmäßigkeit und die Wirtschaftlichkeit bestimmter Maßnahmen sein oder finden aus anderen Gründen keine Einigung. Zudem ist es möglich, dass einzelne Miterben – beispielsweise aufgrund von

---

440 *Ann*, ZEV 2007, 486 (488); *Bonefeld*, ZErb 2017, 121 (123); *Kunte*, Die Erbengemeinschaft mit instandsetzungsbedürftigem Nachlass, S. 59.

441 BGHZ 56, 47 (54) = NJW 1971, 1265 (1267); BGHZ 108, 21 (25) = NJW 1989, 2691 (2695), BGH ZEV 2007, 486 (487); BayObLG NJW 1965, 397 (399); Burandt/Rojahn/*Flechtner*, § 2038 Rn. 23; Krug/Daragan/*Krug*, Immobilie im Erbrecht, § 5 Rn. 19; *Lange*, Erbrecht, § 57 Rn. 57; *Löhnig*, FamRZ 2007, 1600; siehe außerdem *Lieder*, WuB II C. § 47 GmbHG 1.12.

442 BGHZ 56, 47 (54) = NJW 1971, 1265 (1267); Staudinger/*Löhnig*, § 2038 Rn. 31; *Bonefeld*, ZErb 2017, 121 (123); *Nipperdey*, AcP 143 (1937), 315 (320 f.); der zuletzt genannte Fall wird ausnahmsweise dann anders beurteilt, wenn es sich um eine Einmann-GmbH handelt oder der Miterbe die Gesellschaft in vergleichbarer Weise beherrscht, BGHZ 56, 47 (54) = NJW 1971, 1265 (1267); Henssler/Strohn/*Liebscher*, Gesellschaftsrecht, § 136 AktG Rn. 1; Michalski-GmbHG/*Römermann*, § 47 Rn. 140, 142; Spindler/Stilz-AktG/*Rieckers*, § 136 Rn. 27; näher auch *Lieder*, WuB II C. § 47 GmbHG 1.12; *Engfer*, Der Ausschluss des organschaftlichen Stimmrechts bei Interessenkollisionen, S. 117 ff.

familiären Streitigkeiten oder schlicht ohne ersichtliche Gründe – Maßnahmen der anderen verhindern wollen. Ein Interessenwiderstreit in eigenen Angelegenheiten nach Maßgabe der oben genannten Kriterien wird jedoch eher selten zu bejahen sein.

Da für diese Fälle weiterhin das Bedürfnis besteht, eine interessengerechte Lösung zu finden, die gleichwohl mit dem Gesetz im Einklang steht, ist fraglich, ob die Fälle des Stimmrechtsausschlusses erweitert werden können.

Es könnte etwa ein Stimmverbot für solche Miterben angenommen werden, die ohne ersichtliche und nachvollziehbare Gründe Verwaltungsmaßnahmen blockieren. Denn in solchen Konstellationen stünden die Interessen des Miterben in Widerspruch zu dem Interesse der Erbengemeinschaft an einer effektiven Nachlassverwaltung. Die Eigeninteressen wären also letztlich nicht mit dem allgemeinen, in der Erbengemeinschaft grundlegenden Interesse an der Erhaltung des Nachlasses vereinbar. Ihre Wahrnehmung würde eine Beeinträchtigung der Gemeinschaftsinteressen bedeuten.

Für eine derartige Konstruktion fehlt es jedoch an einer hinreichenden Grundlage. Die oben genannten Normen der § 34 BGB, § 47 IV GmbHG und § 136 I AktG statuieren gerade keine Generalklauseln, die auf sämtliche Fälle der Interessenkollision anwendbar sind; es handelt sich nicht um ein verallgemeinerungsfähiges Prinzip.[443] Obgleich der Rechtsgedanke, wie oben bereits angedeutet, unter Umständen übertragbar sein mag, ist jedenfalls ein vergleichbarer Fall typischer Interessenkonflikte erforderlich.[444] Ein derartiger vergleichbarer Fall liegt aber nicht vor, wenn Miterben ihre Zustimmung zu der Vornahme von Verfügungen aus ideellen Interessen, aufgrund einer abweichenden wirtschaftlichen Einschätzung oder ohne ersichtlichen Grund verweigern.

Die Ausübung des Stimmrechts gehört zum Kernbereich der Rechte eines jeden Miterben; ein Ausschluss von demselben stellt einen weitrei-

---

443 So die allgemeine Meinung, BGH NZG 2016, 781 (782); Baumbach/Hueck-GmbHG/*Zöllner/Noack*, § 47 Rn. 76; Henssler/Strohn/*Hillmann*, Gesellschaftsrecht, § 47 GmbHG Rn. 50; Michalski-GmbHG/*Römermann*, § 47 Rn. 80 f.; Rowedder/Schmidt-Leithoff-GmbHG/*Ganzer*, § 47 Rn. 62; Scholz-GmbHG/*K. Schmidt*, § 47 Rn. 101; *Zöllner*, Die Schranken mitgliedschaftlicher Stimmrechtsmacht bei den privatrechtlichen Personenverbänden, S. 263.

444 Henssler/Strohn/*Hillmann*, Gesellschaftsrecht, § 47 GmbHG Rn. 50; Rowedder/Schmidt-Leithoff-GmbHG/*Ganzer*, § 47 Rn. 62.

chenden Eingriff dar.[445] Obgleich eine Einschränkung aufgrund der Mitwirkungspflicht des § 2038 I 2 BGB in Bezug auf ordnungsgemäße Verwaltungsmaßnahmen – und gegebenenfalls durch eine etwaige Treuepflicht – besteht, sind die Miterben bei der Ausübung ihres Stimmrechts frei und die Beurteilung der Zweckmäßigkeit einer Maßnahme obliegt jedem selbst.[446] Wenn also ein Miterbe eine Maßnahme in wirtschaftlicher Hinsicht anders einschätzt, ist ihm eine dahingehende Stimmrechtsausübung nicht zu versagen, mag auch seine Begründung für die übrigen Miterben unzureichend oder falsch erscheinen.[447] Ein mit der Einschränkung dieses Stimmrechts verbundener, weitreichender Eingriff in das Individualrecht der Miterben sollte daher nur in den angeführten oder vergleichbaren Konstellationen zugelassen werden.[448] Eine Erweiterung auf andere Fälle ist dahingegen gerade nicht mit dem Willen des Gesetzgebers vereinbar und würde das System der §§ 2038, 2040 BGB gleichfalls unterlaufen.

Zwar könnte eine Ausnahme zugelassen werden, wenn zur Verfolgung der Interessen der Erbengemeinschaft keine andere Stimmrechtsausübung denkbar ist, weil eine bestimmte Maßnahme zwingend geboten ist.[449] Zu beachten ist jedoch, dass in derartigen Fällen – auch bei Verfügungen – ohnehin die Mitwirkungspflicht nach § 2038 I 2 BGB greift, welche die Stimmrechtsausübungsfreiheit einschränkt und auf deren Grundlage die Zustimmung zu Verfügungen erzwungen werden kann. Denn die Mitwirkungspflicht gilt nicht nur für das Außenverhältnis, sondern schon auf Ebene der Willensbildung, sodass mit ihrer Hilfe eine Stimmenmehrheit herbeigeführt werden kann.[450]

Zuletzt birgt eine Einschränkung des Stimmrechts, die nicht gesetzlich fundiert ist und demnach mit Rechtsunsicherheit verbunden ist – ebenso wie die Zustimmungserzwingung auf Grundlage der Mitwirkungspflicht – auch die Gefahr von Gerichtsprozessen, in denen es darum geht, festzustellen, ob ein Stimmverbot vorliegt; dadurch werden letztendlich selbst Zeit-

---

445 Michalski-GmbHG/*Römermann*, § 47 Rn. 81; *K. Schmidt*, Gesellschaftsrecht, § 21 II 1 a, b, 2 a.

446 *Löhnig*, FamRZ 2007, 1600; vgl. in Bezug auf das Stimmrecht eines GmbH-Gesellschafters BGH NZG 2016, 781 (782).

447 Siehe wiederum BGH NZG 2016, 781 (782).

448 Michalski-GmbHG/*Römermann*, § 47 Rn. 81; *K. Schmidt*, Gesellschaftsrecht, § 21 II 2 a.

449 Vgl. BGH NZG 2016, 781 (782).

450 MüKo-BGB/*Gergen*, § 2038 Rn. 42; Staudinger/*Löhnig*, § 2038 Rn. 12; *Brox/Walker*, Erbrecht, § 30 Rn. 6; siehe außerdem *Ann*, Die Erbengemeinschaft, S. 45 f.; *Hellfeld*, Treuepflichten unter Miterben, S. 157.

verluste und Kosten verursacht.[451] Das Ziel einer effektiven, nicht schwerfälligen Nachlassverwaltung könnte so also auch nicht besser erreicht werden, als müssten die Miterben die Zustimmung der anderen im Klagewege erzwingen.

Im Ergebnis können Stimmrechtsausschlüsse die auf Verfügungsebene bestehende Schwerfälligkeitsproblematik nicht beheben.

b. Anknüpfung an Treuepflichten

Eine weitere Möglichkeit, eine effektive Nachlassverwaltung zu ermöglichen, könnte die Anknüpfung an zwischen Miterben bestehende Treuepflichten sein. Diese könnten das Verhalten der Miterben zielführend steuern.

Solche Treuepflichten könnten insbesondere in Fällen hilfreich sein, in denen einzelne widerstrebende Erben bestimmte Verwaltungsmaßnahmen blockieren. Dies wäre, wenn es beispielsweise offensichtlich bloß aus querulatorischen Gründen geschieht oder den Interessen der Erbengemeinschaft widerspricht und deren Zweck zu gefährden droht, unter Umständen als rechtsmissbräuchlich einzuordnen (§ 242 BGB). Aus einer Treuepflicht könnte sich einerseits die Pflicht ergeben, solche Blockadehandlungen zu unterlassen, oder andererseits die positive Pflicht zur Vornahme bestimmter Handlungen.

Fraglich ist jedoch zunächst, ob – neben der konkretisierten gesetzlichen Treuepflicht gemäß § 2038 I 2 BGB – überhaupt derartige Treuepflichten zwischen den Miterben bestehen. Treuepflichten wurden ursprünglich im Gesellschaftsrecht entwickelt, wo Anknüpfungspunkt der zwischen den Gesellschaftern bestehende Gesellschaftsvertrag ist.[452] Im Hinblick auf das damit bestehende Vertragsverhältnis beziehungsweise die Sonderverbindung gilt § 242 BGB, der es gebietet, nach Treu und Glauben zu handeln.[453] Dadurch kann, wie soeben gesagt, zum einen die Pflicht begründet werden, bestimmte Handlungen vorzunehmen; zum anderen können

---

451 So auch *Greil- Lidl*, Verfügungsverwaltung, S. 115; siehe außerdem *Löhnig*, FamRZ 2007, 1600 (1601).

452 BGH NJW 2011, 1667 (1669); MüKo-BGB/*Schäfer*, § 705 Rn. 222; Scholz-GmbHG/*Bitter*, § 13 Rn. 51; *K. Schmidt*, Gesellschaftsrecht, § 20 IV 1, 2 a.

453 Michalski-GmbHG/*Lieder*, § 13 Rn. 135; Scholz-GmbHG/*Bitter*, § 13 Rn. 51; *Immenga*, FS 100 Jahre GmbHG, S. 189 (190).

aber auch gewisse Unterlassungspflichten entstehen; insbesondere betroffen ist die Ausübung von Mitgliedschaftsrechten.[454]

Die Erbengemeinschaft entsteht jedoch gerade nicht – wie die GmbH – durch Vertrag, sondern per gesetzlicher Anordnung; eine dem Gesellschaftsvertrag vergleichbare vertragliche Grundlage und einen gemeinsamen Zweck gibt es nicht. Unklar ist, ob sich aus der Gesamthänderstellung eine für die Anwendung von § 242 BGB hinreichende Sonderbeziehung ergibt.[455]

Dies wird teilweise – obgleich mit unterschiedlichen oder gänzlich fehlenden Begründungen – bejaht.[456] Teilweise wird dies aber auch abgelehnt, da eine Sonderverbindung innerhalb der Erbengemeinschaft als Zwangsgemeinschaft eben nicht bestehe.[457]

In der Tat fehlt es bei der Erbengemeinschaft an einer vertraglichen Grundlage sowie an einem gemeinsamen Zweck.[458] Richtigerweise ist die Gesamthand aber als gesetzliches Schuldverhältnis zwischen den Miterben zu kategorisieren, sodass infolgedessen jedenfalls die Grundsätze von Treu und Glauben Anwendung finden und die Miterben demnach durch die Vorschrift des § 242 BGB geleitet werden.

Letztendlich kann die Erörterung, inwiefern sich daraus Treuepflichten ergeben könnten, aber dahinstehen, da solche für die hier behandelte Problematik ohnehin nicht zielführend sind.

---

454 Baumbach/Hueck-GmbHG/*Fastrich*, § 13 Rn. 21; *Immenga*, FS 100 Jahre GmbHG, S. 189 (195); *Windbichler*, Gesellschaftsrecht, § 7 Rn. 4; *Dreher*, DStR 1993, 1632 (1633).

455 Vgl. *Ann*, Die Erbengemeinschaft, S. 42.; *Hellfeld*, Treuepflichten unter Miterben, S. 13.

456 RGZ 65, 5 (10); 81, 30 (34); BGH NJW 1978, 2157 (2158); LG Düsseldorf FamRZ 1955, 303 (304); MüKo-BGB/*Gergen*, § 2038 Rn. 48; *Brox/Walker*, Erbrecht, § 30 Rn. 10; *Krebs*, Sonderverbindungen und außerdeliktische Schutzpflichten, S. 105; *Nipperdey*, AcP 143 (1937), 315 (316); wohl ebenso, aber nur für den Fall der über längere Zeit fortgeführten Erbengemeinschaft *Lutter*, AcP 180 (1980), 84 (145 f.); *Muscheler*, ZEV 1997, 169 (173) ordnet zwar die Erbengemeinschaft als gesetzliches Schuldverhältnis ein und hält § 242 BGB für anwendbar, lehnt Treuepflichten zwischen den Miterben aber entschieden ab, da es an einer vertraglichen Entstehung und einem gemeinsamen Zweck fehle; *Hellfeld*, Treuepflichten unter Miterben, S. 13 nimmt im Ergebnis Rücksichtnahmepflichten auf Grundlage des § 241 II BGB an, indem die Erbengemeinschaft als ähnlicher geschäftlicher Kontakt im Sinne des § 311 II Nr. 3 BGB eingeordnet wird.

457 BGH NJW-RR 1989, 450 (450 f.); RGRK-BGB/*Kregel*, § 2038 Rn. 13; *Fischer*, ZHR 144 (1980), 1 (10); *Speckmann*, NJW 1973, 1869.

458 Sie bereits oben B III.

Treuepflichten könnten zwar beispielsweise im Hinblick auf Informationspflichten zwischen Miterben weitreichender sein als das, was das Gesetz statuiert.[459] Bezüglich der Probleme im Rahmen der Nachlassverwaltung hätten Treuepflichten aber ohnehin keine umfangreicheren Folgen als die in § 2038 I 2 BGB geregelte Mitwirkungspflicht. Denn das Problem einer schwerfälligen Verwaltung ist nur dann ausschlaggebend, wenn es um Maßnahmen geht, deren Nichtvornahme oder Verzögerung wirklich nachteilhaft ist. Solche Maßnahmen sind entsprechend der Definition als ordnungsgemäß im Sinne des § 2038 I 2 BGB einzuordnen. Zwar besteht dennoch auf Verfügungsebene das Erfordernis der Gemeinschaftlichkeit nach § 2040 I BGB, wenn das Gesetz systematisch und grammatikalisch stimmig angewendet wird. Ungeachtet dessen greift aber auch für Verfügungen die Mitwirkungspflicht nach § 2038 I 2 BGB, die die Erben auf Ebene der Willensbildung sowie bei der Durchführung der Verfügungen im Außenverhältnis dazu verpflichtet, ordnungsgemäßen Maßnahmen zuzustimmen. Eine Treuepflicht würde ebenso die Pflicht begründen, jenen Maßnahmen zuzustimmen – sei es durch entsprechende Ausübung des Stimmrechts bei dem Beschluss im Innenverhältnis oder Erteilung der erforderlichen Erklärungen im Außenverhältnis – oder ein Unterlassen entgegengerichteten Verhaltens gebieten.[460] Die Wirkungen einer Treuepflicht gingen mithin diesbezüglich nicht über die der Mitwirkungspflicht nach § 2038 I 2 BGB hinaus.

Im Zweifel müsste ein pflichtgemäßes Handeln – unabhängig ob auf Grundlage der gesetzlichen Mitwirkungspflicht oder einer entwickelten Treuepflicht – letztendlich ohnehin gerichtlich durchgesetzt werden. Zeitverluste infolge von langwieriger Zustimmungserzwingung und Gerichtsprozessen könnten daher auch nicht vermieden werden, wenn Grundlage für die Verpflichtung der Miterben nicht das Gesetz, sondern eine Treuepflicht ist.

---

459 Unabhängig von etwaigen Treuepflichten können sich Auskunftsansprüche situationsbezogen aus §§ 2027, 2028, 2057 BGB oder §§ 666, 681 BGB ergeben, *Ann*, Die Erbengemeinschaft, S. 42; *Bartholomeyczik*, 4. Denkschrift des Erbrechtsausschusses der Akademie für Deutsches Recht, S. 120 (194 f.); *Hellfeld*, Treuepflichten unter Miterben, S. 13; zu Auskunftsansprüchen auf Grundlage von § 242 BGB ausführlich *Lorenz*, JuS 1995, 569 (572 ff.); *Speckmann*, NJW 1973, 1989 f.

460 Siehe dazu auch MüKo-BGB/*Schäfer*, § 705 Rn. 227; *Priester*, Rechtsfragen der Familiengesellschaften, S. 53; *Zöllner*, Die Schranken mitgliedschaftlicher Stimmrechtsmacht bei den privatrechtlichen Personenverbänden, S. 335 ff.

Auch etwaige Treuepflichten zwischen den Miterben stellen demnach keine geeignete Lösung dar, Handlungsfähigkeit im Rahmen der Erbengemeinschaft ohne die Zulassung von Ausnahmen von § 2040 BGB zu gewährleisten.

c. Umwandlung in eine GbR

Schließlich ist noch die Möglichkeit zu thematisieren, die Vorschriften zur GbR zur Anwendung zu bringen. Dies brächte insofern Erleichterungen mit sich, als die Vorschriften der §§ 705 ff. BGB klar strukturierte, systematisch geglückte Regelungen für die Verwaltung der Gesellschaft aufstellen. Es wird zwischen Geschäftsführung (§ 705 BGB) und Vertretung (§ 714 BGB) differenziert. Beides obliegt den Gesellschaftern grundsätzlich gemeinschaftlich, sodass die Befugnisse im Umfang nicht über die von Miterben hinausgehen. Die klare Differenzierung und die damit einhergehende erleichterte Anwendung stellen hingegen einen Vorteil im Vergleich zu den §§ 2038 ff. BGB dar.

Eine direkte und auch eine analoge Anwendung dieser Vorschriften ist dogmatisch jedoch ausgeschlossen. Für die Anwendung der Vorschriften bedürfte es zumindest einer vergleichbaren Interessenlage. Zwischen der GbR und der Erbengemeinschaft bestehen jedoch zu gravierende Unterschiede. Insbesondere und entscheidend fehlt es der Erbengemeinschaft an der vertraglichen Entstehung und einem sie verbindenden gemeinsamen Zweck (§ 705 BGB); zudem ist sie im Gegensatz zu der (Außen-)GbR nicht rechtsfähig.[461] Eine Anwendung der §§ 705 ff. BGB ist folglich nur dann möglich, wenn die Erben den Zusammenschluss zu einer GbR vereinbaren.

Eben dies ist ein Aspekt, der in der Debatte um die Verwaltungsproblematik häufig übersehen wird. Gerade bei Erbengemeinschaften, die für eine längere Zeit bestehen, stellt der Zusammenschluss zu einer GbR einen nicht außer Acht zu lassenden Behelf dar. Sind die Erben sich einig, dass die Erbengemeinschaft zunächst nicht zur Auseinandersetzung gebracht werden soll, steht es ihnen offen, sich zu einer GbR zu vereinen und dadurch die Anwendung der §§ 705 ff. BGB herbeizuführen. Rechtstatsächlich wäre damit zwar keine erhöhte Handlungsfähigkeit verbunden, da auch nach den §§ 705, 709 BGB grundsätzlich das Prinzip der Gemein-

461 Zur GbR siehe die Leitentscheidung BGHZ 146, 341 = NJW 2001, 1056; siehe außerdem bereits oben B III.

schaftlichkeit gilt; insgesamt wären die Verhältnisse aber klarer und der Gesellschaftsvertrag böte eine Möglichkeit, die Verwaltungsbefugnisse abweichend von den gesetzlichen Regeln privatautonom so zu regeln, wie sie sämtlichen Interessen am besten gerecht werden. Überdies könnte so Rechts- und Parteifähigkeit erreicht werden.[462]

d. Einstweiliger Rechtsschutz für Mehrheitserben

Da eine praktikable Regelung zur Gewährleistung einer effektiven Nachlassverwaltung vor allem erforderlich ist, um wirtschaftlich nachteilige Zeiteinbußen durch langwierige Gerichtsprozesse zu vermeiden, ist zu erwägen, ob der einstweilige Rechtsschutz einen tauglichen Behelf darstellt. So könnte möglicherweise in eiligen Fällen, wenn ein Miterbe die Zustimmung zu einer Verfügung verweigert und diese mithin nicht nach Maßgabe des § 2040 I BGB wirksam vorgenommen werden kann, dessen Mitwirkung durch eine einstweilige Verfügung gemäß § 940 ZPO erlangt werden.

Fraglich ist jedoch, ob dies dem einstweiligen Rechtsschutz – unabhängig von der konstitutiven Glaubhaftmachung von Verfügungsanspruch und -grund[463] – generell überhaupt zugänglich ist.

Dem könnte entgegenstehen, dass es im Rahmen von § 2040 I BGB um die Erteilung der Zustimmung zu einer Verfügung und damit letztlich um die Abgabe einer (dinglichen) Willenserklärung geht. Ob die Abgabe einer Willenserklärung Gegenstand einer einstweiligen Verfügung sein kann, ist umstritten.

Dagegen könnte zunächst die Vorschrift des § 894 ZPO sprechen. Denn für die Fiktion der Abgabe einer Willenserklärung ist danach ein rechtskräftiges Urteil erforderlich. Nach dem Normzweck ist aber jede Entscheidung ausreichend, sofern ihr Rechtskraft zukommt.[464] Zwar sollen einstweilige Verfügungen grundsätzlich der formellen Rechtskraft zugänglich sein;[465] gegen die Anwendung des § 894 ZPO wird aber teilweise dessen

---

462 Zur Möglichkeit des Zusammenschlusses zu einer GbR siehe noch *Muscheler*, Erbrecht II, Rn. 3854; *Schlüter/Röthel*, Erbrecht, § 32 Rn. 12.

463 Kindl/Meller-Hannich/Wolf/*Haertlein*, Zwangsvollstreckung, § 940 Rn. 1; Musielak/Viot-ZPO/*Huber*, § 940 Rn. 3 f.; Thomas/Putzo-ZPO/*Seiler*, § 935 Rn. 4; Zöller-ZPO/*Vollkommer*, § 935 Rn. 1.

464 OLG Frankfurt MDR 1954, 686; Musielak/Viot-ZPO/*Lackmann*, § 894 Rn. 6 f.

465 OLG Frankfurt MDR 1954, 686; *Baur/Stürner*, Zwangsvollstreckungsrecht, Rn. 53.28; Saenger-ZPO/*Kießling*, § 894 Rn. 7.

entgegenstehender Sinn und Zweck eingewendet.[466] Die Fiktion der Abgabe einer Willenserklärung, welche eine in die allgemeine Handlungsfreiheit des sich Weigernden eingreifende Maßnahme darstellt,[467] solle nur dann erfolgen, wenn es sich um eine endgültige Entscheidung handelt.[468] Eine solche stelle die einstweilige Verfügung gerade nicht dar, da sie durch ein späteres Urteil im Hauptsacheverfahren wieder geändert werden könne.[469] Diesbezüglich wird zudem noch argumentiert, es entstünde ein im Interesse der Rechtssicherheit nicht tragbarer Schwebezustand, da die Entscheidung eben wieder aufgehoben werden könne.[470]

Erkennt man die Anwendbarkeit des § 894 ZPO dahingegen an, könnte gegen die Anordnung einer einstweiligen Verfügung dennoch das Verbot der Vorwegnahme der Hauptsache sprechen. Dieses gebietet, dass die einstweilige Verfügung nicht den Hauptsacheanspruch erfüllen darf, sondern eben nur einstweilig ist.[471] Wenn die eigentliche Intention die Erlangung der Willenserklärung (vorliegend die Zustimmung des Miterben zu einer Verfügung) ist und man auch bei einer einstweiligen Verfügung die Wirkung des § 894 ZPO bejaht, ist das endgültige Ziel schon erfüllt, indem die Willenserklärung fingiert wird. Deswegen soll nach ganz überwiegender Meinung eine einstweilige Verfügung zur Abgabe einer Willenserklärung nur dann zulässig sein, wenn dadurch eine vorläufige und keine

---

466 OLG Zweibrücken Beschl. v. 11.8.2008 – 4 W 66/08 = BeckRS 2009, 03277; OLG Hamburg NJW-RR 1991, 382.

467 *Holtz*, Die Erzwingung von Willenserklärungen im einstweiligen Rechtsschutz, S. 109.

468 OLG Zweibrücken Beschl. v. 11.8.2008 – 4 W 66/08 = BeckRS 2009, 03277; OLG Hamburg NJW-RR 1991, 382; Stein/Jonas-ZPO/*Grunsky*, Vor § 935 Rn. 50; *Jauernig*, ZZP 79 (1966), 321 (341).

469 OLG Zweibrücken Beschl. v. 11.8.2008 – 4 W 66/08 = BeckRS 2009, 03277; OLG Hamburg NJW-RR 1991, 382; Stein/Jonas-ZPO/*Grunsky*, Vor § 935 Rn. 50; *Jauernig*, ZZP 79 (1966), 321 (341).

470 OLG Zweibrücken Beschl. v. 11.8.2008 – 4 W 66/08 = BeckRS 2009, 03277; OLG Hamburg NJW-RR 1991, 382; vgl. auch *Holtz*, Die Erzwingung von Willenserklärungen im einstweiligen Rechtsschutz, S. 109; a.A. OLG Köln NJW-RR 1973, 59 (60).

471 Kindl/Meller-Hannich/Wolf/*Bendtsen*, Zwangsvollstreckung, § 894 Rn. 8; BeckOK-ZPO/*Mayer*, § 938 Rn. 21; MüKo-ZPO/*Drescher*, § 938 Rn. 8.

endgültige Regelung geschaffen wird, der keine Erfüllungs- beziehungsweise Befriedigungswirkung zukommt.[472]

Dem ist zuzustimmen. Eine einstweilige Verfügung ist im Ergebnis dann zulässig, wenn der Anspruch auf Abgabe der Willenserklärung lediglich einen Sekundär- oder Nebenanspruch darstellt und nicht den Hauptsacheanspruch, da andernfalls eben die Hauptsacheentscheidung vorweggenommen werden würde.[473]

Bei den hier relevanten Streitigkeiten zwischen Miterben stellt jedoch, wenn die Zustimmung zu einer Verfügung erzwungen werden soll, die Abgabe dieser Willenserklärung in der darauf gerichteten Klage regelmäßig den Hauptanspruch dar. Eine einstweilige Verfügung mit der Konsequenz des § 894 ZPO nähme also die Hauptsacheentscheidung vorweg, durch welche die Zustimmung auf Grundlage der Mitwirkungspflicht ersetzt würde, sofern es sich um eine Maßnahme handelt, die zur ordnungsmäßigen Verwaltung erforderlich ist.

Zudem ließe sich auch an der Praktikabilität einer solchen Lösung zweifeln. Denn selbst, wenn es in zeitlicher Hinsicht dadurch nicht zu durch Gerichtsprozessen bedingten Einbußen käme, entstünden dennoch zu Lasten der Erbengemeinschaft finanziell negative Auswirkungen durch Gerichtskosten und überdies eine gesteigerte Belastung der Gerichte, welche es eigentlich zu vermeiden gilt.

Im Ergebnis stellt also auch der einstweilige Rechtsschutz keine Möglichkeit dar, die die Schwerfälligkeitsproblematik im Rahmen der Nachlassverwaltung zu beheben vermag.

Zu erwägen ist jedoch im Folgenden die Möglichkeit – statt der Mehrheit – die Minderheit auf den einstweiligen Rechtschutz zu verweisen, wenn es darum geht, die Vornahme einer Verfügung zu verhindern.[474]

---

472 OLG Stuttgart NJW 1973, 908; OLG Schleswig Beschl. v. 24.10.2007 – 1 W 52/07 = BeckRS 2008, 14041; BeckOK-ZPO/*Mayer*, § 938 Rn. 21; Kindl/Meller-Hannich/Wolf/*Bendtsen*, Zwangsvollstreckung, § 894 Rn. 8; MüKo-ZPO/*Gruber*, § 894 Rn. 6; Thomas/Putzo-ZPO/*Seiler*, § 894 Rn. 4, § 940 Rn. 17; Zöller-ZPO/*Vollkommer*, § 935 Rn. 9, § 938 Rn. 8; *Baur/Stürner*; Zwangsvollstreckung, Rn. 53.28; *Jauernig*, ZZP 79 (1966), 321 (342).

473 So auch BeckOK-ZPO/*Mayer*, § 938 Rn. 21; MüKo-ZPO/*Drescher*, § 938 Rn. 43; Stein/Jonas-ZPO/*Grunsky*, Vor § 935 Rn. 50; a.A. OLG Köln NJW-RR, 1997, 59 (60), wonach eine solche Differenzierung nicht erfolgen müsse und eine einstweilige Verfügung in Betracht komme, wenn andernfalls eine existentielle Gefährdung des Gläubigers droht, siehe dazu auch OLG Köln NJW-RR 1997, 59 (60); BeckOK-ZPO/*Mayer*, § 938 Rn. 21; Stein/Jonas-ZPO/*Grunsky*, Vor § 935 Rn. 50.

474 Dazu sogleich D IV 6.

e. Zwischenergebnis

Schlussendlich ist festzuhalten, dass abseits des problematischen Verhältnisses von § 2040 BGB und § 2038 BGB und ohne die Zulassung von Ausnahmen von § 2040 I BGB keine erhöhte Handlungsfähigkeit der Erbengemeinschaft erreicht werden kann. Erleichterungen können sich unter Umständen nur aus der privatautonomen Umwandlung in eine GbR ergeben.

Um letzten Endes zu entscheiden, ob Mehrheitshandeln auf Verfügungsebene zulässig sein soll, kommt es maßgeblich auf die unterschiedlichen Konsequenzen von mehrheitlich getroffenen Verpflichtungs- und Verfügungsgeschäften an und damit auf die Frage, ob eine unterschiedliche Behandlung tatsächlich gerechtfertigt ist.

6. Einstweiliger Rechtschutz für Minderheitserben

Wie soeben erläutert, ist der Weg des einstweiligen Rechtsschutzes für die Mehrheit zur zügigen Vornahme des beabsichtigen Geschäfts wegen des Verbots der Vorwegnahme der Hauptsache ausgeschlossen. Die Möglichkeit des einstweiligen Rechtsschutzes kann also nicht die mit einem möglichen Vorrang des § 2040 I BGB verbundenen Nachteile kompensieren. Fraglich ist jedoch, ob der einstweilige Rechtsschutz für die Minderheit eine Möglichkeit darstellt, die mit einem Durchschlagen des Mehrheitsprinzips auf Verfügungsebene verbundenen Nachteile auszugleichen. So könnte den Minderheitserben das Privileg genommen werden, jede Verfügung durch Verweigerung der Zustimmung zunächst blockieren zu können. Vielmehr könnte die Minderheit darauf beschränkt werden, bei Zweifeln an der Ordnungsmäßigkeit, einstweiligen Rechtsschutz gegen die Vornahme der Verfügung zu erwirken, §§ 935, 938 II, 940 ZPO.[475] Kann dieses Vorgehen als erfolgversprechend eingeordnet werden, könnte dies dafür sprechen, Ausnahmen von § 2040 I BGB zuzulassen und ein Durschlagen des Mehrheitsprinzips auf Verfügungsebene anzunehmen.

Der Erlass eines einstweiligen Verfügungsverbot hat im Allgemeinen die relative Unwirksamkeit der verbotswidrigen Verfügung zur Folge,

475 Vgl. auch *Eberl-Borges*, NJW 2017, 1313 (1315).

§§ 135 I 2, 136 BGB.[476] Dies ist insbesondere in Fällen doppelter Kaufverträge von Bedeutung, damit der Verkäufer gegenüber dem Erstkäufer verfügungsbefugt bleibt und somit der kaufvertragliche Erfüllungsanspruch gesichert wird.[477] Unberührt bleibt indes die Möglichkeit des Erwerbs vom Nichtberechtigten, sodass gleichsam die Gefahr besteht, dass der Zweitkäufer gutgläubig Eigentum erwirbt, § 135 II BGB.

Die Umstände innerhalb der Erbengemeinschaft sind jedoch anders gelagert. Das Verfügungsverbot müsste ausgesprochen werden, wenn dies zur Abwendung wesentlicher Nachteile oder aus anderen Gründen nötig erscheint, § 940 ZPO.[478] Sämtliche Umstände sind von den Minderheitserben als Antragsteller für die erforderliche Schlüssigkeitsprüfung glaubhaft zu machen.[479]

Stellt die Verfügung tatsächlich keine Maßnahme der ordnungsgemäßen Verwaltung dar, ist eine Mehrheitsverfügung jedenfalls unzulässig. Eine trotz dessen vorgenommene Verfügung wäre daher auch ohne Erlass des Verfügungsverbots mangels Verfügungsbefugnis der Mehrheit unwirksam. Entsprechendes müsste im Nachhinein gerichtlich festgestellt werden. Das Verfügungsverbot scheint daher rein faktisch keine Auswirkungen zu haben, sondern würde nur eine Möglichkeit für die Minderheitserben darstellen, die Ordnungsmäßigkeit einer Maßnahme vorab zu klären. Ein gutgläubiger Erwerb wäre – mit oder ohne Verfügungsverbot – ohnehin ausgeschlossen.[480] Eine faktische Vornahme könnte – mit oder ohne Verfügungsverbot – erfolgen und der betreffende Nachlassgegenstand übergeben werden, sodass Rückabwicklungsprobleme auftreten können.[481] Die Gefahr des gutgläubigen Erwerbs durch einen Zweitkäufer, an den der Vertragspartner den betreffenden Gegenstand weiterzuveräußern versucht, besteht gleichermaßen. Eine einstweilige Verfügung für die Minderheitserben ist insofern nicht zweckdienlich.

---

476 BGHZ 172, 360 (365) = NJW 2008, 376 (377); Kindl/Meller-Hannich/Wolf/*Haertlein*, Zwangsvollstreckung, § 938 ZPO Rn. 20; MüKo-ZPO/*Drescher*, § 938 Rn. 36; Prütting/Gehrlein-ZPO/*Fischer*, § 938 Rn. 7; Stein/Jonas-ZPO/*Grunsky*, § 938 Rn. 25; *Kohler*, JZ 1983, 586 (589 f.).

477 Zum einstweiligen Rechtsschutz bei Doppelverkäufen zur Sicherung des Lieferungsanspruchs vgl. *Bairlein*, BB 2014, 138 ff.; *Podehl*, BB 2006, 2484 ff.

478 MüKo-ZPO/*Drescher*, § 940 Rn. 9 ff.; NK-Nachfolgerecht/*Krätzschel*, § 940 Rn. 1; Saenger-ZPO/*Kemper*, § 2040 Rn. 8; Schuschke/Walker/*Schuschke*, Vollstreckung, § 940 ZPO Rn. 1; Zöller-ZPO/*Vollkommer*, § 940 Rn. 4.

479 NK-Nachfolgerecht/*Krätzschel*, § 940 Rn. 8; Schuschke/Walker/*Schuschke*, Vollstreckung, § 940 ZPO Rn. 6 f; Zöller-ZPO/*Vollkommer*, § 940 Rn. 3.

480 Oben C III 2 e sowie unten D IV 7.

481 Siehe dazu unten D IV 7.

Im Hinblick auf eben diese Problematik könnte die Anordnung einer Verwahrung oder Hinterlegung sachgerechter sein, um den Verbleib des Nachlassgegenstandes zu sichern.[482] Die einstweilige Verfügung in Form der sogenannten Sicherstellungsverfügung ordnet die Herausgabe einer beweglichen Sache zur Verwahrung oder Hinterlegung an einen Gerichtsvollzieher an.[483] Die Möglichkeit der Sequestration bestimmt § 938 II BGB.[484] Ausreichend wäre aber schon die bloße Sicherstellung und Verwahrung der Sache und keine echte Sequestrationsverfügung[485], um die faktische Vornahme der Verfügung durch Weitergabe des Nachlassgegenstandes zu verhindern.[486] Ob eine Anordnung im Einzelfall erfolgen würde, ist indes fraglich, wenn es lediglich um die Verhinderung der faktischen Vornahme geht.[487] Es ist mithin nicht sichergestellt, dass die Interessen der Minderheit bei einer Zulassung von Mehrheitsverfügungen durch die Möglichkeit des einstweiligen Rechtsschutzes hinreichend befriedigt werden. Die Möglichkeit des einstweiligen Rechtsschutzes für die Minderheitserben kann es im Ergebnis nicht rechtfertigen, Ausnahmen von § 2040 I BGB zuzulassen und Mehrheitsverfügungen zu ermöglichen.

7. Unterschiedliche Behandlung von Verpflichtungs- und Verfügungsgeschäften

Die Flexibilität, die durch die Entscheidung zugunsten des Mehrheitshandelns im Außenverhältnis auf Verpflichtungsebene erreicht wurde, scheint auf Verfügungsebene wieder zerstört zu werden, wenn es den Miterben hier verwehrt wird, Maßnahmen mehrheitlich zu treffen. Die Handlungsfähigkeit würde bei der Umsetzung wieder in Frage gestellt und die Erben-

---

482 Vgl. MüKo-ZPO/*Drescher*, § 938 Rn. 36; Prütting/Gehrlein-ZPO/*Fischer*, § 938 Rn. 7; Schuschke/Walker/*Schuschke*, Vollstreckung, § 938 Rn. 20.

483 KG NJW-RR 1987, 574 (574 f.); *Gleußner*, DGVZ 1996, 33 (34).

484 Siehe dazu *Gleußner*, DGVZ 1996, 33 ff.

485 Eine solche würde über die Sicherstellung und Verwahrung hinausgehen und die Verwaltung durch den Sequester bedeuten, OLG München MDR 1984, 62; Kindl/Meller-Hannich/Wolf/*Haertlein*, Zwangsvollstreckung, § 938 ZPO Rn. 14; MüKo-ZPO/*Drescher*, § 938 Rn. 27; Schuschke/Walker/*Schuschke*, Vollstreckung, § 938 Rn. 20.

486 Vgl. KG NJW-RR 1987, 574; MüKo-ZPO/*Drescher*, § 938 Rn. 26; Schuschke/Walker/*Schuschke*, Vollstreckung, § 938 Rn. 20; *Gleußner*, DGVZ 1996, 33 (34).

487 Siehe auch Prütting/Gehrlein/*Fischer*, § 938 Rn. 7; Stein/Jonas-ZPO/*Grunsky*, § 938 Rn. 25.

gemeinschaft so doch wieder gelähmt.[488] Das zum Zwecke der Flexibilisierung gefundene Ergebnis würde so torpediert. In der Tat fällt es schwer, nachzuvollziehen, warum Mehrheitshandeln auf Verpflichtungsebene zulässig sein sollte, zur Erfüllung des mehrheitlich abgeschlossenen Verpflichtungsgeschäfts auf Verfügungsebene jedoch nicht. Treffend scheint der Vorwurf, sachlich Zusammengehöriges werde so unterschiedlich behandelt und es komme zu einem „Parallelitätsmangel" zwischen Entscheidungsfindung einerseits und Entscheidungsvollzug andererseits.[489] Praktikabler und sinnvoller könnte ein Gleichlauf der Befugnisse auf allen Ebenen sein,[490] wie er beispielsweise auch im Recht der Testamentsvollstreckung geregelt ist, §§ 2205 I 1, 2, 2206 II BGB.[491]

Ungewiss ist, ob die Versagung der mehrheitlichen Verfügungsmacht schon wegen der auf Verpflichtungsebene erfolgten Weichenstellung unzweckmäßig ist. Sowohl die Beschlussfassung im Innenverhältnis als auch der Abschluss des Verpflichtungsgeschäfts können mehrheitlich durchgeführt werden. Geht es darum, eine Gefährdung des Nachlasses zu vermeiden, ist in der Tat nicht allein das Verfügungsgeschäft ausschlaggebend, sondern vielmehr auch schon der Abschluss des Vertrages auf schuldrechtlicher Ebene, durch welchen die Verpflichtung der Erbengemeinschaft entsteht. Infolgedessen schuldet die Erbengemeinschaft Erfüllung; bei Nichterfüllung sieht sie sich regelmäßig Schadensersatzansprüchen ausgesetzt.[492] Eine Gefährdung des Nachlasses erfolgt also schon auf Verpflichtungsebene, sodass es zweckmäßig wäre, Mehrheitshandeln übereinstimmend auch auf Verfügungsebene zu ermöglichen. Erst das Verfügungsgeschäft führt jedoch eine Rechtsänderung herbei und enthält eine gewisse Endgültigkeit. Unabhängig von der – bei Wirksamkeit der Verfügung – eintretenden Rechtsänderung ist mit der Verfügung im klassischen Falle

488 Siehe auch *Muscheler*, Erbrecht II, Rn. 3865; *Olzen/Looschelders*, Erbrecht, Rn. 1013; *Ann*, MittBayNot 2007, 133 (134); *Wendt*, Notar 2016, 363 (370); oben C III 1 c aa.

489 So *Ann*, MittBayNot 2007, 133; *Muscheler*, ZEV 1997, 222 (230).

490 Vgl. *Ann*, MittBayNot 2007, 133.

491 Siehe dazu Bengel/Reimann/*Schaub*, Testamentsvollstreckung, § 4 Rn. 2 ff., 121 ff.

492 Zu einer Nichterfüllung wird es im Rahmen der Ordnungsmäßigkeit jedoch nicht kommen, da andernfalls die unter Umständen erforderliche Zustimmung untätiger Miterben nach Maßgabe des § 2038 I 2 BGB erzwungen werden kann; für eine darauf zurückzuführende Verzögerung haften die pflichtwidrig untätigen Miterben, §§ 280 I, 2038 I 2 BGB; bei nicht ordnungsgemäßen Maßnahmen ist indes schon der mehrheitliche Abschluss des Verpflichtungsgeschäfts ausgeschlossen.

der Übereignung die Übergabe der Sache verbunden, die eine Rückabwicklung in Form der Herausgabe des entsprechenden Gegenstandes erforderlich macht. Da die Vornahme eines Verfügungsgeschäfts noch weitergehende Folgen als der Abschluss des Verpflichtungsgeschäfts bewirken kann, ist es jedenfalls nicht gemeinhin unzweckmäßig oder verspätet, gesteigerten Schutz auf Verfügungsebene zu gewähren.

Die These, es komme zu einem Parallelitätsmangel, wenn Verpflichtungs- und Verfügungsgeschäfte unterschiedlich behandelt werden, erscheint zunächst zutreffend, ist jedoch sehr oberflächlich. Denn entscheidend ist letztlich nicht das bloße Bestehen eines Parallelitätsmangels, sondern die Rechtfertigung desselben. Es bedarf einer eingehenden Untersuchung, inwiefern sich bei dem Abschluss von Verpflichtungsgeschäften und der Vornahme von Verfügungsgeschäften Abweichungen ergeben, die eine unterschiedliche Behandlung rechtfertigen könnten. Bestehen solche Differenzen gerade nicht, fehlt es in teleologischer Sicht an einer hinreichenden Begründung dafür, dass Mehrheitshandeln auf Verpflichtungsebene zugelassen wird, auf Verfügungsebene hingegen nicht.

Es ist zu untersuchen, inwiefern eine Verfügungsmacht der Mehrheit die Interessen der Minderheit nachhaltiger berührt als eine Vertretungsmacht der Mehrheit im Rahmen von Verpflichtungsgeschäften.

Entscheidend ist diesbezüglich insbesondere die Konstellation, in der die Ordnungsmäßigkeit einer Maßnahme zu verneinen ist und die Voraussetzungen der Mehrheitsverwaltung damit nicht vorliegen. Denn sofern die Maßnahme ordnungsmäßig ist, kann die Minderheit sie wegen der nach § 2038 I 2 BGB bestehenden Mitwirkungspflicht ohnehin nicht dauerhaft blockieren. Spätestens durch gerichtliche Ersetzung der unter Umständen erforderlichen Zustimmung kann die Maßnahme wirksam vorgenommen werden.

Wird auf Verpflichtungsebene ein Rechtsgeschäft mehrheitlich abgeschlossen, bei dem sich im Nachhinein ergibt, dass es nicht ordnungsgemäß war, ist der Vertrag schwebend unwirksam, § 179 I BGB. Die (schwebende) Unwirksamkeit kann im Rahmen eines Gerichtsprozesses festgestellt werden, in dem die Ordnungsmäßigkeit der Maßnahme und demnach die Vertretungsmacht der Mehrheit geprüft werden. Unterbleibt daraufhin die Genehmigung der bisher unbeteiligten Minderheitserben, ist der Vertrag endgültig unwirksam; aus ihm ergeben sich weder Rechte noch Pflichten. Für auf Grundlage des Vertrages bereits getätigte Leistungen gilt das Bereicherungsrecht. Wurde beispielsweise auf einen vermeintlich wirksamen Kaufvertrag der Kaufpreis gezahlt, ist dieser über § 812 I 1 1. Alt BGB kondizierbar. Die handelnde Mehrheit haftet dem Vertragspartner gemäß § 179 I BGB wahlweise auf Erfüllung oder Schadensersatz. Geht es um einen Kaufvertrag, ist die Erfüllung der Pflicht zur Eigentumsübertragung ausgeschlossen, da Mehrheitshandeln wegen der fehlenden Ordnungsmäßigkeit auch auf Verfügungsebene in jedem Fall impraktikabel ist. Die Mehrheit ist somit gemäß § 179 I 2. Alt BGB zum Schadensersatz verpflichtet. Der Anspruch ist auf das positive Interesse des Geschäftsgegners gerichtet; dieser ist so zu stellen, wie er bei ordnungsgemäßer Erfüllung stünde.[493] Bei fehlender Kenntnis vom Mangel der Vertretungsmacht beschränkt sich die Haftung auf den Schaden, den der andere Teil dadurch erleidet, dass er auf die Vertretungsmacht vertraut, § 179 II BGB, also auf das negative Interesse.[494] Gehen die Miterben folglich davon aus, dass es sich bei dem Vertrag um eine ordnungsmäßige Verwaltungsmaßnahme handelt und sie mithin mehrheitlich zur Vertretung ermächtigt sind, haften sie nur für den Vertrauensschaden.

Letztlich betreffen diese Haftungsfolgen jedoch nicht die Erbengemeinschaft insgesamt, sondern lediglich die handelnden Miterben der Mehrheit, sodass auch die Interessen der Minderheit dadurch nicht tangiert werden.

Auf Verfügungsebene wäre, wenn die Voraussetzungen der Mehrheitsverwaltung nicht vorliegen, jedenfalls auch eine Mehrheitsverfügung mangels Verfügungsmacht der Mehrheitserben unwirksam. Geht es um die Erfüllung eines Kaufvertrages durch Übereignung, erwirbt der Vertragspartner somit kein Eigentum. Auch ein Erwerb vom Nichtberechtigten ist ausgeschlossen, weil der gute Glaube an die Verfügungsmacht durch die §§ 932 ff. BG nicht geschützt wird, sondern Anknüpfungspunkt lediglich die Eigentumslage ist, § 932 II BGB.[495] Möglich wäre lediglich der gutgläubige Erwerb eines Dritten bei Weiterveräußerung durch denjenigen, der den Nachlassgegenstand von der Erbengemeinschaft erhält. Wurde die Verfügung bereits faktisch vorgenommen, der Nachlassgegenstand also schon übergeben, verbliebe das Eigentum grundsätzlich bei der Erbengemeinschaft und der Nachlassgegenstand wäre über § 985 BGB rückholbar. Die Wiedererlangung des Nachlassgegenstandes müsste im Wege des Vindikationsanspruchs erstrebt werden. Ein Recht zum Besitz des Vertrags-

---

493 HK-BGB/*Dörner*, § 179 Rn. 2; MüKo-BGB/*Schubert*, § 179 Rn. 47; *Köhler*, BGB AT, § 11 Rn. 69; *Lorenz*, JuS 2010, 382 (384).

494 MüKo-BGB/*Schubert*, § 179 Rn. 51 ff.; *Grunewald*, Bürgerliches Recht, § 7 Rn. 19; *Köhler*, BGB AT, § 11 Rn. 70; *Lorenz*, JuS 2010, 382 (384).

495 Vgl. BeckOK-BGB/*Berger*, § 932 Rn. 13; MüKo-BGB/*Oechsler*, § 932 Rn. 38; *Leverenz*, Gestaltungsrechtsausübungen durch und gegen Personenmehrheiten, S. 66.

partners wird dabei deshalb ausgeschlossen sein, weil bei Fehlen der Voraussetzungen für die Mehrheitsverwaltung – wie soeben erläutert – auch das entsprechende, mehrheitlich vorgenommene Verpflichtungsgeschäfte unwirksam ist.

Probleme könnten sich dann ergeben, wenn der Nachlassgegenstand zum Zeitpunkt des Herausgabeverlangens nicht mehr vorhanden ist oder sich sonstige Änderungen ergeben haben. Dies ist im Hinblick auf den Zeitablauf, den ein Gerichtsprozess verursacht, in dem die fehlende Ordnungsmäßigkeit und demnach die Unwirksamkeit von Verpflichtungs- und Verfügungsgeschäft erst festgestellt werden, nicht allzu unwahrscheinlich. Fraglich ist, inwiefern die §§ 987 ff. BGB dann einen angemessenen Schutz für die Minderheit bieten.

Schäden, die auf einer Verschlechterung, Untergang oder anderweitiger Unmöglichkeit der Herausgabe des betreffenden Nachlassgegenstandes beruhen, werden über §§ 990, 989 BGB ersetzt. Erforderlich ist jedoch die Bösgläubigkeit des Besitzers, also die Kenntnis oder grobfahrlässige Unkenntnis vom Mangel des Besitzrechts, § 990 I 1 BGB, oder die Rechtshängigkeit, § 989 BGB.[496] Rechtshängigkeit wird durch die Erhebung einer Herausgabeklage beziehungsweise mit Zustellung der Klageschrift begründet, §§ 261, 253 ZPO.[497] Nicht ausreichend ist jedoch im Hinblick auf die erforderliche Warnfunktion die Erhebung der Klage auf Feststellung der Unwirksamkeit der durch die Mehrheit vorgenommenen Verfügung; vielmehr muss die Klage gerade – gegen den Besitzer – auf Herausgabe des Nachlassgegenstandes auf Grundlage des Eigentums gerichtet sein.[498]

Die für die Bösgläubigkeit erforderliche Kenntnis liegt bereits dann vor, wenn der Besitzer über die dem Mangel des Rechts zugrundeliegenden Tatsachen in der Weise aufgeklärt ist, dass ein redlich Denkender sich der Überzeugung seiner Nichtberechtigung nicht verschließen würde.[499] Der Vertragspartner und Besitzer wird jedoch in der Regel keinen Einblick in

---

496 BGH NJW 1977, 31 (34); HK-BGB/*Schulte-Nölke*, § 990 Rn. 2; Erman-BGB/*Ebbing*, § 990 Rn. 6; Jauernig-BGB/*Berger*, § 990 Rn. 2; MüKo-BGB/*Raff*, § 990 Rn. 4; *Wellenhofer*, Sachenrecht, § 22 Rn. 6.

497 Siehe auch BeckOK-BGB/*Fritzsche*, § 987 Rn. 63; Prütting/Gehrlein-ZPO/*Geisler*, § 253 Rn. 2, § 261 Rn. 2.

498 BGH NJW 1985, 1553; Jauernig-BGB/*Berger*, § 987 Rn. 3; MüKo-BGB/*Raff*, § 987 Rn. 10.

499 BGHZ 26, 256 (260) = NJW 1958, 668; BGHZ 32, 76 (92) = NJW 1960, 1105 (1107); BGHZ 184, 358 (362) = NJW 2010, 2664 (2665); OLG Naumburg NJW-RR 1999, 233 (234); Erman-BGB/*Ebbing*, § 990 Rn. 10; Jauernig-BGB/*Berger*, § 990 Rn. 2; MüKo-BGB/*Raff*, § 990 Rn. 4.

die internen Verhältnisse der Erbengemeinschaft haben und damit weder beurteilen können, ob es sich um eine Maßnahme der ordnungsgemäßen Verwaltung handelt, noch ob die handelnden Erben dementsprechend zur Vertretung berechtigt waren. Ob das schuldrechtliche Kausalgeschäft – beispielsweise ein Kaufvertrag – auf dem das Besitzrecht des Käufers beruht, daher unwirksam ist, liegt außerhalb seines Kenntnisbereichs, sodass Bösgläubigkeit häufig zu verneinen ist. In diesem Fall bleibt die Erbengemeinschaft bei Schäden infolge von Verschlechterung, Untergang und sonstiger Herausgabeunmöglichkeit ersatzlos. Eine weitergehende Haftung des unredlichen Besitzers ist gemäß § 993 I BGB ausgeschlossen. Nur für Schäden, die nach Erlangung der Kenntnis vom fehlenden Besitzrecht eintreten, vermag die Erbengemeinschaft über § 990 I 2 BGB Ersatz zu erlangen.

Probleme bereitet auch der Fall der Weiterveräußerung durch den unberechtigten Besitzer an einen Dritten. Zwar ist der gutgläubige Erwerb des Erstkäufers ausgeschlossen, da der gute Glaube an die Verfügungsberechtigung nicht geschützt wird;[500] möglich ist jedoch der gutgläubige Erwerb eines Zweitkäufers, wenn dieser an die Eigentümerstellung des besitzenden Erstkäufers glaubt. In diesem Fall steht – auch bei Redlichkeit des Besitzers – § 993 I BGB einem bereicherungsrechtlichen Anspruch der Erben aus § 816 I 1 BGB nicht entgegen. Denn es handelt sich um einen Wertersatzanspruch (§ 818 II BGB) als Ersatz für die Einverleibung der Sachsubstanz in das eigene Vermögen, der weder einen Schadensersatz- noch einen Nutzungsersatzanspruch darstellt.[501] Der Erbengemeinschaft steht also ein Anspruch auf Herausgabe des durch die Verfügung Erlangten zu.[502] Ein solcher Anspruch wird dem Interesse der Minderheitserben, die eine Verfügung von vornherein verhindern wollten, jedoch nicht immer gerecht werden.

Auch außerhalb der Beschädigung des betreffenden Nachlassgegenstandes kann die schlichte Rückabwicklung durch Herausgabe mit Problemen

500 Siehe bereits oben C III 2 e; D IV 4.

501 Staudinger/*Gursky*, Vor §§ 987–993, Rn. 41, 43 f.; *Larenz/Canaris*, Schuldrecht II/2, § 74 I 2 a.

502 Strittig ist in diesem Zusammenhang, ob sich der Anspruch auf die Gegenleistung, also auf den vom Käufer gezahlten Kaufpreis, oder auf den objektiven Verkehrswert erstreckt. Der BGH und die wohl herrschende Meinung in der Literatur vertreten die Ansicht, dass „durch die Verfügung Erlangte" sei die vom Verfügenden empfangene Gegenleistung, BGHZ 29, 157 (159) = NJW 1959 668 (668 f.); BGH NJW 1997, 190 (191); NZM 2005, 835 (537); Erman-BGB/*Westermann*, § 816 Rn. 19; Soergel/*Hadding*, § 816 Rn. 17; *Larenz/Canaris*, Schuldrecht II/2, § 72 I 2; a.A. *Caemmerer*, FS Lewald, S. 443 (447 f.).

verbunden sein. So kann der Besitzer beispielsweise Verwendungen auf die Sache getätigt haben und dem Herausgabeverlangen demzufolge ein Zurückbehaltungsrecht gemäß § 1000 S. 1 BGB entgegenhalten, bis seine Verwendungsersatzansprüche befriedigt werden. Die Erbengemeinschaft muss bei Redlichkeit des Besitzers gemäß § 996 BGB auch solche Verwendungen ersetzen, die nicht notwendig (§ 994 BGB), sondern nur nützlich sind. Erforderlich ist dafür zwar das Vorhandensein einer Werterhöhung; maßgeblich ist dabei jedoch eine objektive und keine subjektive Wertbestimmung, sodass eine „aufgedrängte Verbesserung" nicht von der Ersatzpflicht ausgenommen ist.[503]

Im Ergebnis können mit der faktischen Vornahme der Verfügung und der dadurch notwendigen Rückholung nach Maßgabe der §§ 985, 987 ff. BGB einige Schwierigkeiten verbunden sein. Insbesondere im Fall des redlichen Erwerbers führen die Wertungen des Eigentümer-Besitzer-Verhältnisses dazu, dass die §§ 987 ff. BGB keinen angemessenen Schutz der Erben bieten. Da der redliche Besitzer privilegiert wird, steht die Erbengemeinschaft bei Schäden oder anderweitig begründeter Herausgabeunmöglichkeit eines zum Zwecke der Verfügung übergebenen Nachlassgegenstandes häufig schutzlos.

Schlussendlich ist es also durchaus gerechtfertigt, Maßnahmen auf Verpflichtungs- und Verfügungsebene unterschiedlich zu behandeln.

8. Faktische Vornahme bei ausnahmsloser Geltung des § 2040 I BGB

Letztlich ist auch bei ausnahmsloser Geltung des § 2040 I BGB eine faktische Vornahme der Verfügung durch die Mehrheit möglich. Die Verfügung wäre dann unabhängig von deren Ordnungsmäßigkeit unwirksam. Fehlt es an der Ordnungsmäßigkeit, ergeben sich die selben Konsequenzen, wie oben erläutert. Der Nachlassgegenstand wäre über § 985 BGB rückholbar. Dabei können sich gleichermaßen die oben angedeuteten Komplikationen ergeben.

Ist die Verfügung hingegen als ordnungsgemäß einzuordnen, ist die Rückholung des – unbeschädigten und vorhandenen – Nachlassgegenstandes ungeachtet der unwirksamen Verfügung problematisch. Zwar würden die für die Vindikationslage erforderlichen Eigentumsverhältnisse vorliegen, da ein Eigentumsübergang wegen Unwirksamkeit der Verfügung

503 Erman-BGB/*Ebbing*, § 996 Rn. 6; MüKo-BGB/*Raff*, § 996 Rn. 8 f; *Canaris*, JZ 1996, 344 (345f.).

nicht erfolgt wäre. Allerdings wäre der mehrheitlich abgeschlossene Verpflichtungsvertrag wirksam, denn die Mehrheit hatte insofern Vertretungsmacht inne, §§ 2038 II 1, 745 I 1 BGB. Dies resultiert eben aus der unterschiedlichen Handhabung von schuldrechtlichem und dinglichem Geschäft. Der wirksame Kaufvertrag wäre also Grundlage für ein bestehendes Recht zum Besitz des Vertragspartners, welches der Vindikation entgegengehalten werden könnte, § 986 I 1 Alt. 1 BGB. Aus diesem Vertrag ergibt sich auch die Pflicht der Erben, dem Vertragspartner das Eigentum an dem Nachlassgegenstand zu verschaffen. Einer Rückforderung entgegen dieser Verpflichtung stünde also letztlich auch § 242 BGB entgegen. Die Verschaffung des Eigentums ist nach wie vor möglich, da eine nachträgliche Genehmigung der zunächst unwirksamen Verfügung erfolgen kann, § 185 Var. 1 BGB. Wegen der im Rahmen der Ordnungsmäßigkeit bestehenden Mitwirkungspflicht der Miterben gemäß § 2038 I 2 BGB kann die Zustimmung in jedem Fall im Rechtswege erzwungen werden. Ein dauerhaftes Auseinanderfallen von Eigentum und Besitz würde demnach nicht bewirkt werden. Wie oben bereits angedeutet, kann die Minderheit das Rechtsgeschäft nicht dauerhaft verhindern. Unabhängig davon, ob die Frage der Ordnungsmäßigkeit vorab (bei ausnahmsloser Geltung des § 2040 I BGB) oder im Nachhinein geklärt wird, kann eine ordnungsgemäße Verfügung im Ergebnis selbst dann wirksam vorgenommen werden, wenn die Zustimmung der Minderheit zunächst unterbleibt. Nachteile für die Mehrheit ergeben sich also nicht daraus, dass eine Verfügung gar nicht vorgenommen werden kann, sondern allenfalls aus dem Zeitpunkt, da es infolge der gesteigerten Mitwirkungserfordernisse zu Zeitverlusten kommen kann. Unterlässt die Mehrheit wegen § 2040 I BGB die Umsetzung der Verfügung zunächst, haftet ihr die Minderheit jedoch aus §§ 280 I, 2038 I 2 BGB für einen etwaigen Verzögerungsschaden. In Anbetracht dieser Haftung droht keine Entwertung des Nachlasses infolge von Verzögerungen, die auf eingeschränkten Handlungsbefugnissen beruhen. Zum Nachteil der Minderheitserben drohen dadurch zwar Schadensersatzansprüche; sie haben es jedoch selbst in der Hand, dieses Haftungsrisiko einzugehen, wenn Zweifel an der Ordnungsmäßigkeit bestehen.

9. Zwischenergebnis

Letztlich ist festzuhalten, dass weder durch die teleologische Reduktion des § 2040 I BGB und Anwendung von § 2038 II BGB noch durch die wortlautgetreue Auslegung des § 2040 I BGB, bei der diese als gegenüber

§ 2038 BGB vorrangig einzuordnen ist, ein optimaler Schutz von Miterben und Nachlassgläubigern gewährleistet wird. Beide Varianten sind mit einigen Vor- aber auch Nachteilen verbunden. In Anbetracht der vielseitigen Interessen, die bei der Erbengemeinschaft aufeinandertreffen, müssen einzelne Interessen stets in unterschiedlichem Ausmaß zurücktreten.

Einige teleologische Gründe lassen sich zwar für eine erhöhte Handlungsfähigkeit anführen. Insgesamt wird aber auch eine wortlautgetreue Anwendung des § 2040 I BGB dem Sinn und Zweck der Vorschrift und den Interessen im Zusammenhang mit der Erbengemeinschaft gerecht. Dies gilt insbesondere, da eine Entwertung des Nachlasses infolge von Zeitverzögerungen deshalb nicht droht, weil hierfür pflichtwidrig untätige Minderheitserben einstehen. Lediglich im Fall der insolventen Minderheit könnte in teleologischer Sicht ein anderes Ergebnis gerechtfertigt sein, da eine Entwertung des Nachlasses nicht durch haftende Minderheitserben ausgeglichen werden kann. Über eine teleologische Reduktion des § 2040 I BGB für diese Konstellation könnte dann gleichsam nachgedacht werden.

Im Rahmen der Ordnungsmäßigkeit besteht zwar die Mitwirkungspflicht der Minderheitserben nach § 2038 I 2 BGB, die dazu führt, dass ordnungsgemäße Maßnahmen nicht dauerhaft verhindert werden können und die Verfügung somit letztlich doch wirksam vorgenommen werden kann. Der Nachlassgegenstand kann dann nicht über § 985 BGB zurückverlangt werden. Dies scheint gegen die Zweckmäßigkeit des Einstimmigkeitsprinzips auf Verfügungsebene zu sprechen.

Gerade die Konstellation der nicht ordnungsgemäßen Verwaltungsmaßnahmen hat jedoch gezeigt, dass eine unterschiedliche Behandlung von Verpflichtungs- und Verfügungsgeschäften gerechtfertigt ist. Denn weil die faktische Vornahme der Verfügung durch Übergabe des Nachlassgegenstandes droht, wird die Rückabwicklung nach Maßgabe der §§ 985 ff. BGB notwendig; die §§ 987 ff. BGB bieten dann nicht immer einen angemessenen Schutz, was insbesondere im Fall des redlichen Besitzers deutlich wird.

Derartige Konsequenzen könnten zwar unter Umständen durch einstweiligen Rechtsschutz in Form der Hinterlegung oder Verwahrung vermieden werden, §§ 935, 938 II, 940 ZPO. Ob die Anordnung im Einzelfall erfolgen würde, ist jedoch unsicher.

V. Grenzen der teleologischen Reduktion

Letztlich könnte eine teleologische Reduktion des § 2040 I BGB, bei der entgegen des Wortlautes Verfügungen nach Maßgabe des §§ 2038 II 1, 745 I 1 BGB mehrheitlich vorgenommen werden können, allein deshalb abgelehnt werden müssen, weil dies die Grenzen der teleologischen Reduktion überschreiten würde.

Die teleologische Reduktion stellt ein Mittel der Rechtsfortbildung dar, bei der der Wortlaut bis auf den tragenden Zweck zurückgenommen werden kann; es handelt sich insofern um eine gesetzeskonforme Wortlautkorrektur.[504] Sie findet dort ihre Grenze, wo eine Norm entgegen gesetzgeberischer Wertungen generell korrigiert oder sogar derogiert wird und damit ein verfassungsrechtlich unhaltbarer Eingriff in die Kompetenz des Gesetzgebers vorliegt.[505] Zu differenzieren ist zwischen gesetzesergänzender Lückenfüllung beziehungsweise Präzisierung *intra ius* und Rechtsfindung *contra legem*.[506] Um die Gesetzesbindung zu wahren und die Kontinuität des Rechts einzuhalten, müssen der tragende Wortlaut und der Wille des historischen Gesetzgebers stets vorrangig sein, wenn nicht zwingende teleologische Aspekte ein anderes Ergebnis rechtfertigen.[507] Nur wenn der Gesetzeszweck eindeutig ermittelt ist und dieser ohne die teleologische Korrektur verfehlt werden würde, kann eine solche erfolgen.[508]

Die maßgebliche Vorschrift des § 2040 I BGB enthält lediglich die Regelung, dass Erben über Nachlassgegenstände nur gemeinschaftlich verfügen können. Eben diese Regelung würde gewissermaßen entkräftet, wenn ungeachtet des eindeutigen Wortlautes und der sich aus einer historischen Auslegung ergebenden Wertung mehrheitliche Verfügungen zugelassen werden würden. Würden auch für Verfügungen die Ausnahmen des § 2038 II 1 BGB in Verbindung mit § 745 I 1 BGB gelten, wäre eine gesonderte Regelung der Verfügungen obsolet. Denn für ordnungsgemäße Maßnahmen gälte dann das Mehrheitsprinzip gemäß §§ 2038 II, 745 I 1 BGB.

---

504 *Brandenburg*, Die teleologische Reduktion, S. 75; *Larenz*, Methodenlehre der Rechtswissenschaft, S. 391.

505 BVerfGE 35, 263 (280) = NJW 1973, 1491 (1494); BVerfGE 8, 28 (33 f.); = NJW 1958, 1227; BVerfGE 8, 210 (222 f.) = NJW 1958, 2059 (2061); *Brandenburg*, Die teleologische Reduktion, S. 71; vgl. auch *Krey*, JZ 1978, 361 (367).

506 Siehe dazu *Krey*, JZ 1978, 361 (367 f.); *Larenz*, Methodenlehre der Rechtswissenschaft, S. 414, 426.

507 *Brandenburg*, Die teleologische Reduktion, S. 77; siehe auch *Canaris*, Die Feststellung von Lücken im Gesetz, S. 192.

508 *Larenz*, Methodenlehre der Rechtswissenschaft, S. 400.

Außerhalb der Ordnungsmäßigkeit würde die gebotene Gemeinschaftlichkeit aus § 2038 I 1 BGB beziehungsweise aus dem Gesamthandsprinzip folgen. Die Regelung des § 2040 I BGB wäre dann im Verhältnis zu § 2038 BGB überflüssig. Wenn Verfügungen nicht anders gehandhabt werden sollen als Verpflichtungen, verlöre eine eigenständige, ausgesonderte Reglung ihren Sinn.[509] Die Norm des § 2040 I BGB wird nur dann nicht entkräftet, wenn Ausnahmen gemäß § 2038 II 1 BGB nicht zugelassen werden. Mit der generellen Anwendung des Mehrheitsprinzips auf Verfügungsebene würde sich der Rechtsanwender aber der bestehenden Gesetzesbindung entziehen und eigene, korrigierte Wertungen verfolgen.[510] Wie die obige Untersuchung ergeben hat, können teleologische Gründe dies nicht eindeutig rechtfertigen. Eine ausnahmslose Geltung des Gemeinsschaftlichkeitsprinzips verfehlt nicht den Zweck der Vorschrift. Dem Wortlaut und dem herausgearbeiteten Willen des Gesetzgebers ist daher der Vorrang einzuräumen und eine entgegengerichtete teleologische Reduktion als unzulässig abzulehnen.

VI. Ergebnis

Eine eingeschränkte Anwendung des § 2040 I BGB ist wegen der dargelegten Schwachpunkte und Angriffsstellen, insbesondere in grammatikalischer und systematischer Hinsicht, so nicht tragbar. Die Lösung, die lediglich für das Notverfügungsrecht Ausnahmen vom grundsätzlichen Vorrang des § 2040 BGB macht, ist aufgrund der damit einhergehenden Inkonsequenz zwar nicht unangreifbar.[511] Selbst wenn ein solches Notverfügungsrecht aber mit der herrschenden Meinung ungeachtet dessen im Hinblick auf den Wortlaut angenommen wird, bleibt die Behandlung der übrigen Verwaltungsmaßnahmen ungeklärt. Denn letztendlich besteht der aus Wortlaut, Systematik und Historie der Norm folgende, schwerwiegende Schluss, dass die oben bemängelte Schwerfälligkeit und eine Beschränkung der Effektivität der Nachlassverwaltung vom Gesetzgeber eben gewollt waren oder zumindest bewusst in Kauf genommen wurden. Diesem Willen des Gesetzgebers kann man sich nicht durch eine teleologische Reduktion des § 2040 I BGB widersetzen. Der gegenteiligen Auffassung lässt sich vorwerfen, dass sie eine Begründung von der Ergebnis- beziehungs-

---

509 So auch schon die obige Argumentation im Rahmen der Systematik, D III.

510 Vgl. dazu auch *Brandenburg*, Die teleologische Reduktion, S. 71.

511 Siehe oben C III 2 c dd.

weise Rechtsfolgenseite her bemüht und keine saubere Gesetzesanwendung vornimmt.[512] Es ist unstatthaft, sich aus Praktikabilitätserwägungen über die sich aus dem Gesamthandsprinzip ergebende Regelung hinwegzusetzen und es kann gerade nicht davon ausgegangen werden, dass es sich um eine unglücklich formulierte oder deplatzierte Regelung handelt.[513] Vielmehr muss angenommen werden, dass sie eine bewusste Entscheidung des Gesetzgebers verkörpert, die zu berücksichtigen ist und über die sich der Rechtsanwender durch bloße Auslegung nicht hinwegsetzen kann. Einer teleologischen Reduktion des § 2040 I BGB steht entgegen, dass die Wertungen der Vorschrift dadurch grundlegend verändert und die Norm gewissermaßen derogiert werden würde; die richterliche Rechtsfortbildung findet somit ihre Grenzen. Letztlich ist es mit dem Sinn und Zweck des § 2040 I BGB vereinbar, die Vorschrift als *lex specialis* aufzufassen und somit Ausnahmen gemäß §§ 2038 II 1, 745 BGB zu versagen. Dies gilt insbesondere, weil das grundlegende Interesse, eine Nachlassentwertung zu verhindern, welches sämtlichen Miterben und Nachlassgläubigern gemein ist, so gerade nicht vereitelt wird. Das Hauptargument derjenigen, die eine teleologische Reduktion für notwendig erachten, ist damit entkräftet. Teleologische Gründe können sich im Ergebnis nicht über den aus Wortlaut, Systematik und Historie resultierenden Schluss hinwegsetzen.

---

512 Vgl. *Schmidt*, Von der Rechtsfähigkeit der Erbengemeinschaft, S. 233 f.; *Müßig*, JZ 2011, 481 (483); *Schütte*, NJW 2007, 152 (153); *Walker*, FamRZ 2010, 204.

513 *Müßig*, JZ 2011, 481 (483); *Schmidt*, Von der Rechtsfähigkeit der Erbengemeinschaft, S. 240.

E. Rechtsvergleichende Aspekte

Abschließend soll noch eine Untersuchung der in ausländischen Rechtsordnungen gefundenen Lösungen zur Nachlassverwaltung erfolgen, um sodann einen Vergleich zu der in Deutschland herrschenden Regelung anzustellen und möglicherweise Erkenntnisse für die Auslegung inländischen Rechts gewinnen zu können. Fraglich ist, inwieweit die Nachlassverwaltung in ausländischen Rechtsordnungen gleichsam eher starr oder effizienter und möglicherweise sogar interessengerechter geregelt ist.

I. Überblick

Das Institut der Erbengemeinschaft ist vielen Rechtsordnungen bekannt. Ähnlich dem deutschen Recht ist die Erbengemeinschaft dabei teilweise als Gesamthandsgemeinschaft ausgestaltet. So ist es beispielsweise der Fall in Bosnien und Herzegowina[514], Estland[515], Slowenien[516], der Schweiz[517] und der Türkei[518]. Teilweise wird die Erbengemeinschaft als Bruchteilsgemeinschaft eingeordnet, nämlich zum Beispiel in Italien[519], Niederlande[520], Griechenland[521] und Österreich[522], oder zumindest die entsprechen-

514 *Povlakić/Softić Kadenić*, Bosnien und Herzegowina, in: Süß, Erbrecht in Europa, Rn. 86.

515 *Bergmann/Saaber*, Estland, in: Süß, Erbrecht in Europa, Rn. 57.

516 *Rudolf*, Slowenien, in: Süß, Erbrecht in Europa, Rn. 75.

517 *Kipp/Coing*, Erbrecht, § 114 VIII 2. *Wolf/Dorjee-Good*, Schweiz, in: Süß, Erbrecht in Europa, Rn. 118.

518 *Kiliç*, Türkei, in: Süß, Erbrecht in Europa, Rn. 98; NK-BGB-Erbrecht/*Kesen*, Länderbericht Türkei, Rn. 89.

519 *Cubeddu Wiedemann/Wiedemann*, Italien, in: Süß, Erbrecht in Europa, Rn. 234; Rißmann/*Stiltzinger*, Die Erbengemeinschaft, § 3 Rn. 39.

520 NK-BGB-Erbrecht/*Süß*, Länderbericht Niederlande, Rn. 64; *Schömmer/Eule*. Internationales Erbrecht, Niederlande, Rn. 1157; Rißmann/*Stiltzinger*, Die Erbengemeinschaft, § 3 Rn. 38.

521 Rißmann/*Stiltzinger*, Die Erbengemeinschaft, § 3 Rn. 38; *Stamatiades*, Griechenland, in: Süß, Erbrecht in Europa, Rn. 56.

522 NK-BGB-Erbrecht/*Süß*, Länderbericht Österreich, Rn. 102; *Koziol/Welser*, Grundriss des bürgerlichen Rechts II, S. 579; Rißmann/*Stiltzinger*, Die Erbengemeinschaft, § 3 Rn. 43.

den Vorschriften angewendet, wie in Polen[523] und teilweise in Estland.[524] Strittig ist die Einordnung der Erbengemeinschaft in Spanien, wo zwar überwiegend der Charakter einer Gesamthandsgemeinschaft, teilweise aber auch der einer Bruchteilsgemeinschaft angenommen wird.[525]

In Frankreich dahingegen soll die Erbengemeinschaft weder eine Gesamthandsgemeinschaft darstellen noch der Bruchteilsgemeinschaft vergleichbar sein und wird daher als „Gemeinschaft eigener Art" eingeordnet.[526]

In Kroatien finden vor Bestimmung der Erbquoten die Vorschriften zum Gesamthandseigentum Anwendung, danach die für das Miteigentum.[527]

Die Verwaltungsbefugnisse sind dabei unterschiedlich ausgestaltet. So können Miterben in Bosnien und Herzegowina den Nachlass ausschließlich gemeinschaftlich verwalten.[528] Im Vergleich zum deutschen Recht ist die Handlungsfähigkeit hier also nicht größer, sondern noch eingeschränkter.

Auch in Estland können einzelne Erben lediglich über ihren ideellen Teil der Erbschaft verfügen, nicht jedoch über einzelne Gegenstände oder Anteile an solchen.[529]

Ebenso verhält es sich in Griechenland (Art. 1886 ZGB) und auch in Luxemburg, wo ein Miterbe zwar ohne Zustimmung der anderen über seine Quote am Nachlass verfügen kann, nicht aber über den Nachlass als solchen oder einzelne Nachlassgegenstände.[530]

Eine vergleichbare Regelung existiert in Österreich; dort kann ein Miterbe (Miteigentümer, §§ 550, 825 ABGB) zwar gemäß § 829 ABGB seinen Anteil veräußern; ansonsten gilt aber der Grundsatz gemeinsamer Verwal-

523 *Łacomy*, Polen, in: Süß, Erbrecht in Europa, Rn. 61; NK-BGB-Erbrecht/*Ludwig*, Länderbericht Polen, Rn. 112; *Schömmer/Remin/Szewior*, Internationales Erbrecht, Polen, Rn. 640; Rißmann/*Stiltzinger*, Die Erbengemeinschaft, § 3 Rn. 42.

524 *Bergmann/Saaber*, Estland, in: Süß, Erbrecht in Europa, Rn. 57.

525 NK-BGB-Erbrecht/*Reckhorn-Hengemühle*, Länderbericht Spanien, Rn. 133; *Löber/Huzel*, Erben und Vererben in Spanien, Rn. 270.

526 *Döbereiner*, Frankreich, in: Süß, Erbrecht in Europa, Rn. 148.

527 NK-BGB-Erbrecht/*Kristic*, Länderbericht Kroatien, Rn. 117.

528 Rißmann/*Filtzinger*, Die Erbengemeinschaft, § 3 Rn. 11; *Povlakić/Softić Kadenić*, Bosnien und Herzegowina, in: Süß, Erbrecht in Europa, Rn. 86.

529 *Bergmann/Saaber*, Estland, in: Süß, Erbrecht in Europa, Rn. 57.

530 *Stamatiades*, Griechenland, in: Süß, Erbrecht in Europa, Rn. 56; NK-BGB-Erbrecht/*Galanulis*, Länderbericht Griechenland, Rn. 56; *Frank*, Luxemburg, in: Süß, Erbrecht in Europa, Rn. 125 f.; Rißmann/*Stiltzinger*, Die Erbengemeinschaft, § 3 Rn. 46.

tung und Vertretung (§ 810 S. 2 ABGB).[531] Entsprechendes regelt Art. 141 ErbG in Kroatien.[532]

Ähnlich der Regelung in Deutschland verwalten die Miterben in Spanien, wo auf die Erbengemeinschaft die Vorschriften zur Gütergemeinschaft (Art. 392 ff. CC) anzuwenden sind, den Nachlass gemeinsam; notwendige Erhaltungsmaßnahmen an einzelnen Nachlassgegenständen kann indes auch ein einzelner Miterbe vornehmen.[533] Von dieser Befugnis unberührt bleibt jedoch das auf Verfügungsebene wohl ausnahmslos geltende Prinzip der Einstimmigkeit.[534]

Auch in Slowenien gilt der Grundsatz der gemeinsamen Verwaltung des Nachlasses (Art. 145 I ErbG), also der einstimmigen Vornahme von Verwaltungshandlungen; es werden jedoch Ausnahmen für Maßnahmen der laufenden Verwaltung und zur Erhaltung des Nachlasses oder bei Gefahr im Verzug gemacht.[535]

Ähnlich verhält es sich in den Niederlanden, wo gemäß Art. 3: 170 I BW eine Ausnahme für gewöhnliche und unaufschiebbare Erhaltungsmaßnahmen von dem Grundsatz nach Art. 3: 170 III BW besteht, welche aber das Zustimmungserfordernis der übrigen Miterben auf Verfügungsebene nicht entbehrlich macht, Art 3: 190 BW.[536]

In Polen kann über einen Anteil an einem Nachlassgegenstand oder über einen Nachlassgegenstand selbst nur gemeinschaftlich verfügt werden (Art. 1036, 1035, 199 S. 1 ZGB); für gewöhnliche Verwaltungstätigkeit ist jedoch die Zustimmung der Mehrheit ausreichend (Art. 1035, 201 ZGB).[537] In Italien reicht für gewöhnliche Maßnahmen die einfache Mehr-

531 Siehe auch *Haunschmidt*, Österreich, in: Süß, Erbrecht in Europa, Rn. 138; NK-BGB-Erbrecht/*Süß*, Länderbericht Österreich, Rn. 102.

532 NK-BGB-Erbrecht/*Kristic*, Länderbericht Kroatien, Rn. 117; Rißmann/*Stiltzinger*, Die Erbengemeinschaft, § 3 Rn. 48.

533 *Steinmetz/Huzel/García Alcázar*, Spanien, in: Süß, Erbrecht in Europa, Rn. 152; NK-BGB-Erbrecht/*Reckhorn-Hengemühle*, Länderbericht Spanien, Rn. 135; *Löber/Huzel*, Erben und Vererben in Spanien, Rn. 270; *Schömmer/Gebel*, Internationales Erbrecht, Spanien, Rn. 419.

534 NK-BGB-Erbrecht/*Reckhorn-Hengemühle*, Länderbericht Spanien, Rn. 135; *Steinmetz/Huzel/García Alcázar*, Spanien, in: Süß, Erbrecht in Europa, Rn. 152; *Löber/Huzel*, Erben und Vererben in Spanien, Rn. 270.

535 *Rudolf*, Slowenien, in: Süß, Erbrecht in Europa, Rn. 75; NK-BGB-Erbrecht/*Kritic*, Länderbericht Slowenien, Rn. 117.

536 NK-BGB-Erbrecht/*Süß*, Länderbericht Niederlande, Rn. 65.

537 *Łacomy*, Polen, in: Süß, Erbrecht in Europa, Rn. 61 f.; NK-BGB-Erbrecht/*Ludwig*, Länderbericht Polen, Rn. 113, 115; Rißmann/*Stiltzinger*, Die Erbengemeinschaft, § 3 Rn. 50.

heit (Art. 1105 II Cciv) und für einschneidende Maßnahmen die Zweidrittelmehrheit aus (1108 I Cciv).[538] Nach Art. 1108 III Cciv ist aber für Rechtshandlungen zur Veräußerung oder zur Begründung dinglicher Rechte am gemeinschaftlichen Gut die Einwilligung aller Miterben notwendig.

Auch in ausländischen Rechtsordnungen ist das Prinzip der Gemeinschaftlichkeit demzufolge verbreitet. Hiervon werden zwar, wie obige Darstellung zeigt, vermehrt Ausnahmen zugelassen. Nicht ohne Weiteres kann jedoch davon ausgegangen werden, dass diese auch für Maßnahmen auf Verfügungsebene gelten. Die bisher dargestellten Rechtsordnungen gehen also – ungeachtet der vielseitigen Unterschiede – im Ergebnis nicht über die deutsche Regelung hinaus. Sie gewähren grundsätzlich keine höhere Handlungsfähigkeit.

Näher zu untersuchen ist jedoch die schweizerische und damit einhergehend die türkische Regelung, die dieser nachgebildet ist.[539]

Auch in der Schweiz und der Türkei, wo die Miterben Gesamthandseigentümer des Nachlasses werden (Art. 602 II schweiz. ZGB beziehungsweise Art. 640 II türk. ZGB), verfügen die Erben ausschließlich gemeinsam.[540] Das Gesetz stellt jedoch eine Möglichkeit zur Verfügung, eine durch das Einstimmigkeitsprinzip bedingte Handlungsunfähigkeit zu überwinden.

Nach Art. 602 III schweiz. ZGB kann die Behörde auf Begehren eines einzelnen Miterben für die Erbengemeinschaft bis zur Teilung des Nachlasses einen Vertreter bestellen. In der Türkei kann das Friedensgericht nach Art. 640 III türk. ZGB einen Nachlassverwalter bestimmen.[541]

---

538 *Cubeddu Wiedemann/Wiedemann*, Italien, in: Süß, Erbrecht in Europa, Rn. 234; NK-BGB-Erbrecht/*Frank*, Länderbericht Italien, Rn. 90.

539 Das schweizerische ZGB wurde 1923 ins Türkische übersetzt und inhaltlich nahezu unverändert übernommen, sodass das türkische materielle Zivilrecht auch heute noch vom schweizerischen Recht geprägt ist; siehe dazu insbesondere *Serozan*, Die Türkische Weiche im Geleise des Schweizerischen Erbrechts, in: Breitschmid/Ansay, 100 Jahre schweizerisches ZGB, 80 Jahre türkisches ZGB, S. 175 ff.; *Ferid/Firsching/Dörner/Hausmann*, Internationales Erbrecht, Türkei Grdz., Rn. 4; *Kiliç*, Türkei, in: Süß, Erbrecht in Europa, Rn. 15; *Zweigert/Kötz*, Rechtsvergleichung, § 13 III.

540 *Wolf/Dorjee-Good*, Schweiz, in: Süß, Erbrecht in Europa, Rn. 118; NK-BGB-Erbrecht/*Süß*, Länderbericht Schweiz, Rn. 63; *Kiliç*, Türkei, in: Süß, Erbrecht in Europa, Rn. 98; NK-BGB-Erbrecht/*Kesen*, Länderbericht Türkei, Rn. 89.

541 Siehe auch *Kiliç*, Türkei, in: Süß, Erbrecht in Europa, Rn. 98; NK-BGB-Erbrecht/*Kesen*, Länderbericht Türkei, Rn. 89.

Im Folgenden soll insbesondere die schweizerische Regelung mit dem Institut des Erbenvertreters einer näheren Untersuchung unterzogen werden.

Wie bereits erwähnt, ist die Erbengemeinschaft in der Schweiz als Gemeinschaft zur gesamten Hand entsprechend Art. 652–654 ZGB ausgestaltet; nach Art. 602 II ZGB werden die Erben Gesamteigentümer der Erbschaftsgegenstände.[542] Damit einher geht das ebenfalls in Art. 602 II ZGB verankerte Prinzip, dass die Erben gemeinschaftlich über die Rechte der Erbschaft verfügen. Von diesem Prinzip der Einstimmigkeit scheinen dem Wortlaut zufolge nur Verfügungen erfasst zu sein. In Literatur und Rechtsprechung ist jedoch anerkannt, dass sämtliche Verwaltungshandlungen eingeschlossen sind und jedes Handeln, das Nachlassgegenstände betrifft, eine Einigung aller Miterben erfordert.[543]

Betroffen sind also sämtliche Verfügungen, wie die Übertragung und Belastung von Erbschaftsgegenständen oder die Ausübung von Gestaltungsrechten, allgemeine Verwaltungshandlungen, namentlich der Erhalt und die Vermehrung von Erbschaftswerten sowie die Betreuung und Abwicklung laufender Rechtsgeschäfte, und zuletzt die Vertretung nach außen, insbesondere der Abschluss von Verträgen für die Erbengemeinschaft.[544]

Das Einstimmigkeitsprinzip bezweckt, die Erbengemeinschaft vor eigenmächtigen Handlungen einzelner Erben zu schützen und findet seine Rechtfertigung insbesondere in der gesetzlichen Entstehung der Erbengemeinschaft, welche die aus Sicht der Erben zufällige und zwingende Zusammensetzung bewirkt.[545] Einseitiges Vorgehen einzelner Erben und die

542 Basler Komm. ZGB II/*Schaufelberger/Keller*, Art. 602 Rn. 9; *Druey*, Grundriss des Erbrechts, § 14 Rn. 22.

543 Basler Komm. ZGB II/*Schaufelberger/Keller*, Art. 602 Rn. 9; Berner Komm. ZGB/*Wolf*, Art. 602 Rn. 67 ff.; HK-Schweiz.PrivatR/*Graham-Siegenthaler*, ZGB Art. 602 Rn. 8; *Druey*, Grundriss des Erbrechts, § 14 Rn. 23; *Tuor/Schnyder/Rumo-Jungo*, Das schweizerische Zivilgesetzbuch, § 81 Rn. 6.

544 Basler Komm. ZGB II/*Schaufelberger/Keller*, Art. 602 Rn. 14 ff.; Berner Komm. ZGB/*Wolf*, Art. 602 Rn. 67 ff.; HK-Schweiz.PrivatR/*Graham-Siegenthaler*, ZGB Art. 602 Rn. 10.

545 BGE 121 III 118 (121); Berner Komm. Materialen zum ZGB II, Rn. 1178; HK-Schweiz.PrivatR/*Graham-Siegenthaler*, ZGB Art. 602 Rn. 9; *Tuor/Schnyder/Rumo-Jungo*, Das schweizerische Zivilgesetzbuch, § 81 Rn. 8; dies soll insbesondere die unterschiedliche Behandlung im Vergleich zu anderen Gesamthandsgemeinschaften wie der Gütergemeinschaft (Art. 227 ZGB) rechtfertigen, Berner Komm. ZGB/*Wolf*, Art. 602 Rn. 59 f.; *Druey*, Grundriss des Erbrechts, § 14 Rn. 25.

„Gefahr einer rücksichtslosen Verfügung" sollen verhindert werden, sodass kein Erbe dem Verhalten des anderen ausgesetzt ist und die „allseits billige Durchführung der Teilung" gesichert wird.[546]

Die Einstimmigkeitsregel bedingt – wie auch der nach deutschem Recht geltende Gemeinschaftlichkeitsgrundsatz – eine erschwerte Nachlassverwaltung. Bei Meinungsverschiedenheiten kann es sogar leicht zu gänzlicher Handlungsunfähigkeit der Erbengemeinschaft kommen.[547]

Ausnahmen sind gesetzlich jedoch nicht vorgesehen.[548] Gemäß Art. 602 II ZGB steht die grundsätzlich vorgeschriebene Einstimmigkeit lediglich unter dem Vorbehalt vertraglicher oder gesetzlicher Vertretungs- oder Verwaltungsbefugnisse. Die Miterben haben die Möglichkeit, einen oder mehrere Miterben oder Dritte zu bevollmächtigen oder einstimmig zu vereinbaren, dass generell oder bezüglich bestimmter Verwaltungsmaßnahmen zukünftig mehrheitliche Vornahme genügt.[549] Gesetzlich können die Verwaltungsbefugnisse der Miterben aufgrund der Vorschriften der Art. 517 ZGB (Willensvollstrecker) Art. 554, 595 ZGB (Erbschaftsverwalter) beziehungsweise Art. 602 III ZGB (Erbenvertreter) eingeschränkt sein.[550]

Dabei handelt es sich jedoch um keine Durchbrechungen des Einstimmigkeitsprinzips. Solche werden in der Praxis nur in eng begrenzten Ausnahmefällen zugelassen: Ausnahmsweise sollen einzelne Erben rechtsverbindlich für die Erbengemeinschaft handeln können, wenn es um die Geltendmachung eines Anspruchs geht, auf den ein Erbe verzichtet hat,[551] oder wenn sämtliche Miterben unmittelbar oder mittelbar in ein gerichtli-

---

546 Berner Komm. Materialien zum ZGB II, Rn. 1178.

547 Basler Komm. ZGB II/*Schaufelberger/Keller*, Art. 602 Rn. 4; *Tuor/Schnyder/Rumo-Jungo*, Das schweizerische Zivilgesetzbuch, § 81 Rn. 8; siehe auch *Stierlin*, Der Willensvollstrecker als Erbschaftsverwalter, Erbschaftsliquidator und Erbenvertreter, S. 11 f.

548 Dies entspricht der allgemein in der Schweiz sehr spärlichen Ausgestaltung gesetzlicher Regelungen, die dem Rechtsanwender viel Freiraum lässt, vgl. *Zweigert/Kötz*, Rechtsvergleichung, § 13 III; *Hausheer/Aebi-Mükker*, in: Henrich/Schwab, Familienerbrecht und Testierfreiheit im europäischen Vergleich, S. 213 (244).

549 Berner Komm. ZGB/*Wolf*, Art. 602 Rn. 61, 83, 75 ff.; *Tuor/Schnyder/Rumo-Jungo*, Das schweizerische Zivilgesetzbuch, § 81 Rn. 7; *Druey*, Grundriss des Erbrechts, § 14 Rn. 30.

550 Basler Komm. ZGB II/*Schaufelberger/Keller*, Art. 602 Rn. 23; *Picenoni*, Der Erbenvertreter nach Art. 602 Abs. 3 ZGB, S. 9 f., 61 f.; näher sogleich unten E II 2.

551 BGE 51 II 267 (270); Berner Komm. ZGB/*Wolf*, Art. 602 Rn. 96.

ches Verfahren einbezogen sind.[552] Zudem ist anerkannt, dass in dringlichen Fällen, in denen ein rasches Handeln der Erbengemeinschaft zur Wahrung der Interessen der Erbengemeinschaft oder Erhaltung von Erbschaftsgegenständen erforderlich ist, ein einzelner Miterbe die Gemeinschaft vertreten kann, beispielsweise wenn eine laufende Frist gewahrt werden muss.[553]

Darüber hinaus sollen Lockerungen von der strengen Einstimmigkeitsregel nach Ansicht des Bundesgerichts allerdings nicht gerechtfertigt sein.[554]

Erschwerend kommt hinzu, dass die Miterben nach der schweizerischen Gesetzeslage keine Pflicht zur Mitwirkung an Verwaltungsmaßnahmen trifft; sich weigernde Miterben können also von den anderen auch nicht im Klagewege gezwungen werden, ihre Zustimmung zu erteilen, um die Handlungsunfähigkeit und einen dadurch möglicherweise bedingten Stillstand zu überwinden.[555]

Demgemäß bestehen in der Schweiz im Vergleich zu Deutschland auf den ersten Blick noch begrenztere Verwaltungsbefugnisse der Miterben. Insbesondere aufgrund der fehlenden Mitwirkungspflicht können querulatorische Miterben beliebig Maßnahmen blockieren, ohne dass die übrigen Miterben deren fehlende Zustimmung gerichtlich erzwingen können. Wie *Wolf* zutreffend feststellt, kann ein einzelner Erbe daher nichts bewirken; er kann aber verhindern, dass etwas bewirkt wird, und zwar selbst dann, wenn von elf Miterben lediglich einer gegen etwas ist, was die übrigen zehn befürworten.[556]

Es kann demnach zu noch festgefahreneren Situationen kommen als nach deutschem Recht, welches zumindest auf Verpflichtungsebene Ausnahmetatbestände geschaffen hat und bei dem auf Verfügungsebene die Pflicht der Miterben besteht, Maßnahmen zuzustimmen, die zur ordnungsmäßigen Verwaltung erforderlich sind, § 2038 I 2 BGB. Auf Grundlage dessen können Zustimmungen im Unterschied zum schweizerischen Recht klageweise erzwungen werden.[557]

---

552 BGE 54 II 243; 109 II 400 (403); 121 III 118 (122); Basler Komm. ZGB II/*Schaufelberger/Keller*, Art. 602 Rn. 23.

553 BGE 125 III 219 (220); 121 III 118 (122); 93 II 11 (14 f.); 58 II 195 (200); Berner Komm. ZGB/*Wolf*, Art. 602 Rn. 91; HK-Schweiz.PrivatR/*Graham-Siegenthaler*, ZGB Art. 602 Rn. 11.

554 BGE 125 III 219 (220 f.), 121, III 118 (122).

555 Berner Komm. ZGB/*Wolf*, Art. 602 Rn. 58, 65.

556 Berner Komm. ZGB/*Wolf*, Art. 602 Rn. 56.

557 Siehe oben C II 2 a cc.

Allerdings hat der schweizerische Gesetzgeber im Bewusstsein der möglichen Handlungsunfähigkeit[558] infolge des Einstimmigkeitsprinzips ein anderes Mittel geschaffen, um dem zu begegnen. Gemäß Art. 602 III ZGB kann auf Begehren eines Miterben die zuständige Behörde für die Erbengemeinschaft bis zur Teilung eine Vertretung bestellen. Dieser sogenannte Erbenvertreter soll die notwendigen Geschäfte einer aufgrund des Einstimmigkeitsprinzips handlungsunfähigen Erbengemeinschaft besorgen und dabei die Interessen der Erbengemeinschaft insgesamt berücksichtigen.[559] Er ist gesetzlicher Vertreter der Erbengemeinschaft, kann diese unmittelbar berechtigen und verpflichten und ist insbesondere auch befugt, über Erbschaftswerte zu verfügen.[560] Dabei bedarf es nicht der Zustimmung der Miterben; deren Verwaltungsbefugnis ist vielmehr durch die gesetzlichen Verwaltungsrechte des Erbenvertreters nach Art. 602 III ZGB eingeschränkt, Art. 602 II ZGB.[561] Der Erbenvertreter untersteht der behördlichen Aufsicht; die Miterben haben nur insofern die Möglichkeit, auf das Handeln des Erbenvertreters Einfluss zu nehmen, als ihnen ein Beschwerderecht an die Aufsichtsbehörde zusteht, welche Handlungen des Erbenvertreters notfalls sogar rückgängig machen kann.[562]

Ein Erbenvertreter kann generell (Generalerbenvertreter) oder nur zur Vornahme bestimmter einzelner Handlungen eingesetzt werden (Spezialerbenvertreter), je nachdem, welchen Umfang die Unstimmigkeiten zwischen den Miterben haben.[563]

---

558 Berner Komm. Materialien zum ZGB II, Rn. 1180 „Die Besorgung der Angelegenheiten der Gemeinschaft steht grundsätzlich bei der Gesamthand ohne dass in Wirklichkeit stets und ausnahmslos ein gemeinsames Handeln aller vollzogen werden könne [...]. Für solche Fälle muss daher das Gesetz eine Fürsorge treffen [...]".

559 Berner Komm. ZGB/*Wolf*, Art. 602 Rn. 154; HK-Schweiz.PrivatR/*Graham-Siegenthaler*, ZGB Art. 602 Rn. 11; *Stierlin*, Der Willensvollstrecker als Erbschaftsverwalter, Erbschaftsliquidator und Erbenvertreter, S. 12.

560 Dies gilt sogar für Grundstücke, Basler Komm. ZGB II/*Schaufelberger/Keller*, Art. 602 Rn. 47; Berner Komm. ZGB/*Wolf*, Art. 602 Rn. 163; *Picenoni*, Der Erbenvertreter nach Art. 602 Abs. 3 ZGB, S. 44.

561 Basler Komm. ZGB II/*Schaufelberger/Keller*, Art. 602 Rn. 47; HK-Schweiz.PrivatR/*Graham-Siegenthaler*, ZGB Art. 602 Rn. 14.

562 BGE 90 II 376; HK-Schweiz.PrivatR/*Graham-Siegenthaler*, ZGB Art. 602 Rn. 25; *Picenoni*, Der Erbenvertreter nach Art. 602 Abs. 3 ZGB, S. 116 ff.; *Weber*, AJP 1997, 550 (561).

563 Berner Komm. ZGB/*Wolf*, Art. 602 Rn. 161; HK-Schweiz.PrivatR/*Graham-Siegenthaler*, ZGB Art. 602 Rn. 22; *Stierlin*, Der Willensvollstrecker als Erbschaftsverwalter, Erbschaftsliquidator und Erbenvertreter, S. 12.

Erforderlich für die Einsetzung ist in formeller Hinsicht das Begehren mindestens eines Erben, Art. 602 III ZGB. Liegt diese Voraussetzung vor, steht der Behörde ausweislich des Wortlautes („kann") ein gewisses Ermessen zu.[564] In der Praxis wird dem Begehren in der Regel dann entsprochen, wenn in materieller Hinsicht die Verwaltung der Erbschaft unmöglich oder zumindest erheblich erschwert ist, beispielsweise infolge der Abwesenheit von Erben, Zerstrittenheit oder anderweitig begründeter Handlungsunfähigkeit.[565] Nicht hinreichend begründet ist ein Begehren indes, wenn bereits ein Willensvollstrecker (Art, 517 ZGB) oder ein Erbschaftsverwalter (Art. 554, 593 ZGB) eingesetzt worden ist; eine Handlungsunfähigkeit kommt aufgrund von dessen Kompetenzen, welche die Einstimmigkeitsregel außer Kraft setzen, dann schon nicht mehr in Betracht.[566]

Ein dem Erbenvertreter entsprechendes Institut ist dem deutschen Recht fremd. In §§ 1975 ff. BGB regelt das BGB die Nachlassverwaltung als Unterfall der Nachlasspflegschaft und Mittel der Nachlassabsonderung.[567] Gemäß § 1975 BGB handelt es sich bei der Nachlassverwaltung um eine Nachlasspflegschaft zum Zwecke der Befriedigung der Nachlassgläubiger. Sie wird auf Antrag eines Erben oder eines Nachlassgläubigers angeordnet, § 1981 I, II BGB. Besteht eine Erbengemeinschaft, ist jedoch ein gemeinschaftlicher Antrag erforderlich; der Antrag eines einzelnen Erben genügt nicht, § 2062 BGB.

Die Nachlassverwaltung schützt einerseits das Privatvermögen der Erben vor dem Zugriff von Nachlassgläubigern; andererseits schützt sie den Nachlass im Interesse der Gläubiger vor dem Verhalten der Erben oder dem Zugriff durch Eigengläubiger der Erben.[568] So muss für die Anordnung der Nachlassverwaltung auf Antrag eines Nachlassgläubigers nach § 1981 II BGB die Befriedigung sämtlicher Nachlassgläubiger gefährdet sein. Dies kann beispielsweise aus der leichtfertigen Verschleuderung des Nachlasses, der Gleichgültigkeit eines Erben oder der voreiligen Befriedi-

---

564 Basler Komm. ZGB II/*Schaufelberger/Keller*, Art. 602 Rn. 46; *Weber*, AJP 1997, 550 (560); *Picenoni*, Der Erbenvertreter nach Art. 602 Abs. 3 ZGB, S. 19, 26 ff.

565 Basler Komm. ZGB II/*Schaufelberger/Keller*, Art. 602 Rn. 46; HK-Schweiz.PrivatR/*Graham-Siegenthaler*, ZGB Art. 602 Rn. 23; *Druey*, Grundriss des Erbrechts, § 14 Rn. 60; *Weber*, AJP 1997, 550 (560).

566 Basler Komm. ZGB II/*Schaufelberger/Keller*, Art. 602 Rn. 45; Berner Komm. ZGB/*Wolf*, Art. 602 Rn. 142.

567 Vgl. MüKo-BGB/*Küpper*, § 1975 Rn. 2.

568 MüKo-BGB/*Küpper*, § 1975 Rn. 2; Palandt/*Weidlich*, § 1975 Rn. 2, § 1981 Rn. 1.

gung einzelner Nachlassgläubiger resultieren.[569] In diesem Sinne führt die Anordnung der Nachlassverwaltung dazu, dass die Erben ihre Verwaltungs- und Verfügungsbefugnis verlieren, welche auf den Nachlassverwalter übergeht, § 1984 I BGB.[570] Nicht jedoch eignet sich die Nachlassverwaltung zur Überwindung fehlender Mitwirkungsbereitschaft oder Passivität einzelner Miterben.[571] Sie ist vielmehr für belastete Nachlässe vorgesehen und bezweckt in erster Linie die Befriedigung der Nachlassgläubiger und nicht die Gewährleistung einer effektiven Nachlassverwaltung.[572] Die Nachlassverwaltung nach §§ 1975 ff. BGB unterscheidet sich also grundlegend von dem Erbenvertreter nach Art. 602 II ZGB, der in erster Linie deshalb eingesetzt wird, um eben solche Hindernisse zu überwinden.

Im Übrigen kennt das BGB nur die in den §§ 2197 ff. BGB geregelte Testamentsvollstreckung. Ein Testamentsvollstrecker hat die Aufgabe, die letztwilligen Verfügungen des Erblassers zur Ausführung zu bringen (§ 2203 BGB), verwaltet den Nachlass und ist insbesondere verfügungsbefugt (§ 2205 BGB). Im Gegensatz zum schweizerischen Erbenvertreter wird ein Testamentsvollstrecker nur eingesetzt, wenn der Erblasser dies testamentarisch angeordnet hat, § 2197 I BGB.[573] Ein Testamentsvollstrecker leitet seine gesamte Machtposition vom Willen des Erblassers ab.[574] Die Einsetzung auf Antrag eines oder mehrerer Erben ist indes nicht möglich.

Ein Gegenbeispiel stellt die Regelung in England (ebenso wie in Irland[575]) dar. Hier kommt es nicht nur infolge einer Anordnung des Erblassers oder auf Antrag eines oder mehrerer Erben zur Einsetzung eines Nachlassverwalters; vielmehr gilt das Prinzip der gesonderten Nachlassabwicklung, bei der generell ein Nachlassverwalter beziehungsweise -abwickler tä-

569 OLG Düsseldorf NJW-RR 2012, 843; Palandt/*Weidlich*, § 1981 Rn. 3; Staudinger/*Dobler*, § 1981 Rn. 22.

570 Siehe auch Staudinger/*Dobler*, § 1984 Rn. 5 ff.

571 OLG Düsseldorf NJW-RR 2012, 843; MüKo-BGB/*Küpper*, § 1975 Rn. 2, § 1981 Rn. 3; Staudinger/*Dobler*, § 1981 Rn. 22; wer Verwaltungsmaßnahmen blockiert, indem er die Zustimmung verweigert, der wird ohnehin nicht seine Zustimmung zur Beantragung eines Nachlassverwalters erteilen.

572 *Eberl-Borges*, ErbR 2007, 234 (239).

573 Dem Institut des Testamentsvollstreckers entspricht der schweizerische Willensvollstrecker (Art. 517, 518 ZGB), dessen Einsetzung durch den Erblasser testamentarisch bestimmt wird, siehe dazu *Druey*, Grundriss des Erbrechts, § 14 Rn. 64 ff.

574 Er hat die Anordnungen, die dieser in seiner letztwilligen Verfügung getroffen hat, nach § 2216 II BGB zu befolgen, *Keim*, ZEV 2002, 132 (133).

575 Dazu *Worthmann*, Irland, in: Süß, Erbrecht in Europa, Rn. 129.

tig wird, ein sogenannter *personal representative*.[576] Abhängig davon, ob die Person des Nachlassabwicklers vom Erblasser selbst testamentarisch ernannt wurde oder durch das Gericht, wird er als *executor* oder *administrator* bezeichnet.[577] Dieser Nachlassverwalter wird zugleich Inhaber des Nachlasses.[578] Es erfolgt demnach keine Aufspaltung von Inhaberschaft und den daraus abgeleiteten Befugnissen, wie es in Deutschland und auch in der Schweiz wegen des Grundsatzes der Universalsukzession[579] der Fall ist, wenn ein Testamentsvollstrecker oder Erbenvertreter eingesetzt wird.

Die Aufgabe des *personal representative* ist es, die Nachlassverbindlichkeiten zu begleichen, die Nachlassgegenstände zu verwalten und schließlich den Nachlass zwischen den Begünstigten aufzuteilen.[580]

In Dänemark, Schweden, Finnland, Slowenien und im Kosovo ist es dahingegen, wie nach der schweizerischen und türkischen Gesetzeslage, ebenfalls möglich, einen Nachlassverwalter durch Antrag eines Miterben einzuschalten.[581]

II. Bewertung

1. Ausnahmslose Einsetzung eines Nachlassverwalters

Die Zweckdienlichkeit einer generellen Nachlassverwaltung – wie in England und Irland – ist jedenfalls aus Praktikabilitätsgründen abzulehnen.

Zwar können sich bei ausnahmsloser Einsetzung eines Nachlassverwalters Streitigkeiten oder sonstige private Angelegenheiten zwischen den Miterben nicht negativ auf die Verwaltung auswirken; ein neutraler Verwalter wird unter Umständen in der Lage sein, rationaler zu entscheiden. Allerdings ist zu beachten, dass die Erben als testamentarisch oder gesetz-

---

576 *Odersky*, England, in: Süß, Erbrecht in Europa, Rn. 14, 28.
577 *Odersky*, England, in: Süß, Erbrecht in Europa, Rn. 14.
578 *Odersky*, England, in: Süß, Erbrecht in Europa, Rn. 14, 28.
579 § 1922 BGB beziehungsweise Art. 560 ZGB, vgl. auch HK-Schweiz.PrivatR/*Graham-Siegenthaler*, ZGB Art. 602 Rn. 2; *Hausheer/Aebi-Müller*, in: Henrich/Schwab, Familienerbrecht und Testierfreiheit im europäischen Vergleich, S. 213 (214).
580 *Odersky*, England, in: Süß, Erbrecht in Europa, Rn. 14.
581 *Ring/Olsen-Ring*, Dänemark, in: Süß, Erbrecht in Europa, Rn. 122; *Johansson*, Schweden, in: in: Süß, Erbrecht in Europa, Rn. 135 f.; *von Knorre/Mincke*, Finnland, in: Süß, Erbrecht in Europa, Rn. 81; *Rudolf*, Slowenien, in: Süß, Erbrecht in Europa, Rn. 76; NK-BGB-Erbrecht/*Morina/Tersteegen*, Länderbericht Kosovo, Rn. 65.

lich Begünstigte letztendlich diejenigen sind, denen die Erbschaft nach erfolgter Auseinandersetzung uneingeschränkt zukommen soll. Nach deutschem Recht treten die Erben im Wege der Gesamtrechtsnachfolge unmittelbar in alle Rechte und Pflichten ein, § 1922 I BGB. Die Erben sollten prinzipiell auch diejenigen sein, in deren Hand die Verwaltung dieser Erbschaft liegt. Ihnen dieses Recht gänzlich durch die Einsetzung eines Nachlassverwalters zu entziehen, kann nicht gerechtfertigt sein und wäre insbesondere mit allgemeinen Grundsätzen des deutschen Erbrechts nicht vereinbar. Zudem sind auch die mit der Nachlassverwaltung verbundenen Kosten zu berücksichtigen, welche es zu vermeiden gilt, vor allem wenn sie gar nicht notwendig sind. So gibt es auch Erbengemeinschaften, in denen harmonische Miterbenbeziehungen herrschen und bei denen daher kein Bedarf zur Einsetzung eines Verwalters besteht, weil die Verwaltung auch trotz der Vorgabe gemeinschaftlichen Handelns effektiv vorgenommen werden kann. Wenn mangels Uneinigkeiten gar keine Handlungsunfähigkeit besteht, ist auch kein Institut erforderlich, das in erster Linie bezweckt, eine solche zu beseitigen. Die generelle Einsetzung eines Nachlassverwalters stellt eine Variante dar, die zu starr ist und den einzelfallabhängigen Interessenlagen des Rechts der Erbengemeinschaft nicht gerecht werden kann. Eine generelle Nachlassverwaltung – wie sie in England und Irland vorgesehen ist – ist daher als unzweckmäßig einzuordnen.

2. Miterbenantrag auf Einsetzung eines Nachlassverwalters

Zweckmäßig könnte dahingegen die in der Schweiz gefundene Kompromisslösung sein, nach der ein Nachlassverwalter auf Antrag eines Miterben eingesetzt werden kann, wie es ähnlich auch in der Türkei, Dänemark, Schweden, Finnland, Slowenien und im Kosovo vorgesehen ist.[582]

In der Tat können durch die Einsetzung eines Dritten, der die Verwaltung des Nachlasses übernimmt, gewisse Probleme behoben werden. Die gesetzliche Entstehung der Erbengemeinschaft – ein Zwangsverband auf dessen Zusammensetzung die Erben keinen Einfluss haben – bedingt häufig Meinungsverschiedenheiten und Uneinigkeiten oder anderweitige Verwaltungshindernisse.[583] Solche können unter Umständen so verworren sein, dass keine interne Lösung durch die Miterben gefunden werden

582 Siehe oben E I.

583 Vgl. auch *Stierlin*, Der Willensvollstrecker als Erbschaftsverwalter, Erbschaftsliquidator und Erbenvertreter, S. 12.

kann. Es bedarf dann der Einschaltung einer unabhängigen Institution. Dies kann einerseits – wie in Deutschland – ein Gericht sein, welches über die Mitwirkung sich weigernder Miterben entscheidet. Es kann aber auch – wie durch das schweizerische ZGB vorgesehen – eine Behörde sein, die einen neutralen Dritten einsetzt, der die Verwaltung anstelle der Erben ausüben soll. Wenn letzteres erfolgt, haben die Unstimmigkeiten zwischen den Miterben keine Bedeutung mehr, da der Vertreter allein und ohne unmittelbare Einflussnahmemöglichkeit der Erben Verwaltungshandlungen vollzieht. Die Einsetzung eines Erbenvertreters ist demnach jedenfalls zielführend. Fraglich ist aber, ob sie den Interessen der Miterben und Nachlassgläubiger auch hinreichend gerecht wird.

Der Erbenvertreter hat bei der Durchführung der Nachlassverwaltung zwar im Interesse der Erbengemeinschaft zu handeln, nachdem alle Nachlassverbindlichkeiten erfüllt worden sind.[584] Letztlich sind es aber die Erben, die dem Nachlass am nächsten stehen und mit sämtlichen Verhältnissen vertraut sind, da sie in der Regel Familienangehörige des Erblassers sind oder eine andere persönliche Beziehung zu ihm hatten.[585] In der Regel sollte daher eine Verwaltung des Nachlasses durch die Erben – also durch die Begünstigten selbst – den Anforderungen am besten gerecht werden.[586] Auf der anderen Seite kann aber die persönliche Beziehung der Erben zum Erblasser und dementsprechend zum Nachlass auch einer effektiven Nachlassverwaltung im Wege stehen. So mögen die Erben teilweise emotional geleitet und nicht in der Lage sein, wirtschaftlich sinnvoll zu urteilen. Gerade dann kann es von Vorteil sein, einen rational denkenden, neutralen und erfahrenen Dritten einzuschalten.

Zu berücksichtigen ist außerdem, dass – sowohl nach deutschem als auch nach schweizerischem Recht – die Verwaltungsbefugnis Teil der Rechtsstellung als Erbe ist, § 2038 I 1 BGB, Art. 602 II ZGB. Der Entzug dieser Befugnis durch Einsetzung eines Verwalters stellt einen Eingriff in eben diese Rechtsstellung dar.[587] Ein solcher Eingriff bedarf einer hinrei-

---

584 Basler Komm. ZGB II/*Schaufelberger/Keller*, Art. 602 Rn. 46; Berner Komm. ZGB/*Wolf*, Art. 602 Rn. 154.

585 *Stierlin*, Der Willensvollstrecker als Erbschaftsverwalter, Erbschaftsliquidator und Erbenvertreter, S. 11.

586 So auch *Stierlin*, Der Willensvollstrecker als Erbschaftsverwalter, Erbschaftsliquidator und Erbenvertreter, S. 11, der zudem auf die Notwendigkeit verweist, die Erbschaft in Besitz zu nehmen und das Verhältnis von Nutzen und Aufwand im Auge zu behalten.

587 Siehe auch Basler Komm. ZGB II/*Schaufelberger/Keller*, Art. 602 Rn. 46, 54; Berner Komm. ZGB/*Wolf*, Art. 602 Rn. 139.

chenden Grundlage und Rechtfertigung. Dementsprechend wird in der Schweiz dem Antrag auch nur entsprochen, wenn hinreichende Gründe – wie zum Beispiel die Zerstrittenheit – vorliegen, die eine effektive Nachlassverwaltung verhindern. Zu beachten ist jedoch, dass es sich lediglich um eine behördliche, nicht um eine gerichtliche Entscheidung handelt. Ob es mit deutschem Recht vereinbar wäre, den Eingriff in die Rechtsstellung der Erben durch eine behördliche Entscheidung zu rechtfertigen, ohne dass eine gerichtliche Beteiligung vorliegt, scheint fraglich.

Letztlich ist auch in zeitlicher Hinsicht von Bedeutung, ob über die Einsetzung eine Behörde oder ein Gericht zu entscheiden hat. So ist es ohnehin – selbst bei Zuständigkeit der Behörde – in dringenden Fällen nicht immer möglich, rechtzeitig das Tätigwerden eines Erbenvertreters herbeizuführen.[588] Exemplarisch ist wieder, dass eine kurze Frist gewahrt werden muss.[589] Erst recht gilt dies dementsprechend bei gerichtlicher Bestellung eines Nachlassverwalters, sollte man eine solche folgerichtig für erforderlich halten, um den Eingriff in die Rechtsstellung der Erben zu rechtfertigen. Denn Gerichtsverfahren nehmen regelmäßig noch längere Zeit in Anspruch als behördliche Verfahren.

Zeitverluste können demnach durch die Einsetzung eines Nachlassverwalters nicht vermieden werden. Geht es darum, eine Entwertung des Nachlasses infolge von Zeitablauf zu vermeiden, ist die Beantragung der Nachlassverwaltung daher nicht zielführend. Dies gilt insbesondere, wenn lediglich in Einzelfällen Verwaltungsblockaden bestehen, da dann ebenso gut auf Grundlage der – in Deutschland ja geltenden – Mitwirkungspflicht klageweise vorgegangen werden kann. Bestehen jedoch tiefgreifendere Hindernisse, die ein generelles Bedürfnis begründen, sodass ein Generalerbenvertreter eingesetzt werden würde, müsste nicht in Bezug auf sämtliche Maßnahmen jeweils der Klageweg beschritten werden.

Zu bemerken ist noch, dass der durch die Einsetzung eines Erbenvertreters bewirkte völlige Machtentzug der Erben eine Hürde für sie darstellen könnte, den entsprechenden Antrag zu stellen. Zwar wird es den Erben häufig ein Anliegen sein, eine effektive Nachlassverwaltung durchzuführen und dafür den Widerspruch einzelner Erben zu überwinden. Geht damit jedoch der völlige Verlust jeglicher Einflussnahmemöglichkeit einher, da sämtliche Verwaltungsbefugnisse an einen Dritten übergehen, könnte dies die Erben von einem entsprechenden Antrag abhalten. Die Erben müssten dann darauf vertrauen, dass der Dritte ihrem Interesse entspre-

588 Berner Komm. ZGB/*Wolf*, Art. 602 Rn. 91, 141.
589 Siehe oben E I.

chend handelt; ihnen verbliebe lediglich das Beschwerderecht gegen einzelne Handlungen an die Behörde.[590]

Zudem mag der Beantragung eines Nachlassverwalters in manchen Fällen ein psychologisches Hindernis entgegenstehen, wenn es sich um grundsätzlich harmonische Erbenbeziehungen handelt, aber dennoch kleinere Uneinigkeiten bestehen, die überwunden werden müssen. Die Heranziehung von Behörden oder des Gerichts spiegelt dann die Auffassung oder jedenfalls die Einsicht wider, dass die Uneinigkeiten nicht intern behoben werden können und erweckt – nicht bloß nach außen – den Eindruck von Streit unter dem Miterben.[591] Nicht ohne Grund könnten sich andere Miterben dann verraten fühlen.[592] Dies mag eine der Ursachen sein, warum Erbenvertreter in der schweizerischen Praxis selten beantragt werden.[593]

Die mangelnde Praxisrelevanz könnte außerdem auf einen letztlich sehr bedeutsamen anderen Aspekt zurückzuführen sein. Nicht außer Acht gelassen werden dürfen nämlich die mit dem Tätigwerden eines Nachlassverwalters verbundenen, häufig beträchtlichen Kosten.[594] Es handelt sich dabei um Kosten, die durch den Nachlass zu tragen sind, nicht durch den Antragssteller.[595]

Geht es also darum, den Nachlass vor einer Entwertung zu schützen, muss in Bezug auf die Einsetzung eines Nachlassverwalters beachtet werden, dass diese selbst eine Minderung des Nachlasses bewirkt. Daher wird das Tätigwerden eines Nachlassverwalters in vielen Fällen nicht zweckmäßig sein.

Dennoch bietet dieses Instrument im Übrigen einige Vorteile. Insbesondere ist zu berücksichtigen, dass die Beantragung in der Hand der Erben liegt und nicht unabhängig von einem Begehren oder ohne Anlass erfolgt.

---

590 HK-Schweiz.PrivatR/*Graham-Siegenthaler*, ZGB Art. 602 Rn. 25; siehe außerdem bereits oben E I.

591 So auch *Druey*, Grundriss des Erbrechts, § 14 Rn. 26, demzufolge der Antrag als Verletzung der Familiensolidarität empfunden werden könnte.

592 Entsprechendes gilt natürlich für die Anrufung des Gerichts zur Zustimmungserzwingung nach deutschem Recht.

593 *Druey*, Grundriss des Erbrechts, § 14 Rn. 59 („juristisches Aschenbrödel“).

594 Siehe auch Basler Komm. ZGB II/*Schaufelberger*/*Keller*, Art. 602 Rn. 46, 54.

595 Berner Komm. ZGB/*Wolf*, Art. 602 Rn. 181.

III. Erkenntnisse

Der Blick auf ausländische Rechtsordnungen hat gezeigt, wie vielseitig die Möglichkeiten sind, die rechtliche Stellung mehrerer Erben gesetzlich zu regeln. Der Grundsatz der gemeinsamen Verwaltung durch die Miterben ist nahezu allen Rechtsordnungen gemein. Regelmäßig sollen Verfügungen der Zustimmung der anderen Miterben bedürfen. Vielfach waren die ausländischen Gesetzgeber sich jedoch anscheinend der damit verbundenen Schwerfälligkeit bewusst, sodass mittels verschiedener Methoden versucht wurde, der eingeschränkten Handlungsfähigkeit entgegenzuwirken. Vermehrt wird in Eilfällen oder ähnlichen Situationen das Handeln einzelner Miterben zugelassen. Die Verwaltungsbefugnisse gehen jedoch im Ergebnis nicht über die in Deutschland hinaus, da die Ausnahmen auf Verfügungsebene häufig nicht ohne Weiteres greifen.

Eben diese Erkenntnisse unterstützen das in dieser Arbeit gefundene Ergebnis, dass Verfügungen in strikter Anwendung des § 2040 I BGB dem Mehrheitshandeln unzugänglich sein sollen. Die dadurch bewirkte Einschränkung der Handlungsfähigkeit, ist kein alleinstehendes Phänomen, das im Vergleich zu ausländischen Rechtsordnungen zu einer deutlich reduzierten Effektivität der Nachlassverwaltung führt. Zwar kann der Vergleich mit anderen Rechtsordnungen, bei der eine Schwerfälligkeit gleichermaßen besteht, diese nicht fundiert rechtfertigen; er dient aber durchaus dazu, die Zweckmäßigkeit des Ergebnisses zu bestärken.

Die unter anderem in der Schweiz bestehende Regelung, die es ermöglicht, auf Antrag eines Miterben einen Nachlassverwalter einzuberufen, ist in der Lage, die bestehende Schwerfälligkeit auf Verfügungsebene zu erleichtern. Dies stellt eine Möglichkeit dar, Situationen zu überwinden, in denen Verwaltungsmaßnahmen zunächst nicht durchführbar sind, weil eine Einigung zwischen den Miterben nicht gefunden werden kann. Der schweizerische Gesetzgeber hat sich gegen die Statuierung einer Mitwirkungspflicht entschieden, welche ebenfalls in der Lage wäre, nötigenfalls durch Beschreitung des Rechtsweges erforderliche Zustimmungen zu erzwingen. Gerade weil eine Mitwirkungspflicht zur Überwindung von Uneinigkeiten bei der Nachlassverwaltung nicht existiert, ist das Mittel des Erbenvertreters existentiell. Hindernisse werden durch Modifikationen im Außenverhältnis beseitigt, indem die Vertretungsmacht der Miterben auf den Erbenvertreter übergeht. Die Befugnisse der Miterben, nämlich die Vertretungsmacht, werden dadurch eingeschränkt. Miterben können ihr grundsätzliches Recht auf Durchführung der Nachlassverwaltung dann gerade nicht mehr ausüben.

Im deutschen Recht existiert dahingegen die Mitwirkungspflicht des § 2038 I 2 BGB, welche Miterben zwingt, Verfügungen zuzustimmen, wenn diese ordnungsgemäß sind. Probleme bei der Durchführung von Maßnahmen im Außenverhältnis sollen so also grundsätzlich durch Modifikationen im Innenverhältnis gelöst werden, indem die Entscheidungsfreiheit der Miterben eingeschränkt wird. Im Außenverhältnis kann es gerade wegen der Existenz der Mitwirkungspflicht – und der darauf basierenden Einstandspflicht der Minderheitserben – bei der ausnahmslosen Geltung des Gemeinschaftlichkeitsgrundsatzes bleiben. Dadurch bedingte Hemmnisse können überwunden werden, indem die Miterben auf Grundlage der Mitwirkungspflicht zur Zustimmung zu ordnungsgemäßen Maßnahmen gezwungen werden, beziehungsweise indem deren Zustimmung gerichtlich ersetzt wird, ohne dass ihnen die Ausübung der Nachlassverwaltung verwehrt wird.

In Abweichung zum schweizerischen Gesetzgeber hat der deutsche Gesetzgeber sich damit entschieden, eine effektive Nachlassverwaltung auf Verfügungsebene durch Einschnitte im Innenverhältnis zu gewährleisten und nicht durch Modifikationen der Miterbenbefugnisse im Außenverhältnis. Vielmehr besteht im Außenverhältnis auf Verfügungsebene die Regelung des § 2040 I BGB, die uneingeschränkt gemeinschaftliches Tätigwerden fordert. Einzelnen Miterben muss die Verwaltungsbefugnis gerade nicht entzogen werden, indem Mehrheitshandeln ermöglicht wird, sondern wegen der bestehenden Bindung im Innenverhältnis können erforderliche Zustimmungen erzwungen und Blockaden so überwunden werden. Grundsätzlich kann es dabei bleiben, dass sämtliche Miterben an der Vornahme einer Verfügung beteiligt sein müssen und können.

Letztlich unterstützt also auch der Vergleich der deutschen und der schweizerischen Regelung das auf Grundlage der Auslegung gefundene Ergebnis, dass es im Außenverhältnis bei der ausnahmslosen Geltung des Gemeinschaftlichkeitsprinzips bleiben sollte.

F. Schluss

Die Erbengemeinschaft ist eine Gemeinschaft, in der die unterschiedlichsten Interessen aufeinandertreffen. Bei sämtlichen Fragestellungen dominiert die Zielsetzung, einen Ausgleich zwischen den Interessen der verschiedenen Miterben auf der einen Seite und der Nachlassgläubiger auf der anderen Seite zu finden. Dabei können schon die Miterbeninteressen stark voneinander abweichen. Zentraler Aspekt ist jedoch stets, den Wert des Nachlasses zu erhalten. Diesem Aspekt soll eine effektive Nachlassverwaltung gerecht werden.

Die Untersuchungen haben ergeben, welche Schwierigkeiten bei der Verwaltung des Nachlasses je nach Ausgestaltung der Erbengemeinschaft bestehen und welchen Bedürfnissen sie gerecht werden muss. Maßgebend ist zum einen der Umfang des Nachlasses und insbesondere auch die Zusammensetzung der Erbengemeinschaft in personeller Hinsicht. So können nämlich einerseits harmonische Miterbenbeziehungen ohne Streitigkeiten bestehen. Häufig existieren jedoch – sei es auch nur in Bezug auf einzelne Fragen – durchaus Uneinigkeiten zwischen den Miterben. Schlimmstenfalls handelt es sich um gänzlich zerrüttete Erbengemeinschaften, bei denen es nahezu unmöglich scheint, eine Einigung zu finden. Dies mag unter Umständen nur auf einzelne Erben zurückzuführen sein, die möglicherweise aus reiner Sturheit oder Streitsucht Verwaltungsmaßnahmen blockieren.

Bei derartigen Erbengemeinschaften zeigt sich die Problematik, die aufgrund der gesetzlichen Ausgestaltung der Verwaltungsbefugnisse besteht.

§ 2038 BGB als zentrale Vorschrift der Nachlassverwaltung betrifft jedenfalls das Innenverhältnis und erlaubt daher nach §§ 2038 II 1, 745 I 1 BGB Mehrheitsbeschlüsse in Ausnahme des durch § 2038 I 1 BGB vorgeschriebenen Gemeinschaftlichkeitsprinzips.

Die obige Diskussion ist überdies zu dem Ergebnis gekommen, dass auch Maßnahmen im Außenverhältnis umfasst sind. Bei Vorliegen eines wirksamen Mehrheitsbeschlusses ist der Mehrheit gesetzliche Gesamtvertretungsmacht eingeräumt, weshalb es zum Abschluss eines Verpflichtungsvertrages nicht der Zustimmung der Minderheitserben bedarf. Dafür sprechen insbesondere Wortlaut und Systematik des Gesetzes.

Weitaus problematischer ist jedoch die Vornahme von Verfügungen. Es wurde herausgearbeitet, dass Verfügungen unter den Begriff der Nachlassverwaltung zu subsumieren sind und somit grundsätzlich ebenfalls dem Anwendungsbereich des § 2038 BGB unterfallen. Für sie stellt jedoch § 2040 I BGB eine Sonderregelung auf und gebietet die gemeinschaftliche Vornahme. Zu klären war daher das Verhältnis dieser beiden Vorschriften zueinander, um zu ermitteln, ob die Ausnahmen des § 2038 BGB trotz der durch § 2040 BGB aufgestellten Regelung auch für Verfügungen gelten.

Die Analyse der höchstrichterlichen Rechtsprechung hat diesbezüglich keine Vorgabe erkennen lassen, sondern lediglich eine Tendenz hin zur Flexibilisierung gezeigt. Eindeutig positioniert hat sich die Rechtsprechung nur im Hinblick auf die Ausübung von Gestaltungsrechten, insbesondere die Kündigung von Dauerschuldverhältnissen, für die aus Zweckmäßigkeitsgründen und im Sinne eines Gleichlaufs der Befugnisse Mehrheitshandeln zugelassen werden soll. Abzulehnen ist jedoch jedenfalls die Verallgemeinerungsfähigkeit dieser Rechtsprechung, sodass für die übrigen Konstellationen im Anschluss an die Untersuchung weiterhin Klärungsbedarf sowie auch das Bedürfnis für eine stichhaltige Begründung bestand.

Die vorgenommene grammatikalische Auslegung kam zu dem Ergebnis, dass § 2040 BGB eine im Verhältnis zu § 2038 BGB vorrangige Spezialregelung darstellen müsste, womit Verfügungen in der Tat ausnahmslos gemeinschaftlich vorgenommen werden könnten. Auch systematische Gesichtspunkte sprachen für dieses Verständnis, was einerseits aus der Stellung des § 2040 BGB im Anschluss an den § 2038 BGB resultiert; andererseits folgt dies aus einem Vergleich zu den Vorschriften des Güterrechts sowie aus dem Bedeutungsverlust des § 2040 I BGB, der entstünde, würde man § 2038 II 1 BGB auch auf Verfügungen anwenden. Ein ähnlicher Schluss ließ sich aus der Betrachtung der historischen Entwicklung ziehen. Die Erörterung ergab, dass die mit einer ausnahmslosen Anwendung von § 2040 I BGB verbundenen Nachteile durch den Gesetzgeber hingenommen wurden, dass es sich also um eine bewusste Wertscheidung handelt, die bei der Auslegung zu berücksichtigen ist.

Teleologische Aspekte waren indes nicht so deutlich. Einerseits sprachen die gerichtliche Kontrollfunktion, die Bindungswirkung des Mehrheitsbeschlusses und auch die im Rahmen der Ordnungsmäßigkeit bestehende Mitwirkungspflicht gemäß § 2038 I 2 BGB eher dafür, auch auf Verfügungsebene mehrheitliches Handeln zuzulassen. Umgekehrt ließ sich aber auch argumentieren, die Existenz der Mitwirkungspflicht spreche für das Erfordernis gemeinschaftlichen Tätigwerdens. Aus Rechtssicherheitsgesichtspunkten ist der rechtsgeschäftliche Kontakt zu der Erbengemeinschaft indes mit Unsicherheit für Nachlassgläubiger verbunden, was gleichermaßen gilt, wenn Verfügungen im Rahmen der Ordnungsmäßigkeit mehrheitlich getroffen werden können, sowie bei strikter Wahrung des Gemeinschaflichkeitsgrundsatzes gemäß § 2040 I BGB.

Schließlich wurde erwogen, ob es ohne die Zulassung von Mehrheitsverfügungen in Ausnahme zu § 2040 I BGB andere Möglichkeiten gäbe, erhöhte Handlungsfähigkeit herzustellen. In dem Zusammenhang wurden in erster Linie ein Stimmrechtsausschluss sowie die Anknüpfung an Treuepflichten diskutiert. Beides musste jedoch abgelehnt werden. Der Weg des einstweiligen Rechtsschutzes für die Mehrheit ist ausgeschlossen, da wegen der Konsequenz des § 894 I ZPO die Hauptsacheentscheidung regelmäßig vorweggenommen würde. Möglich wäre es indes für die Minderheit, einstweiligen Rechtsschutz in Form eines Verfügungsverbots zu erstreben. Dies erübrigt sich allerdings, wenn § 2040 I BGB ausnahmslos angewendet wird.

Entscheidend war schließlich der grundlegende, von § 2040 I BGB verfolgte Zweck, den Nachlass vor einer Entwertung zu schützen. Dieser scheint auf den ersten Blick gefährdet, wenn es der Mehrheit versagt wird, ein Rechtsgeschäft auch auf Verfügungsebene wirksam vorzunehmen, da die Nachlassverwaltung so erschwert wird. Letztlich droht durch die eingeschränkte Handlungsfähigkeit jedoch deshalb keine Entwertung des Nachlasses, weil pflichtwidrig untätige Minderheitserben für einen durch Zeitablauf bedingten Wertverlust oder sonstige durch ihre Untätigkeit bedingte Einbußen gemäß §§ 280 I, 2038 I 2 BGB haften.

Maßgebend war schlussendlich auch die Frage, ob eine unterschiedliche Behandlung von Verpflichtungs- und Verfügungsgeschäften tatsächlich gerechtfertigt ist. Am Beispiel der Übereignung wurde festgestellt, dass durch die mit der faktischen Vornahme verbundene Übergabe die Rückabwicklung erforderlich wird und die anzuwendenden §§ 987 ff. BGB in dem Fall nicht immer einen angemessenen Schutz bieten. Insgesamt wurde gefolgert, dass es durchaus seine Rechtfertigung hat, Verfügungsgeschäfte in Abweichung von Verpflichtungsgeschäften strikter zu behandeln, indem ausnahmslos gemeinschaftliches Handeln gestattet wird.

Schlussendlich wurde die Zulässigkeit einer teleologischen Reduktion abgelehnt, weil die Vorschrift des § 2040 I BGB dadurch derogiert werden würde und zwingende teleologische Gründe dies nicht rechtfertigen können. Die Grenzen der richterlichen Rechtsfortbildung würden andernfalls überschritten werden.

Lediglich für erhaltungsnotwendige Maßnahmen ist eine teleologische Reduktion und somit die Anwendung des Mehrheitsprinzips aus §§ 2038

II 1, 745 BGB zulässig, was durch den Wortlaut des § 2038 I 2 Hs. 1 BGB bekräftigt wird.

Insgesamt wird eine vorrangige Anwendung des § 2040 I BGB den damit verfolgten Zwecken gerecht. In Übereinstimmung mit Wortlaut und Systematik ist entsprechend dem ermittelten Willen des historischen Gesetzgebers § 2040 BGB als *lex specialis* gegenüber § 2038 BGB einzuordnen. Das Beteiligungsbedürfnis der Miterben in der als Gesamthandsgemeinschaft ausgestalteten Erbengemeinschaft wird demnach befriedigt, indem gemeinschaftliches Handeln bei der Vornahme von Verfügungen gefordert wird.

Literaturverzeichnis

Ann, Christoph: Anmerkung zu BGH, Beschluss vom 23.5.2007 – IV ZR 19/06, in: Zeitschrift für Erbrecht und Vermögensnachfolge 2007, S. 487–489

Ann, Christoph: Anmerkung zu BGH, Urteil vom 28.4.2006 – LwZR 10/05 in: Mitteilungen des Bayerischen Notarvereins, der Notarkasse und der Landesnotarkammer Bayern 2003, S. 133–135

Ann, Christoph: Anmerkung zu BGH, Urteil vom 11.11.2009 – XII ZR 210/05, in: Zeitschrift für Erbrecht und Vermögensnachfolge, 2010, S. 39–40

Ann, Christoph: Der Konzeptionsmangel der Erbengemeinschaft gezeigt an Problemen der Nachlassverwaltung durch Miterben, in: Festschrift für Sebastian Spiegelberger zum 70. Geburtstag, Vertragsgestaltung im Zivil- und Steuerrecht, hrsg. v. Thomas Wachter, Bonn 2009, S. 953–958

Ann, Christoph: Die Erbengemeinschaft, München 2001

Ann, Christoph: Rechtsfähigkeit für die Erbengemeinschaft? – zugleich Anmerkung zum Urteil des BGH vom 11.9.2002 – XII ZR 187/00, in: Mitteilungen des Bayerischen Notarvereins, der Notarkasse und der Landesnotarkammer Bayern 2003, S. 193–196

Bairlein, Maria: Die Sicherung des Lieferanspruchs durch einstweiliges Veräußerungsverbots, in: Betriebs-Berater 2014, S. 138–142

Baldus, Manfred: Die Einheit der Rechtsordnung: Bedeutungen einer juristischen Formel in Rechtstheorie, Zivil- und Staatsrechtswissenschaft des 19. und 20. Jahrhunderts, Diss. Frankfurt am Main, Berlin 1995

Bartholomeyczik, Horst: Das Gesamthandsprinzip beim gesetzlichen Vorkaufsrecht der Miterben, in: Festschrift für Hans Carl Nipperdey zum 70. Geburtstag, Band 1, hrsg. v. Rolf Dietz/ Heinz Hübner, Berlin 1965, S. 145–183

Bartholomeyczik, Horst: Die Miterbengemeinschaft, in: Erwerb, Sicherung und Abwicklung der Erbschaft, 4. Denkschrift des Erbrechtsausschusses der Akademie für Deutsches Recht, Tübingen 1940, S. 120–312

Bartholomeyczik, Horst: Willensbildung, Willensverwirklichung und das Gesamthandsprinzip in der Miterbengemeinschaft, in: Festschrift für Rudolf Reinhardt zum 70. Geburtstag, hrsg. v. Klemens Pleyer/ Dietrich Schultz/ Erich Schwinge, Köln 1972, S. 13–36

Basler Kommentar: Basler Kommentar Zivilgesetzbuch II, Art. 457–977 ZGB, Art. 1–61 SchlT ZGB, hrsg. v. Heinrich Honsell/ Nedi Peter Vogt/ Thomas Geier, 3. Auflage, Basel 2007 (zitiert als: Basler Komm. ZGB II/*Bearbeiter*)

Baumbach, Adolf/ Hueck, Alfred: Gesetz betreffend die Gesellschaften mit beschränkter Haftung, 21. Auflage, München 2017 (zitiert als: Baumbach/Hueck-GmbHG/*Bearbeiter*)

Baur, Fritz/ Stürner, Rolf: Sachenrecht, 18. Auflage, München 2009

Baur, Fritz/ Stürner, Rolf/ Bruns, Alexander: Zwangsvollstreckungsrecht, 13. Auflage, Heidelberg, München, Landsberg, Berlin 2006

Beck'scher Online-Kommentar: Beck'scher Online-Kommentar BGB, hrsg. v. Heinz Georg Bamberger/ Herbert Roth, 48. Edition, Stand 01.11.2018, München 2017 (zitiert als: BeckOK-BGB/*Bearbeiter*)

Beck'scher Online-Kommentar: Beck'scher Online-Kommentar GBO, hrsg. v. Stefan Hügel, 33. Edition, Stand 01.09.2018, München 2018 (zitiert als: BeckOK-GBO/*Bearbeiter*)

Beck'scher Online-Kommentar: Beck'scher Online-Kommentar ZPO, hrsg. v. Volker Vowerk/ Christian Wolf, 30. Edition, Stand 15.09.2018, München 2017 (zitiert als: BeckOK-ZPO/*Bearbeiter*)

Bengel, Manfred: Die Notgeschäftsführung bei der Gesellschaft bürgerlichen Rechts und bei der Erbengemeinschaft, in: Zeitschrift für Erbrecht und Vermögensnachfolge 2002, S. 484–487

Bengel, Manfred/ Reimann, Wolfgang: Handbuch der Testamentsvollstreckung, 6. Auflage, München 2017 (zitiert als: Bengel/Reimann/*Bearbeiter*, Testamentsvollstreckung)

Berner Kommentar: Kommentar zum schweizerischen Privatrecht

–Materialien zum Zivilgesetzbuch, Band II, Die Erläuterungen von Eugen Huber, Text des Vorentwurfs von 1900, hrsg. v. Heinz Hausheer/ Hans Peter Walter, Bern 2007 (zitiert als: Berner Komm. Materialien zum ZGB II)

–Die Teilung der Erbschaft, Art. 602–619 ZGB, hrsg. v. Heinz Hausheer/ Hans Peter Walter, Bern 2014 (zitiert als: Berner Komm. ZGB/*Bearbeiter*)

Bertzel, Karl: Der Notgeschäftsführer als Repräsentant des Geschäftsherrn, in: Archiv für die civilistische Praxis 158 (1959/60), S. 107–150

Bertzel, Karl: Der Notgeschäftsführer als Repräsentant des Geschäftsherrn, in: Neue Juristische Wochenschrift 1962, S. 2280–2284

Blomeyer, Arwed: Einzelanspruch und gemeinschaftlicher Anspruch von Miterben und Miteigentümern, in: Archiv für die civilistische Praxis 159 (1960), S. 385–405

Böckenförde, Ernst-Wolfgang: Staat, Gesellschaft, Freiheit – Studien zur Staatstheorie und zum Verfassungsrecht, Frankfurt am Main 1976

Boehm, Rainer: Surrogation trotz Unwirksamkeit einer Verfügung? Zum Anwendungsbereich der §§ 816, 2019 (2111, 2041) BGB sowie § 46 KO, Diss., Hamburg 1973

Boehmer, Gustav: Zur Rechtsform des Pflichtteilsrechts, in: Archiv für die civilistische Praxis 144 (1938), S. 32–88

Bonefeld, Michael: Regelungen der Verwaltungs- und Verfügungsbefugnisse in der Erbengemeinschaft – Ein Vorschlag für die Praxis, in: Zeitschrift für die Steuer- und Erbrechtspraxis 2017, S. 121–130

Böttcher, Roland: Beeinträchtigungen der Verfügungsbefugnis, in: Der Deutsche Rechtspfleger 1983, S. 49–59

Brandenburg, Hans-Friedrich: Die teleologische Reduktion – Grundlagen und Erscheinungsformen der auslegungsunterschreitenden Gesetzeseinschränkung im Privatrecht, Diss., Göttingen 1983

Brox, Hans/ Walker, Wolf-Dietrich: Erbrecht, 28. Auflage, München 2018

Burandt, Wolfgang/ Rojahn, Dieter: Erbrecht, Kommentar, 3. Auflage, München 2018 (zitiert als: Burandt/Rojahn/*Bearbeiter*)

Bydlinski, Franz: Grundzüge der juristischen Methodenlehre, 2. Auflage, Wien 2012

Caemmerer, Ernst von: Bereicherungsausgleich bei Verpfändung fremder Sachen, in: Festschrift Hans Lewald, Basel 1953, S. 443–457

Canaris, Claus-Wilhelm: Das Verhältnis der §§ 994 ff. BGB zur Aufwendungskondiktion nach § 812 BGB – Zugleich eine Besprechung der Entscheidung des BGH vom 29. 9. 1995 – V ZR 130/94; in: Juristenzeitung 1996, S. 344–356

Canaris, Claus-Wilhelm: Die Feststellung von Lücken im Gesetz – Eine methodologische Studie über Voraussetzungen und Grenzen der richterlichen Rechtsfortbildung praeter legem, 2. Auflage, Berlin 1983

Damrau, Jürgen: Praxiskommentar Erbrecht, 3. Auflage, Bonn 2014 (zitiert als: Damrau/*Bearbeiter*)

Dauner-Lieb, Barbara: Unternehmen in Sondervermögen, Tübingen 1998

Demharter, Johann: Anmerkung zu OLG Düsseldorf, Beschluss vom 23.11.2009 – 3 Wx 231/09, in: Mitteilungen des Bayerischen Notarvereins, der Notarkasse und der Landesnotarkammer Bayern 2010, S. 308–310

Demharter, Johann: Grundbuchordnung, 31. Auflage, München 2018

Dethloff, Nina: Familienrecht, 32. Auflage, München 2018

Deubner, Karl G.: Der familienbewußte Miterbe, in: Juristische Schulung 1990, S. 753–754

Dreher, Meinrad: Die gesellschaftsrechtliche Treuepflicht bei der GmbH, in: Deutsches Steuerrecht 1993, S. 1632–1636

Druey, Jean Nicolas: Grundriss des Erbrechts, 5. Auflage, Bern 2002

Ebbecke, Julius: Beitragspflicht der Miterben zur Tilgung der Nachlassverbindlichkeiten, in: Leipziger Zeitschrift für Deutsches Recht 1920, S. 945–952

Ebenroth, Carsten Thomas: Erbrecht, München 1992

Eberl-Borges, Christina: Anmerkung zu OLG Schleswig, Urteil vom 18.9.2014 – 3 U 82/13, in: Zeitschrift für Erbrecht und Vermögensnachfolge, S. 106–107

Eberl-Borges, Christina: Der blockierende Miterbe, in: Zeitschrift für die gesamte erbrechtliche Praxis, 2008, S. 234–246

Eberl-Borges, Christina: Die Erbauseinandersetzung, Tübingen 2000

Eberl-Borges, Christina: Die Rechtsnatur der Erbengemeinschaft nach dem Urteil des BGH vom 29. 1. 2001 zur Rechtsfähigkeit der (Außen-)GbR, in: Zeitschrift für Erbrecht und Vermögensnachfolge 2002, S. 125–132

Eberl-Borges, Christina: Verfügungsgeschäfte der Erbengemeinschaft im Rahmen der Nachlassverwaltung, in: Neue Juristische Wochenschrift 2006, S. 1313–1315

Engfer, Klaus: Der Ausschluß des organschaftlichen Stimmrechts bei Interessenkollision, Diss. Frankfurt am Main, 1970

Erman, Walter: Bürgerliches Gesetzbuch, Handkommentar, hrsg. v. Harm Peter Westermann/ Georg Maier-Reimer/ Barbara Grunewald, 15. Auflage, Köln 2017 (zitiert als: Erman-BGB/*Bearbeiter*)

– Band 1 (§§ 1–761)

– Band 2 (§§ 762–2385)

Fachanwalts-Handbuch: Handbuch des Fachanwalts Erbrecht, hrsg. v. Andreas Frieser/ Ernst Sarres/ Wolfgang Stückemann/ Ursula Tschichoflos, 6. Auflage, Köln 2015 (zitiert als: FA-Hdb.ErbR/*Bearbeiter*)

Fachanwalts-Kommentar: Fachanwalts-Kommentar Erbrecht, hrsg. v. Andreas Frieser, 4. Auflage, Köln 2013 (zitiert als: FA-Komm.ErbR/*Bearbeiter*)

Ferid, Murad/ Firsching, Karl/ Dörner, Heinrich/ Hausmann, Rainer: Internationales Erbrecht, Loseblattsammlung, 106. Auflage, München 2018

Fischer, Robert: Fortführung eines Handelsgeschäfts durch eine Erbengemeinschaft?, in: Zeitschrift für das gesamte Handelsrecht und Wirtschaftsrecht 144 (1980), S. 1–17

Fischinger, Philipp: Grundfälle zur Bedeutung des Schweigens im Rechtsverkehr, in: Juristische Schuldung 2015, S. 394–397

Flume, Werner: Allgemeiner Teil des Bürgerlichen Rechts, Zweiter Band, Das Rechtsgeschäft, 4. Auflage, Berlin, Heidelberg 1992 (zitiert als: *Flume*, BGB AT II)

Frank, Rainer/ Helms, Tobias: Erbrecht, 7. Auflage, München 2018

Gleußner, Irmgard: Die Sequestration gemäß § 938 Abs. 2 ZPO und ihre Vergütung, in: Deutsche Gerichtsvollzieher Zeitung 1996, S. 33–39

Gottwald, Uwe: Die Auseinandersetzung der Miterbengemeinschaft – eine Übersicht, in: Zeitschrift für die gesamte erbrechtliche Praxis 2007, S. 11–20

Greil-Lidl, Stephanie: Die Verfügungsverwaltung in der Erbengemeinschaft, München 2014 (zitiert als: *Greil-Lidl*, Verfügungsverwaltung)

Grunewald, Barbara: Die Rechtsfähigkeit der Erbengemeinschaft, in: Archiv für die civilistische Praxis 197 (1997), S. 305–315

Gursky, Karl-Heinz/ Lettmaier, Saskia: Erbrecht, 7. Auflage, Heidelberg u.a. 2018

Handkommentar zum Schweizer Privatrecht: Handkommentar zum Schweizer Privatrecht, Band 2, Erbrecht (Art. 457–640 ZGB), hrsg. v. Peter Breitschmid/ Alexandra Rumo-Jungo, 3. Auflage, Zürich 2016 (zitiert als: HK-Schweiz.PrvatR/*Bearbeiter*)

Harder, Manfred/ Kroppenberg, Inge: Grundzüge des Erbrechts, 5. Auflage, Neuwied u.a. 2002

Hausheer, Heinz/ Aebi-Müller, Regina: Familienerbrecht und Testierfreiheit in der Schweiz, in: Familienerbrecht und Testierfreiheit im europäischen Vergleich, hrsg. v. Dieter Henrich/ Dieter Schwab, 2001

Hausmann, Rainer/ Hohloch, Gerhard: Handbuch des Erbrechts, 2. Auflage, Berlin 2010 (zitiert als: Hausmann/Hohloch/*Bearbeiter*, Handbuch des Erbrechts)

Heil, Hans-Jürgen: Ist die Erbengemeinschaft rechtsfähig? Ein Zwischenruf aus der Praxis, in: Zeitschrift für Erbrecht und Vermögensnachfolge 2002, S. 296–300

Hellfeld, Christian: Treuepflichten unter Miterben, Tübingen 2010

Henrich, Dieter: Die Verwaltung des Nachlasses durch eine Miterbengemeinschaft, in: Juristische Arbeitsblätter 1971, S 215–218

Henssler, Martin/ Strohn, Lutz: Gesellschaftsrecht, 3. Auflage, München 2016 (zitiert als: Henssler/Strohn/*Bearbeiter*, Gesellschaftsrecht)

Hoffmann, Uwe: Die geschichtliche Entwicklung der Erbengemeinschaft, in: Juristische Ausbildung 1995, S. 125–126

Holtz, Götz Freiherr vom: Die Erzwingung von Willenserklärungen im einstweiligen Rechtsschutz, Frankfurt am Main u.a. 1995

Honsell, Heinrich: Römisches Recht, 8. Auflage, Berlin u.a. 2015

Hüffer, Uwe/ Koch, Jens: Aktiengesetz, 13. Auflage, München 2018 (zitiert als: Hüffer/Koch-AktG/*Bearbeiter*)

Immenga, Ulrich: Bindung von Rechtsmacht durch Treuepflichten, in: Festschrift 100 Jahre GmbH-Gesetz, hrsg. v. Marcus Lutter/ Peter Ulmer/ Wolfgang Zöllner, Köln 1992, S. 189–208

Jauernig, Othmar: Bürgerliches Gesetzbuch (Kommentar), 17. Auflage, München 2018 (zitiert als: Jauernig-BGB/*Bearbeiter*)

Jauernig, Othmar: Der zulässige Inhalt einstweiliger Verfügungen, in: Zeitschrift für Zivilprozeß 79 (1966), S. 321–347

Johannsen, Kurt: Die Rechtsprechung des Bundesgerichtshofs auf dem Gebiete des Erbrechts – 6. Teil: Die Erbengemeinschaft, in: Wertpapier-Mitteilungen 1970, S. 573–581

Johannsen, Kurt: Die Rechtsprechung des Bundesgerichtshofs auf dem Gebiete des Erbrechts – 11. Teil: Ergänzungen, in: Wertpapier-Mitteilungen 1973, S. 530–550

Jülicher, Friedrich: Mehrheitsgrundsatz und Minderheitenschutz bei der Erbengemeinschaft – Zum Abschluß von Verpflichtungsgeschäften im Rahmen ordnungsmäßiger Verwaltung des Nachlasses, in: Archiv für die civilistische Praxis 175 (1975), S. 143–157

Jülicher, Hans-Oskar: Erbengemeinschaft – Erbenhaftung – Nachlassverwaltung, 2. Auflage, Hagen 2015 (zitiert als: *Jülicher*, Erbengemeinschaft)

Juris Praxiskommentar BGB: Band 5, Erbrecht, hrsg. v. Maximilian Herberger u.a., 8. Auflage, Saarbrücken 2017 (zitiert als: jurisPK-BGB/*Bearbeiter*)

Kaser, Max/ Knütel, Ralf/ Lohsse, Sebastian: Römisches Privatrecht, 21. Auflage, München 2017

Kaya, Zekiye: Erbengemeinschaft und Gesellschafterversammlung, in: Zeitschrift für Erbrecht und Vermögensnachfolge 2013, S. 593–597

Keim, Christopher: Teilung der Verfügungsbefugnis zwischen Testamentsvollstrecker und Erben durch den Willen des Erblassers?, in: Zeitschrift für Erbrecht und Vermögensnachfolge 2002, S. 132–137

Kindl, Johann/ Meller-Hannich, Caroline/ Wolf, Hans-Joachim: Gesamtes Recht der Zwangsvollstreckung, Handkommentar, 3. Auflage, Baden-Baden 2016 (zitiert als: Kindl/Meller-Hannich/Wolf/*Bearbeiter*, Zwangsvollstreckung)

Kipp, Theodor/ Coing, Helmut: Erbrecht, 14. Bearbeitung, Tübingen 1990

Klippel, Diethelm: Juristische Zeitgeschichte, Die Bedeutung der Rechtsgeschichte für die Zivilrechtswissenschaft, Gießen 1985

Kohler, Jürgen: Das Verfügungsverbot lebt, Juristenzeitung 1983, S. 586–582

Köhler, Helmut: BGB Allgemeiner Teil, 42. Auflage, München 2018

Koziol, Helmut/ Welser, Rudolf: Grundriss des bürgerlichen Rechts, Band II, Schuldrecht Allgemeiner Teil, Schuldrecht Besonderer Teil, Erbrecht, 13. Auflage, Wien 2007

Kramer, Ernst A.: Juristische Methodenlehre, 5. Auflage, Bern 2016

Krebs, Peter: Sonderverbindung und außerdeliktische Schutzpflichten, München 2000

Kretzschmar, Ferdinand: Das Erbrecht des deutschen Bürgerlichen Gesetzbuches, 2. Auflage, Leipzig 1913

Krey, Volker: Zur Problematik richterlicher Rechtsfortbildung contra legem (I), in: Juristenzeitung 1978, S. 361–368

Krug, Walter: Die dingliche Surrogation bei der Miterbengemeinschaft, in: Zeitschrift für Erbrecht und Vermögensnachfolge 1999, S. 381–383

Krug, Walter/ Daragan, Hanspeter: Die Immobilie im Erbrecht, München 2010 (zitiert als: Krug/Daragan/*Bearbeiter*, Die Immobilie im Erbrecht)

Kunte, Liv: Die Erbengemeinschaft mit instandsetzungsbedürftigem Nachlass – Miterben in unterschiedlicher sozialer und finanzieller Lage, Diss. Bremen, Baden-Baden 2017

Kuntze, Joachim/ Ertl, Rudolf/ Herrmann, Hans/ Eickmann, Dieter: Grundbuchrecht, Kommentar zur Grundbuchordnung und Grundbuchverfügung einschließlich Wohnungseigentumsgrundbuchverfügung, hrsg. v. Ulrich Keller/ Jörg Munzig, 7. Auflage, Berlin 2015 (zitiert als: Kuntze/Ertl/Herrmann/Eickmann/*Bearbeiter*, Grundbuchrecht)

Lange, Heinrich/ Kuchinke, Kurt: Erbrecht, 5. Auflage, München 2001

Lange, Knut Werner: Erbrecht, 2. Auflage, München 2017

Larenz, Karl: Methodenlehre der Rechtswissenschaft, 6. Auflage, Berlin u.a. 1992

Larenz, Karl/ Canaris, Claus-Wilhelm: Lehrbuch des Schuldrechts, Zweiter Band: Besonderer Teil, 2. Halbband, 13. Auflage, München 1994

Leipold, Dieter: Anmerkung zu BGH, Urteil vom 19.9.2012 – XII ZR 151/10, in: Zeitschrift für Erbrecht und Vermögensnachfolge 2013, S. 82–84

Leipold, Dieter: Erbrecht, 21. Auflage, Tübingen 2016

Lemmerz, Anna-Luisa: Die Erbengemeinschaft, Juristische Ausbildung 2014, S. 1246–1257

Leverenz, Kent: Gestaltungsrechtsausübungen durch und gegen Personenmehrheiten, Diss. Hamburg, Berlin 1995

Lieder, Jan: Stimmverbote bei GbR und GmbH, Anmerkung zu BGH, Urteil vom 7.2.2012 – II ZR 230/09, WuB II C. § 47 GmbHG 1.12

Litzenburger, Wolfgang: BGH: Kündigung eines Mietvertrages durch Mehrheitsentscheidung der Erbengemeinschaft – Anmerkung, in: Fachdienst Erbrecht, 2009, 294984

Löber, Burckhardt/ Huzel, Erhard: Erben und Vererben in Spanien, Frankfurt am Main 2015

Löhnig, Martin: Erbrecht, 3. Auflage, München 2016

Löhnig, Martin: Geschäftsführung und Vertretung bei der Erbengemeinschaft, in: Juristische Arbeitsblätter 2007, S. 262–264

Löhnig, Martin: Stimmrechtsverbote in der Erbengemeinschaft, in: Zeitschrift für das gesamte Familienrecht 2007, S. 1600–1602

Lorenz, Stephan: Auskunftsansprüche im Bürgerlichen Recht, in: Juristische Schulung 1995, S. 569–575

Lorenz, Stephan: Grundwissen – Zivilrecht. Stellvertretung, in: Juristische Schulung 2010, S. 382–385

Lübtow, Ulrich von: Erbrecht, 2. Halbband, Berlin 1971

Lutter, Marcus: Theorie der Mitgliedschaft, in: Archiv für die civilistische Praxis 180 (1980), S. 84–159

Mangold, Stephan: Verwaltungsmaßnahmen in der Miterbengemeinschaft – Problemdarstellung und Lösungsversuch, Diss., Regensburg 1996

Mayer, Jörg: Teilung bricht Gesamthand – Praktische Fälle der Erbauseinandersetzung, in: Mitteilungen des Bayerischen Notarvereins, der Notarkasse und der Landesnotarkammer Bayern 2010, S. 345–355

Meikel, Georg: Grundbuchordnung, Kommentar, 11. Auflage, Köln 2015 (zitiert als: Meikel-GBO/*Bearbeiter*)

Meyer, Michael: Deutschland: Ein Volk von Erben, in: Die Bank – Zeitschrift für Bankpolitik und Praxis, August 2011, S. 28–33

Michalski, Lutz: BGB-Erbrecht, 4. Auflage, Heidelberg u.a. 2010 (zitiert als: *Michalski*, Erbrecht)

Michalski, Lutz/ Heidinger, Andreas/ Leible, Stefan/ Schmidt, Jessica (Hrsg.): Kommentar betreffend die Gesellschaften mit beschränkter Haftung (GmbH-Gesetz), Band 2: §§ 35–88 GmbHG, EGGmbHG, 3. Auflage, München 2017 (zitiert als: Michalski-GmbHG/*Bearbeiter*)

Molitor, Erich: Die Kündigung – Unter besonderer Berücksichtigung der Kündigung des Arbeitsvertrages, 2. Auflage, Mannheim 1951

Motive zu dem Entwurfe eines Bürgerlichen Gesetzbuches für das Deutsche Reich, 2., unveränderte Auflage, Berlin 1896

– Band I: Allgemeiner Teil (zitiert als: Mot. I)

– Band II: Recht der Schuldverhältnisse (zitiert als: Mot. II)

– Band V: Erbrecht (zitiert als: Mot. V)

Mugdan, Benno: Die gesammten Materialien zum Bürgerlichen Gesetzbuch für das Deutsche Reich, Berlin 1899

– Band 1: Einführungsgesetz und Allgemeiner Theil

– Band 5: Erbrecht

Müller, Friedrich/ Ralph, Christensen: Juristische Methodik, Band I: Grundlegung für die Arbeitsmethoden der Rechtspraxis, 11. Auflage, Berlin 2013 (zitiert als: *Müller/Christensen*, Juristische Methodik I)

Müller-Erzbach, Rudolf: Deutsches Handelsrecht, 2. und 3. Auflage Tübingen 1928

Münch, Christoph: Rechtsprechungsübersicht Erbrecht, in: Zeitschrift für das gesamte Familienrecht 2007, S. 1145-1152

Münchener Handbuch: Handbuch des Gesellschaftsrechts, Band IV, Aktiengesellschaft, hrsg. v. Michael Hoffmann-Becking, 4. Auflage, München 2015 (zitiert als: Münch. Hdb. Gesellschaftsrecht IV/*Bearbeiter*)

Münchener Kommentar: Kommentar zum Bürgerlichen Gesetzbuch, hrsg. v. Franz Jürgen Säcker u.a. (MüKo-BGB/*Bearbeiter*)

– Band 1, Allgemeiner Teil, §§ 1–240 (ProstG, AGG), 8. Auflage, München 2018

– Band 6, Schuldrecht – Besonderer Teil IV, §§ 705–853 (Partnerschaftsgesetz, Produkthaftungsgesetz), 7. Auflage, München 2017

– Band 7, Sachenrecht, §§ 854–1296 (WEG, ErbbauRG), 7. Auflage, München 2017

– Band 9, Familienrecht I, §§ 1297–1588 (Versorgungsausgleichgesetz, Partnerschaftsgesetz, Lebenspartnerschaftsgesetz), 7. Auflage, München 2017

– Band 11, Erbrecht, §§ 1922–2385 (§§ 27–35 BeurkG), 7. Auflage, München 2017

Münchener Kommentar: Kommentar zum Handelsgesetzbuch, Band 5, §§ 343–406, hrsg. v. Karsten Schmidt, 4. Auflage, München 2018 (zitiert als: MüKo-HGB/*Bearbeiter*)

Münchener Kommentar: Kommentar zur Zivilprozessordnung mit Gerichtsverfassungsgesetz und Nebengesetzen, Band 2, §§ 355–945b, hrsg. v. Thomas Rauscher/ Wolfgang Krüger, 5. Auflage, München 2016 (zitiert als: MüKo-ZPO/*Bearbeiter*)

Muscheler, Karlheinz: Erbrecht, Band 2, Tübingen 2010 (zitiert als: *Muscheler*, Erbrecht II)

Muscheler, Karlheinz: Der Mehrheitsbeschluß in der Erbengemeinschaft – Grundlagen, Gegenstände, Verfahren, in: Zeitschrift für Erbrecht und Vermögensnachfolge 1997, S. 169–175

Muscheler, Karlheinz: Der Mehrheitsbeschluß in der Erbengemeinschaft – Schranken, Änderungen der Mehrheitskompetenz, Rechtsfolgen, Verwalterbestellung, in: Zeitschrift für Erbrecht und Vermögensnachfolge 1997, S. 222–233

Muscheler, Karlheinz: Anmerkung zu BGH, Urteil vom 11.11.2009 – XII ZR 210/05, in: Kommentierte BGH-Rechtsprechung Lindenmaier-Möhring, Fachdienst Zivilrecht (LMK), 2009, 295205

Musielak, Hans-Joachim/ Voit, Wolfgang: Zivilprozessordnung mit Gerichtsverfassungsgesetz, Kommentar, 15. Auflage München 2018 (zitiert als: Musielak/Viot-ZPO/*Bearbeiter*)

Müßig, Ulrike: Anmerkung zu BGH, Urteil vom 11.11.2009 – XII ZR 210/05, in: Juristenzeitung 2011, S. 481–482

Nipperdey, Hans Carl: Stimmrecht des Miterben bei seiner Bestellung zum Verwalter in der Erbengemeinschaft, in: Archiv für die civilistische Praxis, 143 (1937), S. 315–325

Nomos-Handkommentar: Nomos-Kommentar Bürgerliches Gesetzbuch – Handkommentar, 10. Auflage 2019, hrsg. v. Reiner Schulze, Baden-Baden 2014 (zitiert als: HK-BGB/*Bearbeiter*)

Nomos-Kommentar: Nomos-Kommentar BGB, Band 5, Erbrecht, §§ 1922–2385, hrsg. v. Barbara Dauner-Lieb/ Thomas Heidel/ Gerhard Ring, 5. Auflage, Baden-Baden 2018 (zitiert als: NK-BGB/*Bearbeiter*)

Nomos-Kommentar: Nomos-Kommentar Nachfolgerecht, Erbrechtliche Spezialgesetze, hrsg. v. Ludwig Kroiß/ Claus-Henrik Horn/ Dennis Solomon, Baden-Baden 2015 (zitiert als: NK-Nachfolgerecht/*Bearbeiter*)

Olzen, Dirk/ Looschelders, Dirk: Erbrecht, 5. Auflage, Berlin 2017

Otte, Gerhard: Vom Nutzen der historischen Auslegung, in: Der praktische Nutzen der Rechtsgeschichte – Hans Hattenhauer zum 8. September 2001, hrsg. v. Jörn Eckert, S. 385–395

Palandt, Otto: Bürgerliches Gesetzbuch, Kommentar, 78. Auflage, München 2019 (zitiert als: Palandt/*Bearbeiter*)

Picenoni, Jennifer: Der Erbenvertreter nach Art. 602 Art. 3 ZGB, Zürich u.a. 2004

Plaumann, Sabine: Auslegungshirarchie des HGB – Eine Analyse der Auslegungsquellen und bestehender Wechselwirkungen, Wiesbaden 2013 (zitiert als: *Plaumann*, Auslegungshirarche)

Podehl, Jörg: Einstweiliger Rechtsschutz bei Doppelverkäufen, in: Betriebs-Berater 2006, S. 2484–2487

Presser: Kompetenzfragen unter Miterben, in: Juristische Wochenschrift 1933, S. 145–147

Priester, Hans-Joachim: Treuepflichten in der Familiengesellschaft, in: Rechtsfragen der Familiengesellschaften, Symposium aus Anlass der Emeritierung von Professor. Dr. Harm Peter Westermann, hrsg. v. Tobias Tröger/ Rüdiger Wilhelmini, Heidelberg u.a. 2006, S. 53–60

Protokolle des Entwurfs des Bürgerlichen Gesetzbuchs: Band V, Erbrecht, Nachdruck, Berlin 1983 (zitiert als: Prot. V)

Prütting, Hanns/ Gehrlein, Markus: Zivilprozessordnung, Kommentar, 10. Auflage, Köln 2018 (zitiert als: Prütting/Gehrlein-ZPO/*Bearbeiter*)

Prütting, Hanns/ Wegen, Gerhard/ Weinreich, Gerd: BGB Kommentar, 13. Auflage, Köln 2018 (zitiert als: PWW-BGB/*Bearbeiter*)

Rather, Wilfried: Die Erbeserbengemeinschaft, Diss., Göttingen 1978

Reichsgerichtsräte-Kommentar: Das Bürgerliche Gesetzbuch, Kommentar, Band V/1, §§ 1922–2146, hrsg. v. Mitgliedern des Bundesgerichtshofes, 12. Auflage, Berlin 1974 (zitiert als: RGRK-BGB/*Bearbeiter*)

Rißmann, Stephan: Die Erbengemeinschaft, 3. Auflage, Bonn 2019 (zitiert als: Rißmann/*Bearbeiter*, Die Erbengemeinschaft)

Rowedder, Heinz/ Schmidt-Leithoff, Christian: Gesetz betreffend die Gesellschaften mit beschränkter Haftung, Kommentar, 6. Auflage, München 2017 (zitiert als: Rowedder/Schmidt-Leithoff-GmbHG/*Bearbeiter*)

Ruby, Gerhard: Die Gütergemeinschaft beim Tod eines Ehegatten, in: Zeitschrift für Erbrecht und Vermögensnachfolge 2017, S. 72–77

Ruhwinkel, Sebastian: Die Erbengemeinschaft, Berlin 2013

Rüthers, Bernd/ Fischer, Christian/ Birk, Axel: Rechtstheorie – mit juristischer Methodenlehre, 10. Auflage, München 2018

Rüthers, Bernd/ Stadler, Astrid: Allgemeiner Teil des BGB, 19. Auflage, München 2017

Saenger, Ingo: Zivilprozessordnung (Familienverfahren, Gerichtsverfassung, Europäisches Verfahrensrecht), Handkommentar, 7. Auflage, Baden-Baden 2017 (zitiert als: Saenger-ZPO/*Bearbeiter*)

Schellhammer, Kurt: Erbrecht nach Anspruchsgrundlagen, 3. Auflage, Heidelberg u.a. 2010 (zitiert als: *Schellhammer*, Erbrecht)

Schlüter, Wilfried/ Röthel, Anne: Erbrecht, 17. Auflage, München 2015

Schmidt, Christopher: Von der Rechtsfähigkeit der Erbengemeinschaft, Berlin 2015

Schmidt, Karsten: Die Erbengemeinschaft nach einem Einzelkaufmann – Verfassung, Haftung, Umwandlung und Minderjährigenschutz, in: Neue Juristische Wochenschrift 1985, S. 2785- 2793

Schmidt, Karsten: Gesellschaftsrecht, 4. Auflage, Köln u.a. 2002

Schmoeckel, Mathias: Erbrecht, 5. Auflage, Baden-Baden 2019

Scholz, Franz: Kommentar zum GmbH-Gesetz, Band 2: §§ 35–52, 12. Auflage, Köln 2018 (zitiert als: Scholz-GmbHG/*Bearbeiter*)

Schömmer, Hans-Peter/ Eule, Wolfgang: Internationales Erbrecht und Erbschaftssteuer, Niederlande, München 2010

Schömmer, Hans-Peter/ Gebel, Dieter: Internationales Erbrecht, Spanien, München 2003

Schömmer, Hans-Peter/ Remin, Andrzej/ Szewior, Renata: Internationales Erbrecht, Polen, München 2011

Schöner, Hartmut/ Stöber, Kurt: Grundbuchrecht, 15. Auflage, München 2012

Schopp, Heinrich: Die Kündigung eines Mietverhältnisses durch eine Erben- oder Bruchteilsgemeinschaft, in: Zeitschrift für Miet- und Raumrecht 1967, S. 193–196

Schubert, Werner: Anmerkung zu BGH, Urteil vom 11.11.2009 - XII ZR 210/05, in: Juristische Rundschau, S. 536

Schuschke, Winfried/ Walker, Wolf-Dietrich: Vollstreckung und vorläufiger Rechtsschutz, Kommentar, 6. Auflage, Köln 2016 (zitiert als: Schuschke/Walker/*Bearbeiter*, Vollstreckung)

Schütte, Burkhardt: Anmerkung zu BGH, Urteil vom 11.11.2009 – XII ZR 210/05, in: Neue Juristische Wochenschrift 2010, S. 152–153

Seemüller, Beate: Die fortgesetzte Erbengemeinschaft, Diss., Hamburg, 1977

Serozan, Rona: Die Türkische Weiche im Geleise des Schweizerischen Erbrechts, in: 100 Jahre schweizerisches ZGB, 80 Jahre türkisches ZGB – Konvergenzen und Divergenzen, hrsg. von Breitschmid, Peter/ Ansay, Tuğrul, Berlin 2008, S. 175–184

Siebert, Holger: Die Entwicklung des Erbrechts im Jahre 2008, in: Neue Juristische Wochenschrift 2009, S. 1121–1126

Siegelmann, Heinrich: Die Kündigung eines Mietverhältnisses durch eine Erbengemeinschaft, in: Zeitschrift für Miet- und Raumrecht 1966, S. 293–294

Soergel, Hans Theodor: Bürgerliches Gesetzbuch mit Einführungsgesetz und Nebengesetzen, Kommentar (zitiert als: Soergel/*Bearbeiter*)

– Band 2, Allgemeiner Teil 2, §§ 104–240, 13. Auflage, Stuttgart 1999

– Band 11/1, Schuldrecht 9/1, §§ 705–758, 13. Auflage, Stuttgart 2011

– Band 11/3: Schuldrecht 9/3, §§ 780–822, 13. Auflage, Stuttgart 2012

– Band 17/1, Familienrecht 1/1, §§ 1297–1588, 13. Auflage, Stuttgart 2011

– Band 21, Erbrecht 1, §§ 1922–2063, 13. Auflage, Stuttgart 2002

Speckmann, Werner: Der Anspruch des Miterben auf Auskunft über den Bestand des Nachlasses, in: Neue Juristische Wochenschrift 1973, S. 1869–1870

Spindler, Gerald/ Stilz, Eberhard: Kommentar zum Aktiengesetz, Band 1, §§ 1–149, 3. Auflage, München 2015 (zitiert als: Spindler/Stilz-AktG/*Bearbeiter*)

Stanescu, Ana Maria: Die Verwaltung des Nachlasses durch die Erbengemeinschaft zwischen § 2038 und § 2040 BGB, Diss., Augsburg, 2010 (zitiert als: *Stanescu*, Nachlassverwaltung)

Staudinger, Julius von: Kommentar zum Bürgerlichen Gesetzbuch mit Einführungsgesetz und Nebengesetzen (zitiert als: Staudinger/*Bearbeiter*)

– Buch 1, Allgemeiner Teil, §§ 21–79 (Allgemeiner Teil 2), Neubearbeitung 2005, Berlin 2005

– Buch 3, Sachenrecht, §§ 985–1011 (Eigentum 3), Neubearbeitung 2013, Berlin 2013

– Buch 4, Familienrecht, §§ 1363–1563, Neubearbeitung 2007, Berlin 2007

– Buch 5, Erbrecht, §§ 1967–2063 (Rechtsstellung des Erben), Neubearbeitung 2016, Berlin 2016

Stein, Friedrich/ Jonas, Martin: Kommentar zur Zivilprozessordnung, Band 9: §§ 916–1068 ZPO, 22. Auflage, Tübingen 2002 (zitiert als: Stein/Jonas-ZPO/*Bearbeiter*)

Stierlin, Konrad: Der Willensvollstrecker als Erbschaftsverwalter, Erbschaftsliquidator und Erbenvertreter, Diss., Zürich 1972

Strohal, Emil: Das deutsche Erbrecht auf Grundlage des Bürgerlichen Gesetzbuches, Zweiter Band, 3. Auflage, Berlin 1904

Stützel, Dieter: Grenzen von Einzel- und Mehrheitsentscheidungen in der Erbengemeinschaft, in: Neue Juristische Wochenschrift 2013, S. 3543–3549

Süß, Rembert: Erbrecht in Europa, 3. Auflage, Bonn 2015 (zitiert als: *Bearbeiter* in: Süß, Erbrecht in Europa)

Thomas, Heinz/ Putzo, Hans: Zivilprozessordnung (FamFG – Verfahren in Familiensachen, EGZPO, GVG, EGGVG, EU-Zivilverfahrensrecht), Kommentar, 39. Auflage, München 2018 (zitiert als: Thomas/Putzo-ZPO/*Bearbeiter*)

Tuor, Peter/ Schnyder, Bernhard/ Schmid, Jörg/ Rumo-Jungo, Alexandra: Das schweizerische Zivilgesetzbuch, 14. Auflage Zürich, Basel, Genf 2015

Ulmer, Peter: Die Gesamthandsgesellschaft – ein noch immer unbekanntes Wesen?, in: Archiv für die civilistische Praxis 198 (1998), S. 113–151

Walker, Wolf-Dietrich: Anmerkung zu BGH, Urteil vom 11.11.2009 – XII ZR 210/05, in: Zeitschrift für das gesamte Familienrecht 2010, S. 204–205

Weber, Roger: Gerichtliche Vorkehren bei der Nachlassabwicklung, in: Aktuelle Juristische Praxis 1997, S. 550–564

Wellenhofer, Marina: Erbrecht: Kündigung eines Mietvertrags über Nachlassgrundstück durch Miterben, in: Juristische Schulung 2010, S. 543-545

Wellenhofer, Marina: Sachenrecht, 33. Auflage, München 2018

Wendt, Roland: Die Erbengemeinschaft – vom Gesetzgeber zur Handlungsunfähigkeit verdammt?, in: Notar 2016, S. 363–375

Werber, Ingrid: Die Erbengemeinschaft – Verwaltung – Haftung – Auseinandersetzung, Baden-Baden 2006

Werkmüller, Maximilian: Die Mitwirkungsbefugnisse der Bruchteilsminderheit bei Beschlussfassungen in der ungeteilten Erbengemeinschaft, in: Zeitschrift für Erbrecht und Vermögensnachfolge 1999, S. 218–221

Werner, Olaf: Anmerkung zu BGH, Urteil vom 28.4.2006 – LwZR 10/05, in: Zeitschrift für Erbrecht und Vermögensnachfolge 2006, S. 360–361

Weser, Hans-Hermann: Die Erklärung der Auflassung unter Aussetzung der Bewilligung der Eigentumsumschreibung, in: Mitteilungen des Bayerischen Notarvereins, der Notarkasse und der Landesnotarkammer Bayern 1993, S. 253–263

Wiedemann, Herbert: GmbH-Anteile in der Erbengemeinschaft, in: GmbH- Rundschau 1969, S. 147–253

Wieser, Eberhard: Ersatzleistung an Miterben bei Sachschäden – Zugleich über die Verfügungsbefugnis der Mehrheit in der Erbengemeinschaft, in: Festschrift für Heinrich Lange zum 70. Geburtstag, hrsg. v. Kurt Kuchinke, München 1970, S. 325–339

Wilhelm, Jan: Stimmrechtsausschluß und Verbot des Insichgeschäfts, in: Juristenzeitung 1976, S. 674–678

Windbichler, Christine: Gesellschaftsrecht, 24. Auflage, München 2017

Wolf, Manfred: Die Rechtsfähigkeit der Erbengemeinschaft, in: Festschrift für Claus- Wilhelm Canaris, Band I, hrsg. v. Andreas Heldrich, München 2007, S. 1313–1323

Wörlen, Rainer/ Leinhas, Sabrina: Erbrecht, Stuttgart 2009

Zippelius, Reinhold: Juristische Methodenlehre, 11. Auflage, München 2012

Zöller, Richard: Zivilprozessordnung, Kommentar. 32. Auflage, Köln 2018 (zitiert als: Zöller-ZPO/*Bearbeiter*)

Zöllner, Wolfgang: Die Schranken mitgliedschaftlicher Stimmrechtsmacht bei den privatrechtlichen Personenverbänden, München, Berlin 1963

Zweigert, Konrad/ Kötz, Hein: Einführung in die Rechtsvergleichung, 3. Auflage, Tübingen 1996 (zitiert als: *Zweigert/Kötz*, Rechtsvergleichung)

MIX
Papier | Fördert
gute Waldnutzung
FSC® C083411

Kolibri 360 GmbH
Ferdinand-Jühlke-Straße 7
99095 Erfurt, Deutschland
produktsicherheit@kolibri360.de